Monika Rahimi

tauchen ohne Stress.

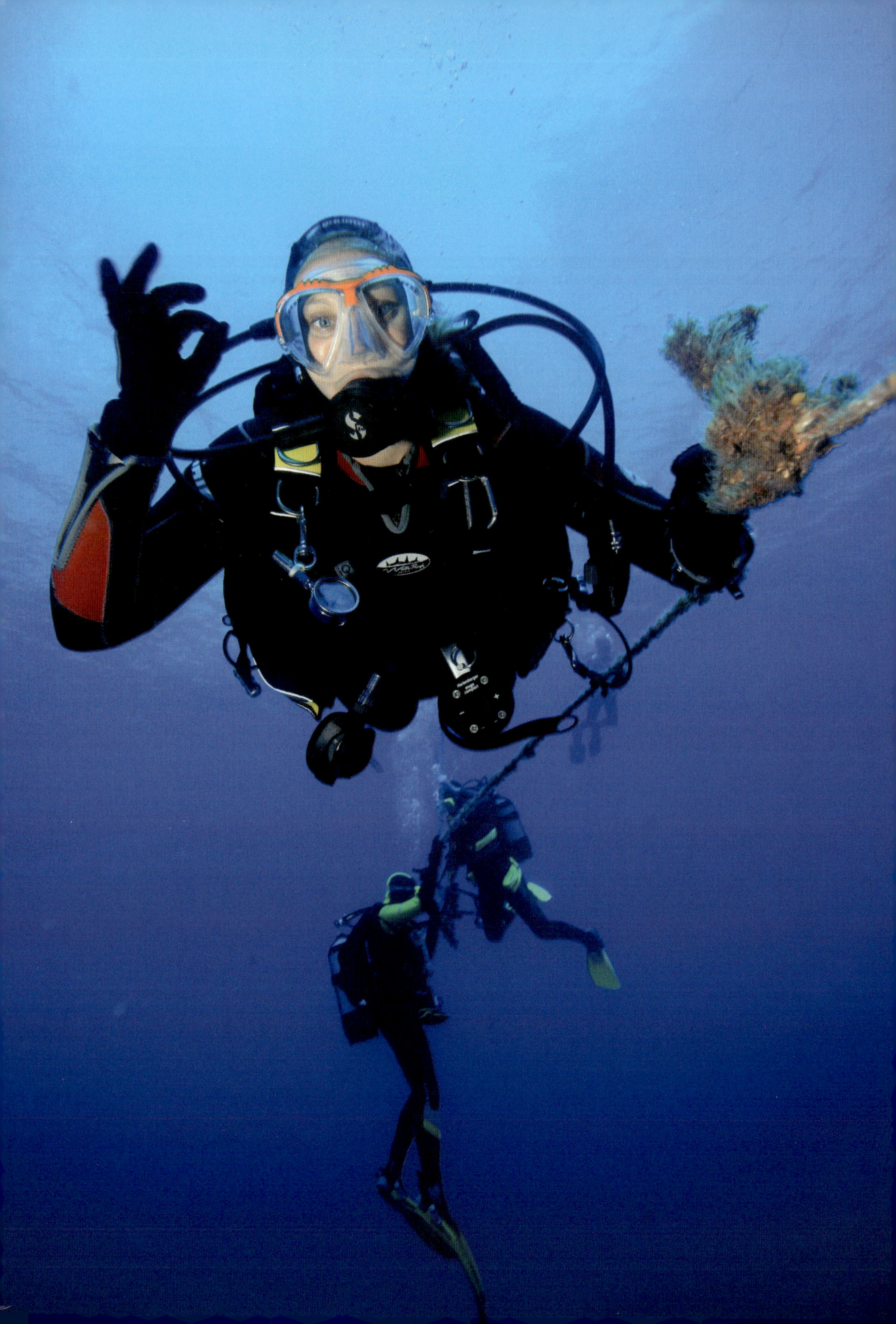

Monika Rahimi

tauchen ohne Stress.

Typische Fehler vermeiden
und die Strömung lieben lernen

pietsch

Einbandgestaltung: Kornelia Erlewein
Titelbild: Raimar Lenz

Bildnachweis:
Fente Stamato, Diego (Shutterstock): 76/77
Gürich, Gerd: S. 122/123.
Krumme, Hagen: S. 2, 17, 25, 26, 30/31, 34, 36, 42, 43, 44, 45, 48/49, 59, 63, 64, 65, 66, 68/69, 79, 80, 88, 89, 90, 91, 93, 99, 103, 109, 129, 133, 142, 144.
Lenz, Raimar: S. 11, 12/13, 20/21, 33, 41, 71, 118, 125.
Pedersen, Roy (Adobe Stock): 51, 54/55
Rahimi, Monika: S. 155

ISBN 978-3-613-50879-8

3., ergänzte Auflage 2019

Sie finden uns im Internet unter:
www.pietsch-verlag.de

Lektor: Oliver Schwarz, Ulrike Ruh
Innengestaltung: WS - WerbeService Linke, 76185 Karlsruhe
Druck und Bindung: Graspo CZ, 76302 Zlin
Printed in Czech Republic

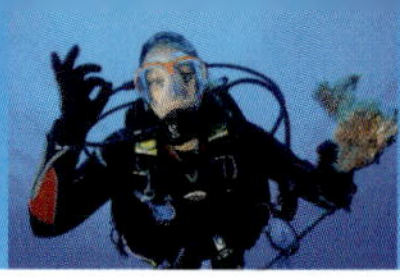

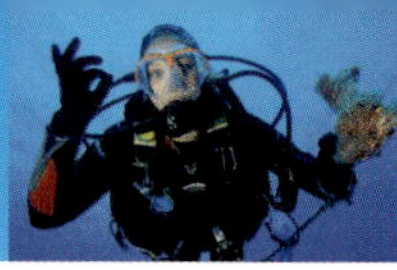

Zu diesem Buch

Fast mein halbes Leben habe ich als Tauchlehrerin gearbeitet.

Nach dreißig Jahren in den schönsten Tauchgebieten rund um den Globus habe ich beschlossen, meinen Beruf aufzugeben. Nicht weil ich die Nase davon voll hatte, mich täglich in den glitschig-nassen Tauchanzug zu zwängen. Auch Fragen, wie denn der rundlich eckige blau-rote, nein, doch eher grünlich-weiße Fisch heißt, haben mich nicht in die Flucht getrieben. Noch nicht einmal die Einsicht, dass sich der Tauchsport immer mehr zu einem kommerziellen Einheitsbrei entwickelte, der Tauchlehrern keinen kreativen Freiraum oder eigene Ideen erlaubte.

Letzteres reizte mich vielmehr dazu, wie Don Quichote auf meiner Seepferdchen-Rosinante gegen die Wassermühlen anzukämpfen. Ich habe meine eigenen Ausbildungsrichtlinien entwickelt. Dabei ging es mir vor allem darum, den Tauchschülern und Tauchern nicht nur mit Ach und Krach irgendwelche Übungen abzuverlangen, sondern bewusste, sowie unbewusste Ängste zu lösen und ihnen beizubringen, sich unter Wasser wohlzufühlen.

Der Grund, warum ich mich nach dreißig Jahren Wanderschaft wieder in Deutschland niederließ, war, dass ich das Leben als zu wertvoll empfand, um nur auf einer Schiene zu reisen. Ich wollte etwas Neues anfangen.

Heute, gut zehn Jahre nach meinem Aufbruch, arbeite ich als psychotherapeutische Heilpraktikerin, Traumatherapeutin und geistige Heilerin.

Ich habe „Tauchen ohne Stress“ im letzten Jahr meines Tauchlehrerdaseins geschrieben. Es ist rein aus der Praxis entstanden.

Für diese neue Auflage sollte ich das Buch noch einmal durchlesen und eventuell korrigieren. Bei der Durchsicht stieß ich auf einige Passagen, die ich heute mit dem Wissen über Psychologie und Neurobiologie anders formulieren würde. Zum Beispiel die Definition von Panik.

Ich habe dennoch beschlossen, am Text nichts zu ändern. Die Wortwahl macht bezüglich der Lerninhalte keinen Unterschied. Vom Esprit dieses Buches würde jedoch etwas verloren gehen. Da ich aber meine neuen Erkenntnisse zum Thema Panik wichtig für alle Taucher halte, habe ich ein zusätzliches Kapitel darüber geschrieben. Außerdem gibt es in dieser Auflage noch eine Anleitung, wie ihr Tauchen gezielt gegen Stress einsetzen könnt.

Das Buch umfasst Erkenntnisse, die ich in meiner Laufbahn als Tauchlehrerin gesammelt hatte und die von der Norm der üblichen Tauchermeinung und Ausbildungsrichtlinien abweichen. Was ich beschreibe, sind einfache, offensichtliche und logische Zusammenhänge. Doch offenbar sind diese Zusammenhänge so einfach und logisch, dass sie beflissentlich übersehen und ignoriert werden.

Besonders liegt mir das Thema Strömungstauchen am Herzen. Ich liebe dieses

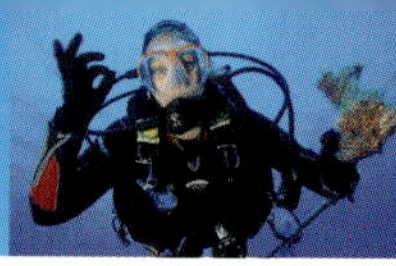

Spiel mit der Gewalt des Elementes, egal ob ich mich von der Strömung mitreißen lasse oder versuche, mich mit ihrer Kraft zu messen. Mein Vergnügen wird nur oft beeinträchtigt, weil meine Tauchpartner meine Vorliebe nicht teilen. Denn die meisten Taucher sehen Strömung als störende Macht, bestenfalls noch als rapides Fortbewegungsmittel. Mit der richtigen Einstellung jedoch, mit einer bewussten Atmung und konzentrierten Bewegungen wird Strömungstauchen zum Vergnügen. Mit diesem Buch möchte ich Euch unter anderem dabei helfen, die Strömung lieben zu lernen.

An dieser Stelle möchte ich alle Leserinnen um Verständnis bitten. Ich verzichte auf ein ermüdendes Taucher und Taucherinnen oder (noch schlimmer) Taucher/innen. Ich werde Taucher als Sammelbegriff verwenden. Das liest sich einfach besser. Mir als Frau werdet ihr das wohl verzeihen.

Natürlich duze ich auch alle meine Leser. Das ist unter Tauchern nun einmal so.

Die Anekdoten, die ich einfließen lasse, habe ich so oder ähnlich tatsächlich erlebt. Die Namen der Beteiligten habe ich allerdings geändert.

Nun noch ein guter Rat! Lest dieses Buch nicht, außer Ihr wollt euch beim Tauchen noch mehr entspannen, natürlich atmen, freudig mit der Strömung spielen, notwendige Übungen stressfrei bewältigen, Gefahrenquellen reduzieren und verstehen, was beim Fischspielen in eurem Körper, eurem Verstand und eurer Psyche abläuft.

Wer mehr über die psychologischen und neurobiologischen Aspekte des Tauchens wissen möchte, dem kann ich mein neustes Buch „Tauchen mit klarem Kopf“ empfehlen. Darin erkläre ich euch, wie euer Gehirn unter Wasser so tickt.

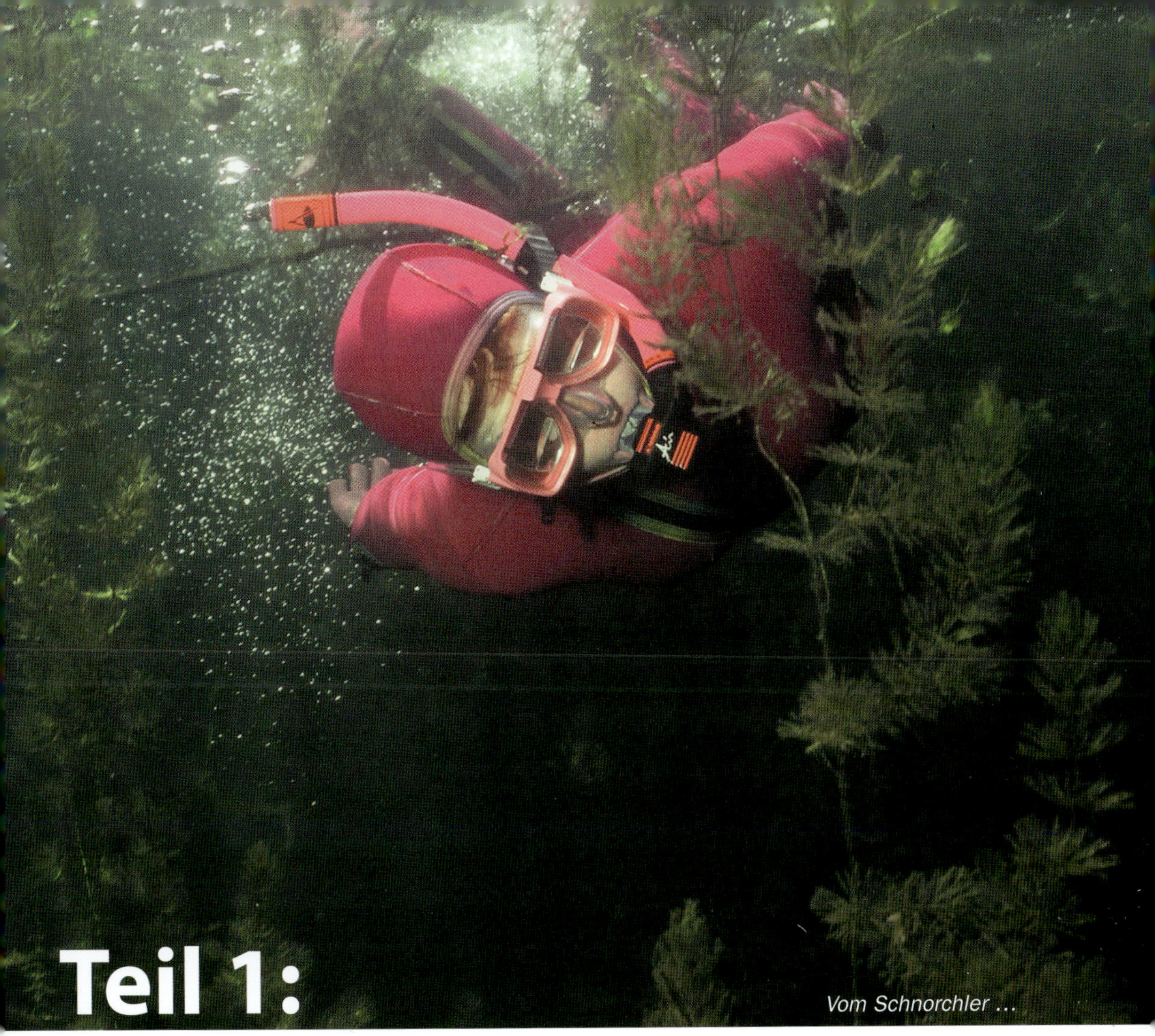

Vom Schnorchler ...

Teil 1: Basis des Tauchens

Ein paar Fragen für den Anfang

Was ist Tauchen?

Ganz so eindeutig wie die Frage scheint, ist die Antwort darauf nicht. Im weitesten Sinne bedeutet Tauchen, sich so weit unter die Wasseroberfläche zu begeben, dass keine Haarspitze mehr herausschaut.

Man kann von einem Sprungbrett in das Wasser eintauchen. Auch können wir mit Maske, Flossen und Schnorchel ausgerüstet unter die Meeresoberfläche dringen. Am ehesten aber assoziieren wir mit dem Wort „Tauchen“ die Vorstellung von jenen meist recht bunten, schwerbepackten Wesen, die blubbernd in den Ozeanen oder Seen verschwinden und erst nach längerer Zeit wieder sichtbar werden.

Auf den ersten Blick mögen diese drei Arten des Tauchens viele Gemeinsamkeiten aufweisen. Zweifellos haben sie alle etwas damit zu tun, dass ein Mensch sich unter Wasser begibt. Und doch sind die Unterschiede dieser drei Tätigkeiten gravierend.

Der Schwimmer, der vom Sprungbrett ins Wasser springt, tut etwas ganz Natürliches. Beim Eintauchen des Kopfes ins Wasser hält er automatisch die Luft an. Dieser Reflex ist so stark, dass es einem geübten Schwimmer fast unmöglich ist, vorsätzlich zu ertrinken. Früher haben Seeleute absichtlich nicht schwimmen gelernt, damit sie bei einem Schiffsbruch einen schnellen, weniger quälenden Tod finden konnten.

Bei einem Schnorcheltaucher sieht die ganze Sache schon etwas anders aus. Zwar hält er auch die Luft an, wenn er ein paar Meter abtaucht. Treibt er jedoch an der Oberfläche und betrachtet sich die Unterwasserlandschaft, atmet er durch den Schnorchel, wobei sein Gesicht im Wasser liegt. Mit diesem Benehmen bricht er die Regeln seines natürlichen Verhaltens, denn ohne technische Hilfsmittel kann ein Landlebewesen mit dem Gesicht im Wasser nicht atmen. Die einzige Ausnahme bildet der Elefant, aber der streckt zumindest seinen Rüssel – also seine Nase – in die Luft. Das erklärt auch, warum viele Leute bei ihren ersten Schnorchelversuchen Probleme mit der Atmung bekommen.

... zum Presslufttaucher ist es ein Quantensprung.

Vom Schnorchler zum Presslufttaucher ist es dann ein Quantensprung. Der Schnorchler bleibt knapp unter der Oberfläche. Von dort kann er jederzeit seinen Kopf in die Luft recken. Außerdem atmet er unter normalem atmosphärischem Druck. Der Gerätetaucher hingegen begibt sich in größere Tiefen und ist damit rigoros von seinem natürlichen Element abgeschnitten. Er atmet obendrein in einer für ihn lebensfeindlichen Umgebung und

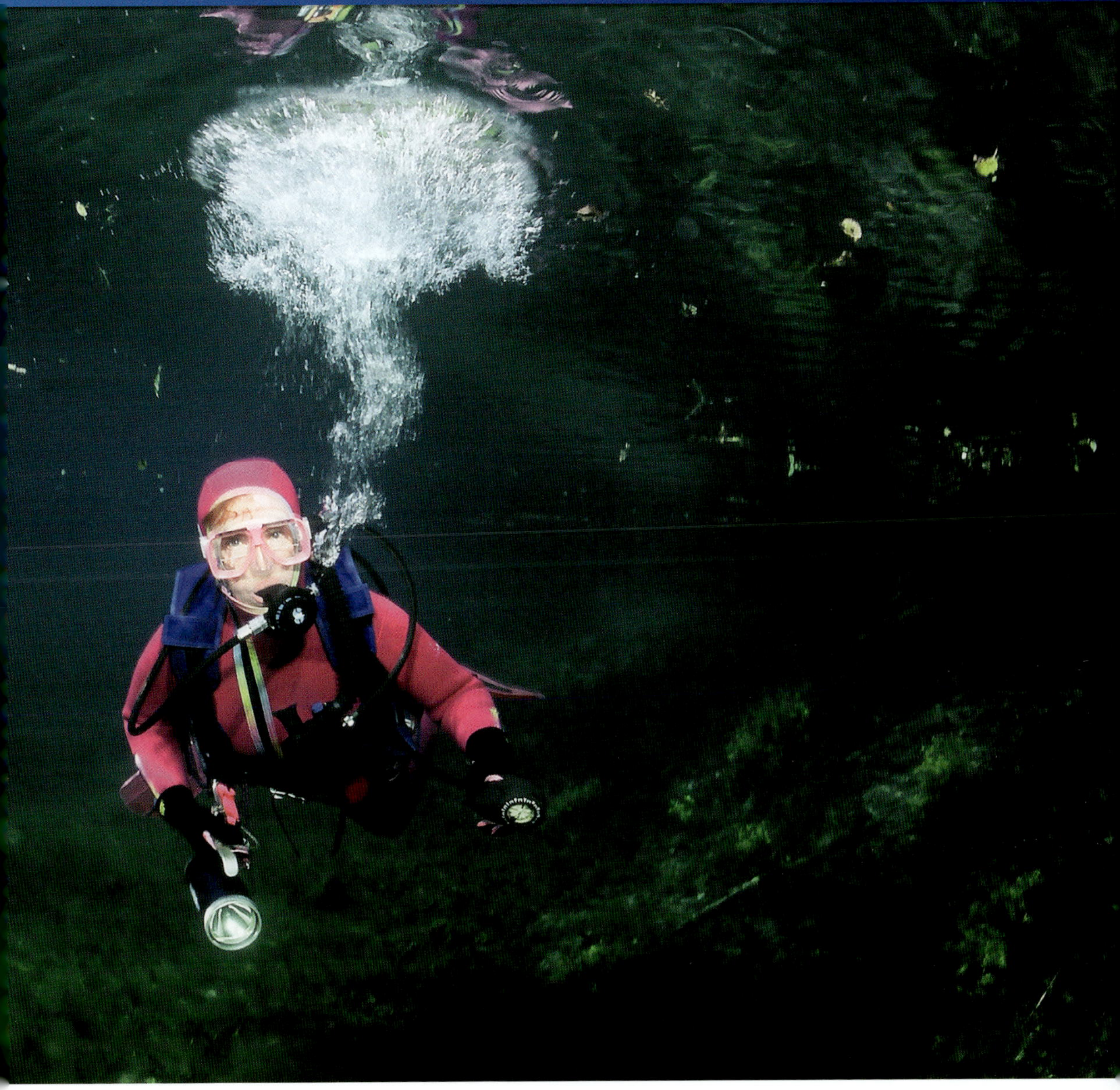

schwebt auch noch in einem dreidimensionalen Raum. Damit vergewaltigt er nicht nur seine Gefühle, seine Landlebeweseninstinkte und -reflexe, sondern setzt sich in dem dichten Element Wasser auch stark veränderten physikalischen Bedingungen aus.

Was hat der Mensch mit dem Eisbär gemeinsam?

Zunächst einmal sind die beiden lebendgebärende Landsäugetiere. Beide brauchen Nahrung, Flüssigkeit und vor allem Luft, um zu überleben. Mensch wie Eisbär können sich unbeschadet einige Zeit im Wasser aufhalten. Sie können auch den

Kopf unter die Wasseroberfläche stecken, wobei sie instinktiv die Luft anhalten. Zugegeben, der Eisbär hält das etwas länger aus. Bär und Mensch gehorchen unter gegebenen Bedingungen ihren Landlebeweseninstinkten und -reflexen.

Was unterscheidet den Menschen vom Eisbären?

Ganz klar! Der Eisbär braucht noch nicht einmal im Polarmeer einen Tauchanzug.

Der Eisbär hat aber auch noch andere Vorteile: Er braucht das Schwimmen, ob über oder unter Wasser, nicht zu lernen. Gedanken darüber, ob er zuerst mit den Vordertatzen paddelt oder lieber erst die Hinterpfoten bewegt, oder wann er atmen sollte, sind überflüssig. Die Natur hat ihn für dieses Unternehmen lückenlos programmiert. Er kann sich hundertprozentig auf seine Instinkte verlassen. Ein Eisbär hat außerdem nicht genügend Fantasie, um sich vermeintliche Risiken im Wasser auszumalen, also wird er von keinen Ängsten geplagt, bevor er sich tatsächlich in einer Gefahrensituation befindet.

Zum Ausgleich für seinen verkümmerten Instinkt besitzt der Mensch den Verstand. Er vermag abstrakte Bilder zu erzeugen, die nur in seinem Kopf existieren. Diese Bilder kann er mit etwas Energieaufwand Wirklichkeit werden lassen. So entstehen zum Beispiel Raketen, die Sixtinische Kapelle, Tauchausrüstungen, eine schmackhafte Gemüsesuppe oder Horrorfilme vom Weißen Hai.

Zwar wird auch der Mensch mit Instinkten und natürlichen Verhaltensweisen geboren. Nur werden diese vom heranwachsenden Verstand bald ins Unterbewusstsein abgedrängt. Da der Verstand nun einmal der größte Pluspunkt des Menschenwesens darstellt, wäre das auch ganz in Ordnung, wenn nur das Unterbewusstsein nicht hin und wieder rebellieren würde. Ein wacher Verstand mag in der Lage sein, einige Aspekte des Unterbewussten zu verstehen und seine Auswirkungen in Worte zu kleiden. Das Unterbewusstsein ist jedoch außerstande, so etwas Abstraktem wie Sprache, und in Worten denken wir ja, zu folgen, denn die „Sprache“ das Unterbewusstseins sind Bilder und Symbole. Da Verstand und Unterbewusstsein also nicht die gleiche Sprache sprechen, kommt es oft zu Missverständnissen.

Und noch ein Unterschied!

Der Eisbär verhält sich im Wasser perfekt. Gewiss kann der Koloss es an Geschmeidigkeit mit keiner Robbe aufnehmen. Er wird auch im nassen Element nie mit einem Fisch konkurrieren können. Doch er schwimmt und taucht so gut, wie es seine Möglichkeiten erlauben und niemals schlechter.

Nun will ich nicht behaupten, dass die Menschen nicht nach Perfektion streben. Sie tun es – unter anderem auch beim Sport.

Wer auf sich hält, rennt nicht einfach aus Lust an der Bewegung durch die Gegend. Ein Personal-Fitnesstrainer, oder zumindest ein entsprechendes Buch, geben Anweisungen über optimale Bewegungsabläufe, Atemrhythmus und anderes, bis hin zur richtigen Ernährung.

In der Reithalle, wo Pferde und Reiter ihre Kreise ziehen und ein lautstarker Reitlehrer andauernd nörgelt, befinden sich nicht nur Anfänger. Selbst erfahrene Turnierreiter versuchen in jahrelangem Training, ständig ihr Können zu verbessern und zu verfeinern. Die Reiter streben danach, immer mehr Gefühl für ihre Tiere und sich selbst zu entwickeln. Sie arbeiten daran, das Pferd besser an den Zügel zu stellen oder ihre Hilfen gezielter einzusetzen. „Man lernt nie aus!“ ist für die Besten unter den Reitern keine hohle Phrase.

Apnoetaucher verbringen viel Zeit mit Mentaltraining und Atemübungen. Die auf den ersten Blick so simple Tätigkeit, Luft anzuhalten und nach unten zu paddeln, wird von der internationalen Apnea Academy in einem Handbuch von mehr als 600 Seiten beschrieben.

Wo man in der Sportwelt auch hinsieht, ob beim Tennis, Fußball, Kampfsport oder Skifahren, es wird ohne Zweifel daran gearbeitet, die Fähigkeiten der Sportler zu verbessern und zu perfektionieren. Nicht jeder Sportler hat den Ehrgeiz sein Bestes zu geben. Aber in den meisten Sportarten hat ein jeder die Chance, so gut zu werden, wie es seine Möglichkeiten erlauben, und nicht schlechter.

Die große Ausnahme bildet das Gerätetauchen.

Ein Taucher schafft meistens in sechs bis neun Lektionen seinen Open-Water-Schein, Ein-Sterne-Kurs, oder wie sich das Tauchbrevet je nach Tauchorganisation sonst noch nennt. Danach gleitet er in die Tiefe und schaut sich bunte Fische an.

Einige Taucher absolvieren aufbauende Kurse wie den Advanced-Open-Water-Diver-Kurs, Rescue-Kurs, Zwei- oder Drei-Sterne-Brevet.

In diesen weiterführenden Kursen muss der Taucher entweder an speziellen Tauchgängen wie Nacht-, Tief- oder Strömungstauchgängen teilnehmen oder er legt gewisse Übungen ab, zum Beispiel Bergen und Retten eines Tauchers, Aufstieg unter Wechselatmung und anderes mehr. Das sind alles sehr nützliche Sachen.

In keinem dieser Kurse wird dem Taucher jedoch vermittelt, wie er sein Wohlbefinden im Wasser steigern, seine Atmung normalisieren, seine Bewegungen effektiv einsetzen oder ein Gefühl für das nasse Element entwickeln kann.

Die allgemeine Tauchermeinung ist: Perfektion stellt sich automatisch ein, wenn man nur genügend Tauchgänge hat.

Tatsache ist aber, dass du nur zu einem Ziel kommen kannst, wenn du es kennst. Auch kannst du Fehler nur ausmerzen, wenn sie dir bewusst sind.

Glaubst du, dein hoher Luftverbrauch ist ein Privileg deiner stattlichen Statur, deine angespannten Muskeln seien bei der Bewegung im Wasser etwas ganz Normales und gegen eine Strömung zu tauchen muss einfach ein unliebsamer Kampf sein, wirst du niemals an die Perfektion eines Eisbären herankommen.

Ich habe mir lange darüber Gedanken gemacht, warum gerade beim Sporttauchen die Entwicklung der Ausrüstung mit

Siebenmeilenstiefeln vorangeschritten ist, wohingegen die Fähigkeiten der Taucher eher wie Krebse in der Brandung den Rückwärtsgang einlegen. Ich bin zu dem Schluss gekommen, es liegt daran, dass es keine Wettkämpfe beim Gerätetauchen gibt.

Bei den meisten Sportarten werden in der breiten Masse die Talente für den gewinnbringenden Leistungssport gesucht. Diese wenigen Spitzensportler werden mit optimalen Maßnahmen und Techniken, sei es auf der körperlichen oder mentalen Ebene, trainiert. Es besteht ein wirtschaftliches Interesse an perfekten Wettkampfsportlern. Die Verbesserungen und neuen Erkenntnisse der Trainingsmethoden werden dann in der breiten Masse vermarktet.

Ein perfekter Sporttaucher hingegen bringt niemandem einen Gewinn – außer sich selbst. Also, worauf wartest du noch? Mach es wie der Eisbär. Nimm den Wettkampf mit dir selbst auf! Werde zum besten Taucher, der du werden kannst.

Die Entwicklung des Tauchsports in den letzten 30 Jahren

Betrachtet man den Tauchsport als menschliches Wesen, so kenne ich ihn zwar nicht von Kindesbeinen an, doch seit seiner frühen Pubertät. Ich habe zu einer Zeit tauchen gelernt, als sich der Stand der Ausrüstung auf ein Minimum beschränkte. Mit noch weniger konnte man nicht tauchen.

Finimeter waren kaum im Gebrauch. Stattdessen waren die Flaschenventile mit Reserveschaltungen versehen. Diese funktionierten – hin und wieder. Rettungs- und Tarierwesten kamen gerade erst auf den Markt. Sie galten eher als modisches Accessoire, das den Tauchlehrer von der breiten Masse unterschied, denn als Gebrauchsgegenstand. Die ersten Inflatoren wurden nicht als technische Raffinesse bestaunt, sondern als „Rentnerlift" verschrien. Die Null- und Dekozeiten las man unter Wasser auf einer Tabelle ab und peilte dabei, mehr oder weniger, über den Daumen. Meistens ging das gut, obwohl die damals gebräuchliche Tabelle der U.S. Navy ziemlich knapp bemessen war. Auf den Gedanken, einen Octopus an den Automaten zu schrauben, kam man erst viel später. Ein Aufstieg unter Wechselatmung aus 20 Metern oder tiefer gehörte zum Alltag. Noch nicht einmal ein Neuling kam auf den Gedanken, dass er da in einer Notsituation wäre. Denn schließlich gehörte das zu den Grundübungen, die jeder Taucher beherrschen musste. Da auf die Technik kein Verlass war, wurde bei der Ausbildung Wert gelegt auf Kondition, Tauchfertigkeiten unter extremen Bedingungen und partnerschaftliches Tauchen.

In den siebziger und achtziger Jahren wimmelte es in der Tauchszene vor Individualisten und Enthusiasten. Tauchlehrer war kein Beruf, sondern eine Berufung. Natürlich mussten wir unsere Butter aufs Brot verdienen, aber das war nicht das Wichtigste. Es ging um die Sache. Die Taucher waren keine Kunden, sie waren Kumpels. Das gemütliche Klönen nach dem Tauchgang und die Taucherfeten waren genauso wichtig wie die Tauchgänge selbst.

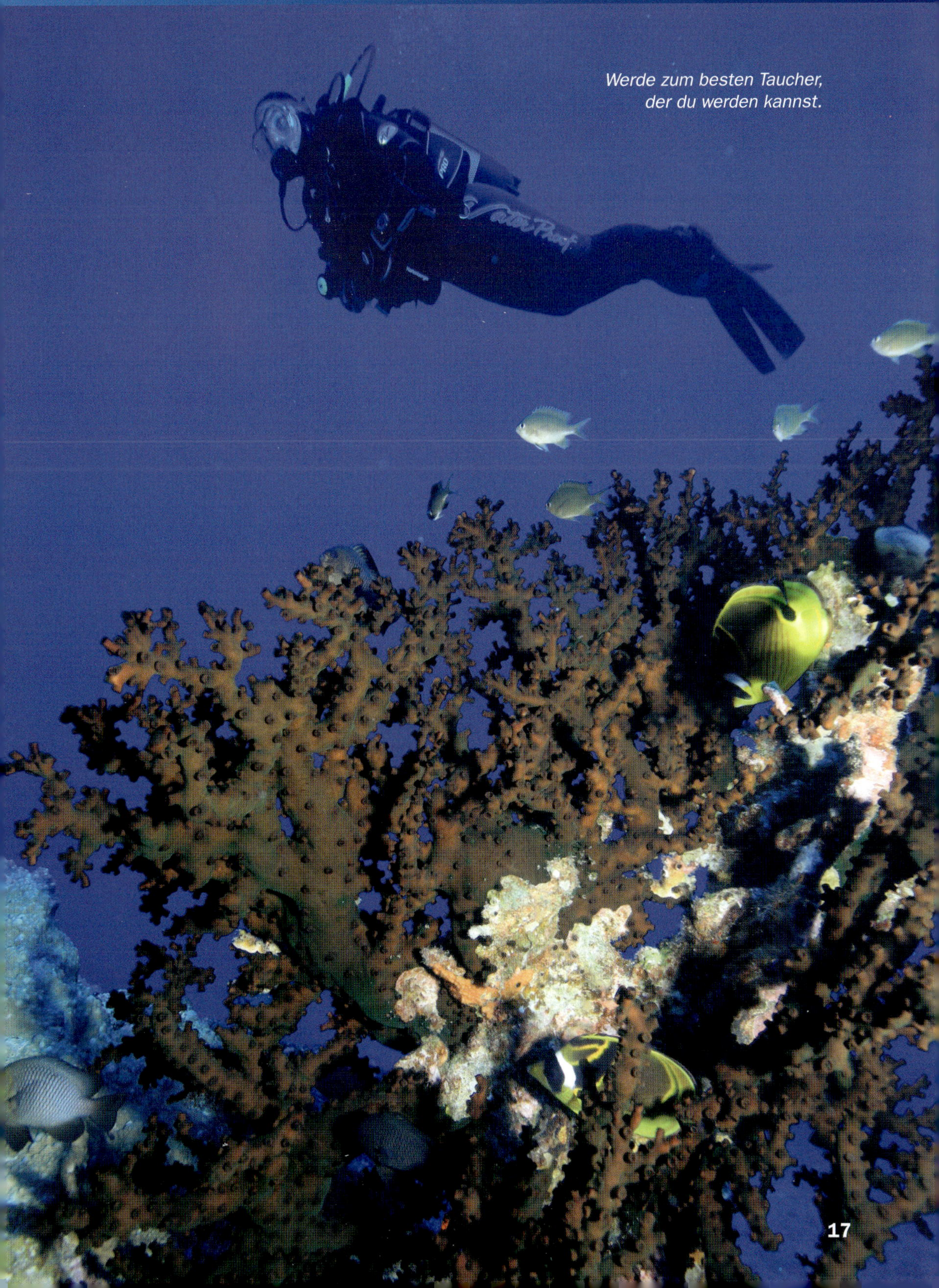

Werde zum besten Taucher, der du werden kannst.

Gewiss spielte auch Stolz über das positive Feedback der Taucher und Tauchschüler eine Rolle für den Tauchlehrer.

Die Verbände gaben den Tauchlehrern ein bestimmtes Trainingsprogramm vor, doch blieb es jedem Tauchlehrer selbst überlassen, wie er ausbildete und welches Unterrichtsmaterial er benutzte.

Einer der begnadetsten unter den Tauchlehrern dieser Zeit war Lutz Hagemann. Er war der erste, der sich über die Atmung und die psychischen Aspekte des Tauchens intensiv Gedanken machte. Ich habe zwei Jahre für Lutz gearbeitet und will nicht verheimlichen, dass die natürliche Atemtechnik und einige meiner Überlegungen auf seinem Gedankengut basieren.

Lutz Hagemanns Lehre vom bleifreien Tauchen wurde Mitte der achtziger Jahre in Taucherkreisen kontrovers diskutiert. Dass seine teilweise genialen Argumente keine rechte Anerkennung fanden, lag wohl an der Welle, die zu jener Zeit über den Atlantik schwappte. Die Tauchorganisationen, die nun den europäischen Markt eroberten, befassten sich durchaus auch mit Psychologie. Nur ging es dabei nicht um die Gefühle der Taucher, sondern um Verkaufsstrategien.

Dem allgemeinen Wirtschaftstrend der Supermarkt-, Kaufhaus- und Fast-Food-Ketten fiel auch der Tauchsport zum Opfer.

Vergleichen wir die Tauchlobby von heute mit der Gastronomie, so liegen die Marktanteile weltweit etwa zu 80 % bei der Fast-Food-Kette mit dem großen, gelben „M“. Ein paar kleinere Unternehmen haben versucht, das gewinnbringende Konzept zu kopieren, aber auch hier bestechen eher die bunten Märchenfiguren im Combo-Menü als das Nahrungsangebot.

Feinschmeckerrestaurants und Wirtschaften mit deftiger und schmackhafter Hausmannskost findet man nur noch vereinzelt. Dann gibt es noch ein paar Schmuddelläden, bei denen man am besten nicht in die Küche schaut. Der Kette mit dem großen „M“ und ihrem ausgeklügelten Überwachungssystem ist es zu verdanken, dass die wenigen schwarzen Schafe ein Minimum an Service bieten müssen. Sie werden gezwungen, zumindest ein genau vorbestimmtes Menü zu servieren.

Das mag alles ganz gut schmecken und ein paar Vitamine sind auch noch zu finden. Dennoch, wie alle starren Systeme, unterbindet es jegliche Individualität und Kreativität. Innovative Geschmacksrichtungen dürfen nicht ausprobiert werden und Fehler werden ignoriert, weil das Einstampfen der „Kochbücher“ mit einem hohen Kostenaufwand verbunden wäre.

Wenn du also Appetit auf etwas anderes als Hamburger mit der immer gleichen Geschmacknuance hast, musst du dir zuweilen dein eigenes Süppchen kochen.

Zu diesem Süppchen möchte ich dir ein paar Rezepte geben. Mit besonderen Empfehlungen, wenn es im Kochtopf richtig brodelt.

Atmung und Tarieren

Das Wichtigste

Ich sitze mit meinen neuen Tauchschülern vor der Tauchbasis. Die Pressluftflaschen stehen bereit. Eigentlich kann es losgehen mit der ersten Taucherfahrung. Aber ich habe da noch eine Frage: „Was ist das Wichtigste in eurem Leben?“ Sie gucken mich alle etwas verwirrt an. Mit dieser Frage haben sie nicht gerechnet. Schließlich haben sie kein Seminar für Philosophie gebucht, sondern einen Tauchkurs. Lena, gerade mal 17, findet als erste ihre Sprache wieder. Sie errötet leicht und kichert: „Liebe.“

Susanne antwortet schlicht: „Essen.“

Harald wirft seiner molligen Susanne einen genervten Blick zu und versucht es mit etwas Subtilerem: „Gesundheit.“

„Falsch!“, antworte ich im Brustton der Überzeugung. „Das Wichtigste in eurem Leben ist eure Atmung! Ihr könntet ohne zu atmen weder lieben noch essen. Okay, Harald, mit deiner Gesundheit hättest du ohne Atmung spätestens nach drei Minuten keine Probleme mehr.“

Ich erwarte keinen Beifall für meine wissenschaftlich zwar nicht ganz einwandfreie (der Herzschlag ist noch wichtiger), doch fundamentale Aussage. Der kommt sowieso nicht. Nur ein geknurrtes: „Na, das ist doch klar.“

Viele Menschen schenken ihrer Atmung kaum Beachtung. Wir holen automatisch Luft und brauchen nicht jeden Atemzug willentlich zu steuern, können es aber.

Wer sich mit Praktiken wie Yoga oder Autogenem Training befasst, weiß wie viel Macht die Atmung über unser körperliches und psychisches Befinden hat. Auch viele Sportler kennen den Einfluss der Atmung auf ihre körperliche Leistung.

Natürlich können wir nicht jeden Atemzug in unserem Leben bewusst überdenken. Sonst bliebe wirklich keine Zeit mehr für wichtige Dinge wie Liebe und Essen. Aber wir können uns angewöhnen, in bestimmten Situationen auf unsere Atmung zu achten und somit positiven Einfluss auf unseren körperlichen und seelischen Zustand zu gewinnen.

Die verbreitetste Lehre vom Atmen unter Wasser

Bei keiner anderen Sportart ist eine bewusste Atmung so wichtig wie beim Tauchen. Falsches Atmen kann unter Wasser zu Panik führen und dich in Lebensgefahr bringen. Aber trotz ihrer wichtigen Funktion werden der Atmung in einer der größten Tauchorganisationen lediglich drei prägnante Sätze gewidmet:

1. Halte beim Tauchen niemals unter Wasser die Luft an!
2. Atme immer langsam, tief und fortwährend!
3. Fische halten nie die Luft an!

So einleuchtend zumindest die ersten beiden Sätze auf den ersten Blick auch sein mögen, es scheint sich bis jetzt niemand die Mühe gemacht zu haben, sie zu analysieren. Obendrein werden diese Sätze vom Tauchanfänger oft missverstanden.

Das Gefährlichste beim Tauchen ist, mit voller Lunge und angehaltener Luft aufzusteigen. Die Luft, die unter höherem Druck eingeatmet wird, dehnt sich beim Aufstieg aus. Kann sie nicht entweichen, kommt es zu einer Schädigung der Lunge (Lungenüberdehnung oder Lungenriss). Am häufigsten treten Lungenbarotraumen auf, wenn ein Taucher in Panik unkontrolliert nach oben schießt.

Es ist also verständlich, dass Tauchorganisationen sich Sorgen um ihre Kunden machen. So versuchen sie ein Fehlverhalten – nämlich das Anhalten der Luft beim Aufstieg – zu verhindern, indem sie es verbieten. Nur wäre es besser, dabei die menschlichen Natur und physikalische Gesetze zu berücksichtigen.

Befassen wir uns also mit dem ersten Satz: **Halte beim Tauchen niemals unter Wasser die Luft an!**

Wenn du, in Neopren verpackt, von der Wasseroberfläche aus mit den Füßen voran abtauchen möchtest, musst du ausatmen und mit relativ leerer Lunge **die Luft anhalten**. Würdest du kontinuierlich weiteratmen, könntest du nicht absinken. Denn im Wasser treten alle Reaktionen auf die Veränderung eines Körpers verzögert ein. Eine weniger empfehlenswerte Alternative wäre, dich zu überbleien.

Jeder einigermaßen gute Unterwasserfotograf pirscht sich an sein Objekt mit angehaltenem Atem heran. Ein ständiger Luftschwall würde seine anvisierte „Beute“ in die Flucht jagen. Außerdem könnte der Fotograf bei einer Non-Stop-Atmung sich selbst samt Kamera nicht bewegungslos halten.

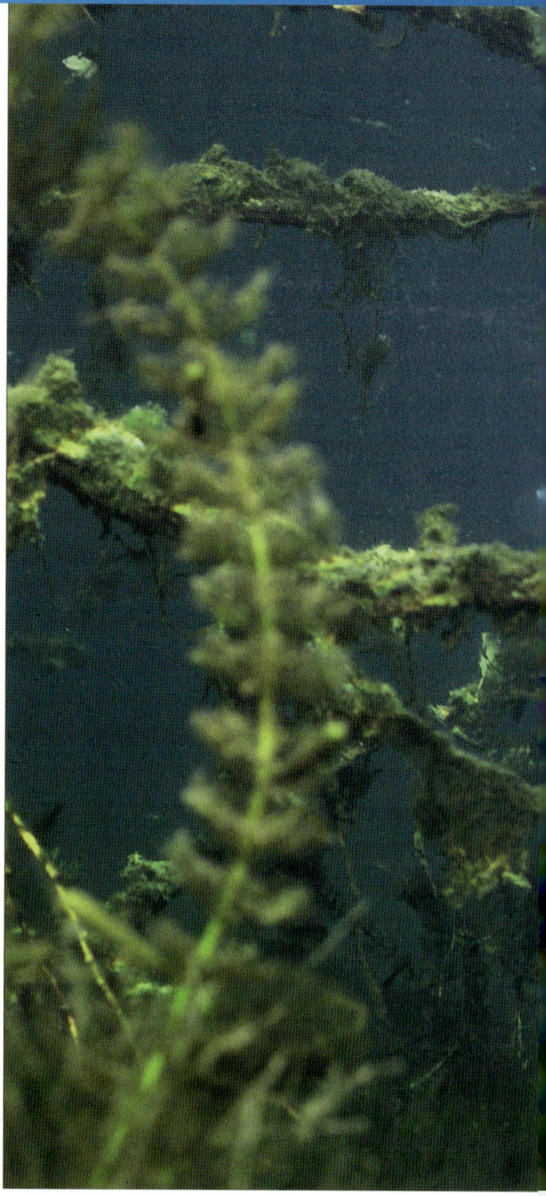

Um präzise und bewegungslos an einer Stelle zu verweilen, verwenden viele Tau-

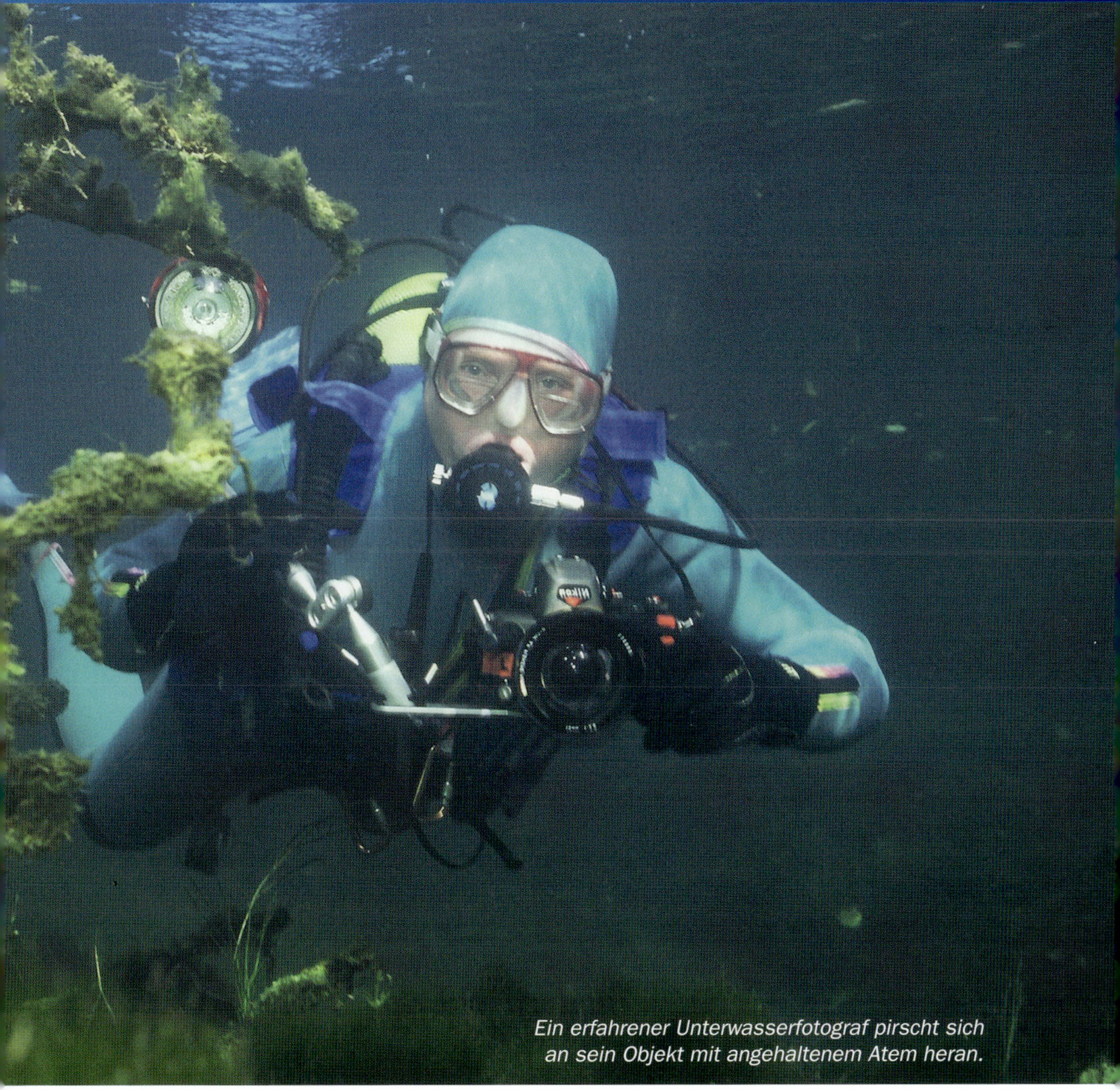

Ein erfahrener Unterwasserfotograf pirscht sich an sein Objekt mit angehaltenem Atem heran.

cher ihre Lungen zur Feintarierung. Dabei halten sie mit mehr oder weniger vollen Lungen die Luft an. Taucher, die sich nach etlichen Tauchgängen eine ruhige Atmung angewöhnt haben und einen vernünftigen Luftverbrauch vorweisen, halten fast immer an einem Punkt ihres Atemrhythmus die Luft kurz an.

Dann gilt der Satz: „Halte beim Tauchen niemals unter Wasser die Luft an!“ also nur für Anfänger? Das erklärt, warum viele Anfänger, die nach diesen Prinzipen ausgebildet wurden, sehr viel Luft verbrauchen und nicht in der Lage sind, bewegungslos an einer Stelle zu verweilen, um in aller Ruhe einen Meeresbewohner zu betrachten. Ihnen fehlt die Praxis in der Benutzung einer wichtigen Tarierhilfe: der Lunge.

Sollen wir die Lektion „Tarieren mit der Lunge“ verschieben, bis aus dem Anfänger ein erfahrener Taucher geworden ist?

Lehren wir einen Schulanfänger, dass 1 + 1 = 1 ist, weil das einfacher zu rechnen wäre, und klären ihn erst kurz vor dem Abi über das Missverständnis auf?

Nun zum zweiten Satz: **Atme immer langsam, tief und fortwährend!**

Von all den Adjektiven in diesem Satz sagt mir „langsam“ als einziges zu. Leider ist es gerade die Eigenschaft, die ein Anfänger am wenigsten beherzigen wird.

Atme tief. Mir ist in 30 Jahren Tauchausbildung noch kein Anfänger begegnet, der bei seinen ersten Tauchversuchen flach geatmet hätte. Das liegt am Unterbewusstsein. Hat sich das Unterbewusstsein des Neulings erst einmal dazu durchgerungen, überhaupt in der menschenfeindlichen Umgebung zu atmen, will es so viel wie möglich von dem lebenserhaltenden Stoff. Auch erfahrene Taucher atmen wesentlich tiefer, als sie es an Land tun würden. Ein Anfänger ist leicht gewillt anzunehmen, seine normale Atmung sei nicht tief genug. Wenn es doch ausdrücklich betont wird, dass er tief atmen muss. Denn wie tief ist tief? In Folge atmet er extrem viel Luft ein, was nicht unbedingt sein Wohlbefinden fördert.

Die Gefahr der zu flachen Atmung besteht nur bei wenigen, meist erfahrenen Ehrgeizlingen, die bewusst flach atmen und meist auch noch die Luft für längere Zeit anhalten, um nach dem Tauchgang mit ihrem geringen Luftverbrauch zu protzen. Dieses Verhalten kann zuweilen zu Kopfschmerzen führen. Schlimmere Schäden sind meist nicht zu befürchten, da der ansteigende CO_2-Gehalt einen Atemreiz verursacht, der den Taucher zwingt, tief einzuatmen.

Atme fortwährend. Ein fortwährendes Atmen ohne Pause entspricht nicht unserem natürlichen Atemrhythmus und führt schnell zur Ermüdung. Wie alle anderen Muskeln brauchen auch die Muskelpartien, die an unserer Atmung beteiligt sind, hin und wieder Ruhe.

Die Muskulatur des Brustkorbes wird noch zusätzlich gefordert, wenn du in einem engen Neoprenanzug steckst. Das hat eine ähnliche Wirkung, als wenn du beim Aerobic Elastikbänder benutzt. Es braucht also niemanden zu wundern, dass ein Taucher, der fortwährend atmet, bei einer zusätzlichen Belastung rasch schlapp macht, zum Beispiel in einer Gegenströmung.

Außerdem trocknet ein fortwährendes Atmen die Mundschleimhaut aus und reizt die Atemwege noch mehr, als es bei einer Pressluftatmung ohnehin der Fall ist.

*Hierzu ein kleiner **Test:** Setze dich bequem auf einen Sessel. Atme zehn Minuten langsam, tief und fortwähren durch den Mund. Spürst du den Effekt?*

Und nun der dritte Satz: **Fische halten nie die Luft an!**

Zwar witzig gemeint, aber ohne pädagogischen Wert. Fische haben keine Lungen, die sie verschließen können, sondern Kiemen, durch die das Wasser filtriert wird. Außerdem atmen Fische keine Luft, sondern beziehen ihren Sauerstoff aus dem Wasser. Da sich Wasser nicht komprimieren lässt und sich deshalb auch nicht ausdehnen kann, besteht beim Fisch keine Gefahr eines Überdruckbarotraumas. Und genau um dieses Barotrauma geht es bei dem Gebot, die Luft niemals anzuhalten. Es ist, als ob da Äpfel mit Seegurken verglichen werden.

Die natürliche Atmung

Die natürliche Atmung an Land

Sitzt du immer noch auf deinem Sessel und atmest langsam, tief und fortwährend durch den Mund? Inzwischen fühlen sich deine Mundschleimhaut und deine Atemwege reichlich trocken an. Ein bisschen gereizt bist du auch, vielleicht etwas benommen im Kopf und leicht erschöpft. Du fragst dich, wie ein Taucher dieses fortwährende Atmen den ganzen Tauchgang lang aushalten kann? Zumal die Pressluft noch trockener ist.

Tatsache ist, dass viele Taucher nicht fortwährend atmen, sondern rein instinktiv während des Atmens einen Stopp einlegen. Leider an der falschen Stelle.

Noch ein kleiner ***Test:*** *Bleib in deinem Sessel sitzen. Lenke dich ab. Nimm ein Buch zur Hand oder schalte den Fernseher ein. Versuche nach einer Weile, deine Atmung zu beobachten, ohne sie zu beeinflussen. Wie atmest du?*

Tief? Flach? Nur im oberen Brustbereich oder tief in den Bauch? Durch die Nase oder den Mund? Das ist individuell ganz verschieden. Darum geht es auch nicht. Auf den Rhythmus kommt es an, und der ist bei fast allen gesunden Menschen gleich.

Du atmest ein, atmest sofort wieder aus und legst im ausgeatmeten Zustand eine Pause ein. Erst wenn der ansteigende CO_2-Gehalt einen Atemreiz bewirkt, holst du wieder Luft, lässt sie aber gleich wieder entweichen. Auch wenn du sprichst, tust du das mit leerer Lunge. Das ist der Atemrhythmus, bei dem wir uns wohl fühlen und entspannen können.

Wie sieht die Sache beim Tauchen aus?

Unter Wasser werden wir stark mit unseren unbewussten Reflexen konfrontiert. Der Fluch des Unbewussten ist, dass wir meist gar nicht merken, wenn etwas nicht so ist, wie es sein sollte.

Das Atmen unter Wasser ist uns nur mit Hilfe technischer Hilfsmittel möglich. Der menschliche Verstand kommt sehr gut mit der Abstraktion der Technik zurecht. Unser Unterbewusstsein ist jedoch gezwungen, sich an einprogrammierte Verhaltensmuster zu halten. Jedes Säugetier hat den unterbewussten Reflex, die Luft anzuhalten, sobald Mund und Nase von Wasser umgeben sind. Diesen Reflex kann auch ein Taucher nicht so einfach ablegen.

Wenn der Verstand und das Unterbewusstsein mit ihrem Taucher reden würden, hörte sich das vermutlich ungefähr so an:

Verstand: „Du hast ein technisches Ding im Mund. Los, zieh schon Luft ein."

Der Taucher pumpt sich mit Luft voll, so viel nur hineinpasst, denn er ist ja unter Wasser, da ist Luft Mangelware.

Unterbewusstsein: „Halt die Luft an! Merkst du denn nicht, dass du mit dem Kopf unter Wasser steckst?"

Der Taucher hält die Luft an. Er spürt einen Druck hinterm Brustbein. Sein Brustkorb ist angespannt.

Verstand: „Mensch, atme endlich aus, sonst kannst du doch keine frische Luft in die Lungen füllen."

Kaum hat der Taucher ausgeatmet und sich von dem Druck befreit, schreit das Unterbewusstsein: „Hilfe! Ausgeatmet unter Wasser, das hältst du nicht lange durch!"

Verstand: „Das Unterbewusstsein ist doch zu dämlich! Kapiere doch endlich, die Technik gibt dir Luft."

Vom Unterbewusstsein alarmiert und im Vertrauen auf seinen Verstand saugt der Taucher so schnell wie möglich wieder Luft ein.

Das Unterbewusstsein schreit wieder: „Halt die Luft an! Begreif doch, dass du kein Fisch bist."

Und so geht das Geschrei, bis die Flasche leer ist, was unter den Voraussetzungen nicht lange dauert.

Beim Tauchen dauert die Phase, in der die Luft angehalten wird und in der der Brustkorb angespannt ist, wesentlich länger als die entspannte Phase nach dem Ausatmen. Umgekehrt als bei unserem natürlichen Atemrhythmus an Land. Wollten wir versuchen, an Land auf die gleiche Weise zu atmen, würden wir uns schon nach einigen Minuten äußerst unwohl fühlen. An Land halten wir nur die Luft an, wenn wir uns in einer negativen Situation befinden, zum Beispiel, wenn wir uns erschrecken, wenn wir Angst haben oder uns ärgern.

Warum stören sich die wenigsten Taucher an dieser widernatürlichen Atmung und der daraus resultierenden Verspannung ihres Körpers? Die Antwort ist: Sie empfinden die unangenehme Wahrnehmung, der Lage entsprechend, als normal, weil sie sich beim Tauchen noch nie besser gefühlt haben.

Ein Taucher wird sich niemals wie ein Fisch im Wasser fühlen. Darauf ist er anatomisch und psychologisch nicht eingerichtet. Das Leben unter Wasser wird ihm immer irreal erscheinen wie ein sehr intensiver Traum. Das liegt an der veränderten optischen und akustischen Wahrnehmung, der Schwerelosigkeit und an der ungewohnten Bewegungsfähigkeit im dreidimensionalen Raum. Bei all diesen ungewohnten Empfindungen fällt einem Tauchanfänger kaum auf, dass sein Körper verkrampft ist und er wie ein liebeskrankes Walross schnauft. Später, als erfahrener Taucher, hat er sich an den ständigen Druck im Brustbereich gewöhnt. Seine Atmung wird zwar mit der Zeit etwas ruhiger werden, und vielleicht lockert sich auch seine Haltung. Einen natürlichen Atemrhythmus, nämlich einatmen, sofort wieder ausatmen und im ausgeatmeten Zustand eine Pause einlegen, wird er allerdings nur erreichen, wenn er es bewusst übt.

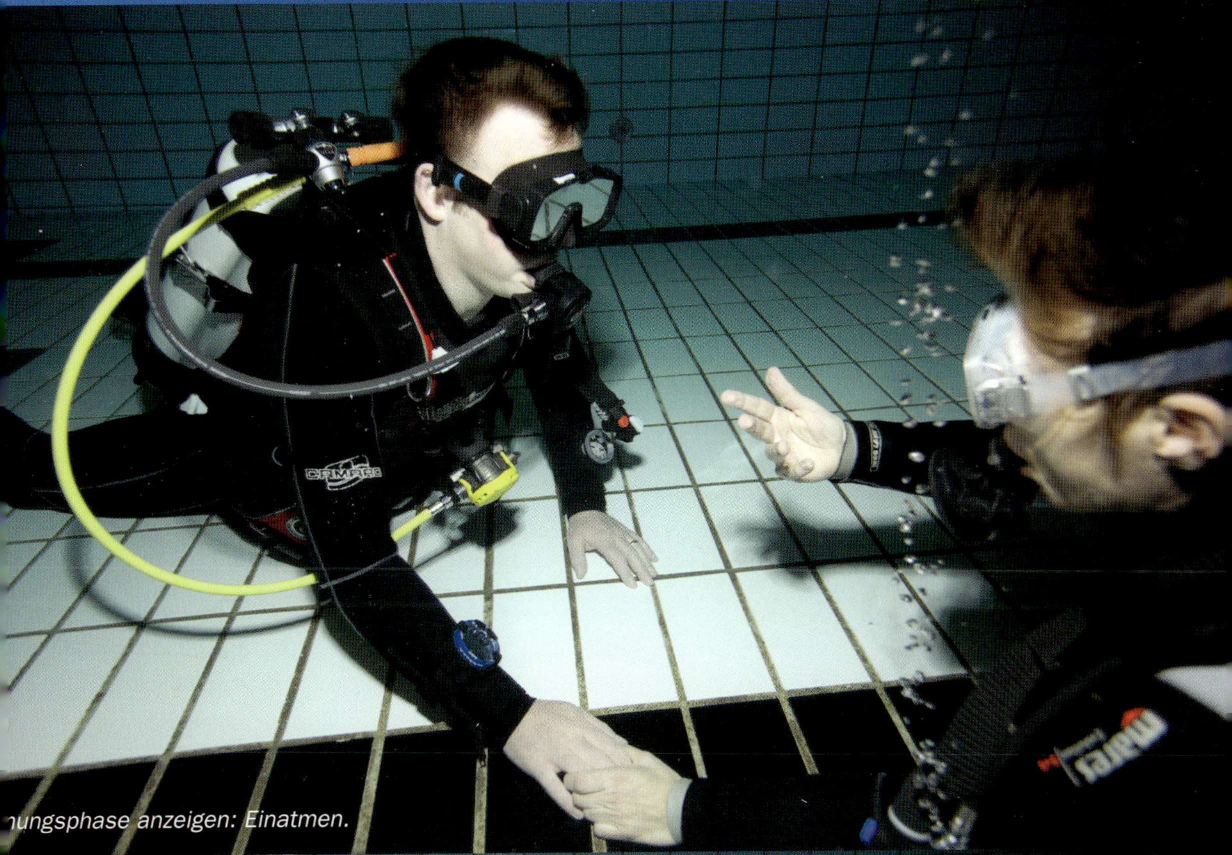

ıungsphase anzeigen: Einatmen.

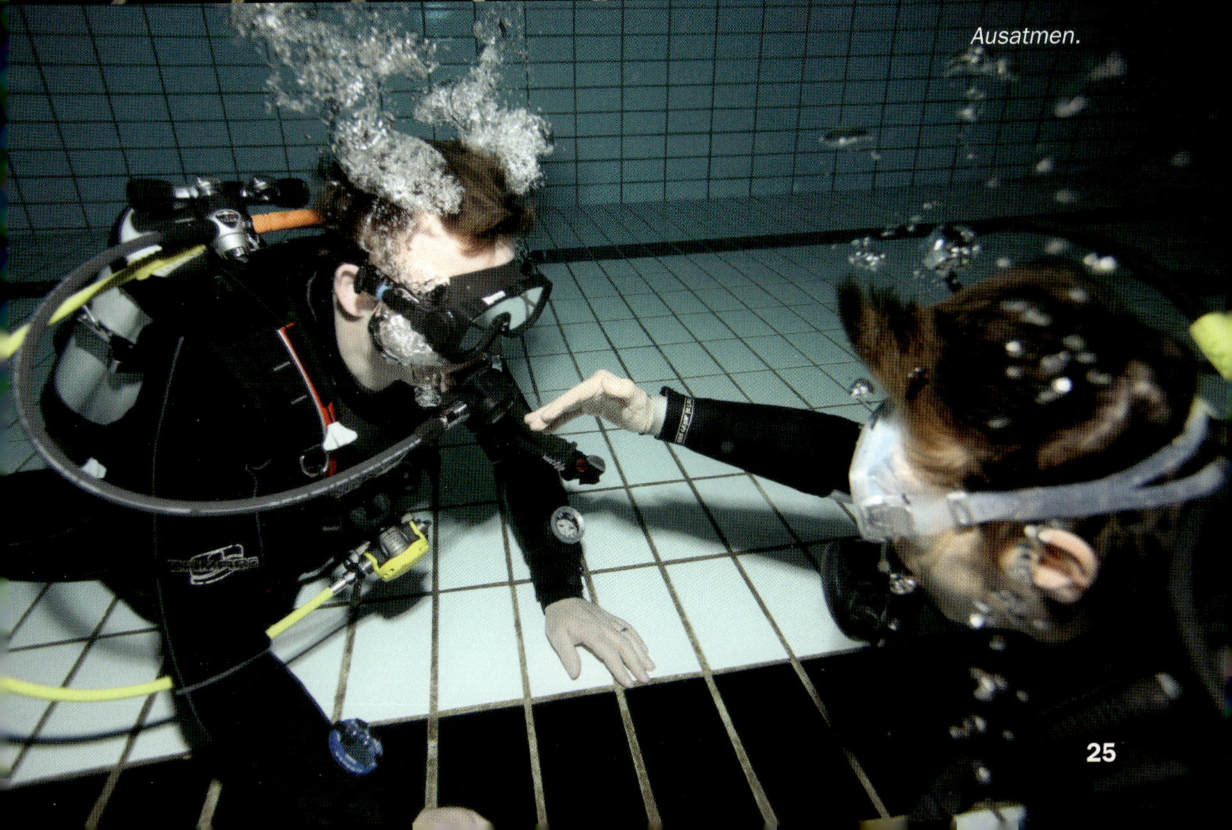

Ausatmen.

Leider wird in den wenigsten Tauchschulen eine natürliche Atemtechnik gelehrt. Ein absoluter Neuling kann nämlich mit der natürlichen Atemtechnik lernen, von Anfang an ruhig und bewusst zu atmen, entspannt zu tauchen und präzise zu tarieren.

Wie lernt ein Tauchanfänger die natürliche Atemtechnik?

Zunächst erkläre ich dem Anfänger die natürliche Atemtechnik, die Handzeichen und was ich mit ihm anstellen werde.

Die allerersten Atemzüge mit dem Gesicht im Wasser lasse ich meinen Neuling im Stehen machen. Das gibt Sicherheit. Er weiß genau, er muss nur den Kopf heben und schon ist er wieder in seinem natürlichen Element.

Hat er sich allmählich an die Atmung gewöhnt, fordere ich ihn auf, sich bäuchlings auf den Grund zu legen. Dabei halte ich ihn an einer Hand fest. Zum einen, um ihm Vertrauen in der neuen Umgebung zu vermitteln, zum anderen um zu spüren, wie verspannt er ist.

Nun gebe ich die Handsignale, die wir vorher abgesprochen haben: Mein Handrücken vom Tauchschüler weg bedeutet einatmen. Mein Handrücken zum Tauchschüler hin bedeutet ausatmen. Meine flache Hand vor dem Gesicht des Tauchschülers bedeutet Stopp.

Mit dem Stopp gibt es oftmals Probleme. Weigert sich doch das Unterbewusstsein, unter Wasser mit leerer Lunge zu verweilen, obwohl es das an Land mit Wonne tun würde. Also auftauchen, den

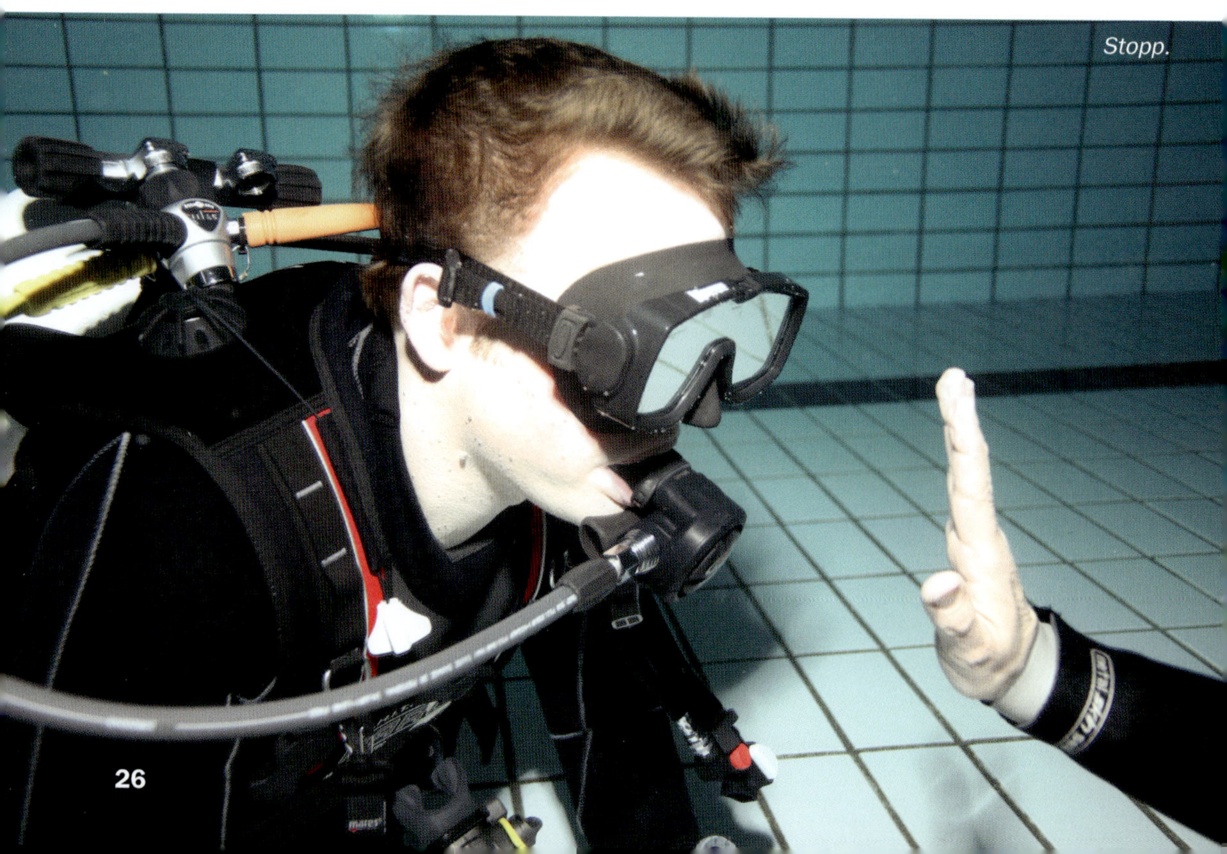

Stopp.

Verstand des Tauchschülers wieder an den Stopp erinnern, wieder runter und energischer meine Hand vor dem Gesicht platzieren. Nach dem zweiten oder dritten Mal klappt es dann.

Hat der Schüler seinen Atemrhythmus gefunden, kontrolliere ich seine Arme und Beine und schüttle sie, bis sie locker sind.

Das Anhalten der Luft

Weil ausschließlich zu atmen mit der Zeit langweilig wird, probieren wir gleich einmal aus, unsere Lunge als eine Art Schwimmblase einzusetzen.

Ich weise den Anfänger mit der Hand an einzuatmen. Dann folgt im eingeatmeten Zustand ein kurzer Stopp und sowie der Körper Auftrieb bekommt, soll der Schüler wieder ausatmen.

Auch nach dem Ausatmen wird ein Stopp eingelegt, denn wir wollen wieder abwärts gleiten.

Jawohl! Ihr habt richtig gelesen. Im eingeatmeten Zustand die Luft anhalten.

Ist das nicht saugefährlich? Widerspricht das nicht der Regel „Halte niemals beim Tauchen die Luft an"? Nein und ja. Nein, es ist nicht gefährlich. Ja, es widerspricht voll und ganz einer Regel, die allerdings nicht wirklich überdacht wurde und die rein instinktiv ohnehin oft nicht eingehalten wird.

Natürlich kläre ich meinen Tauchschüler vorher darüber auf, welche fatalen Auswirkungen ein Aufstieg mit angehaltenem Atem haben kann. Ich weise ihn auch an, dass er, sowie sich sein Körper hebt, wieder ausatmen muss.

Und hier noch ein ***Test:*** *Husch, husch, zurück in deinen Sessel! Zieh gerade so viel Luft in deine Lunge, wie es angenehm ist. Halt die Luft kurz an. Nun fülle deine Lunge mit so viel Luft wie möglich, vom Bauchraum bis zu den oberen Brustspitzen. Fühlst du, wie viel Luft da noch Platz hat? Fühlst du auch den unangenehmen Druck? Würdest du unbewusst so viel Luft in deine Lunge saugen? Wohl eher nicht.*

Die Hauptursache für einen Lungenüberdruckunfall ist ein Panikaufstieg mit angehaltener Luft. Theoretisch kann das im Extremfall schon bei einer Tiefendifferenz von nur einem Meter vorkommen. Dieser Extremfall ist aber äußerst selten, da kein Taucher so viel Luft einsaugt, dass keine Toleranz mehr besteht. Bei drei bis vier Metern Tiefenunterschied könnte es aber bereits bedenklich sein.

Die wichtigste Voraussetzung für sicheres Tauchen ist es demnach, Panik zu vermeiden. Am effektivsten geht das, wenn jeder Taucher lernt, bewusst mit seiner Atmung umzugehen und sie zu kontrollieren. Denn wenn nicht gerade der große Weiße Hai an deiner Flosse knabbert, entsteht fast jede Panik durch realen oder scheinbaren Luftmangel. (Auf die Themen Tarierung mit der Lunge, Atemkontrolle und Panik werde ich später noch etwas ausführlicher eingehen).

Welche Vorteile bietet die natürliche Atemtechnik?

Der wichtigste Aspekt der natürlichen Atmung ist der Stopp im ausgeatmeten Zustand. Nur wenn du ausgeatmet hast, können sich die Muskeln, die an der Atmung beteiligt sind, total entspannen und erholen. Eine bewusste, ruhige Atmung und ein bewusst entspannter Körper lassen keinen psychischen und physischen Stress aufkommen.

***Test!** Ab in den Sessel! Einatmen! Luft anhalten! Entspannen!*

Entspannen? Fühlst du, dass das nicht geht? Wenn du nach dem Einatmen die Luft anhältst, ist dein Brustkorb verspannt.

Mit etwas Übung und Konzentration kannst du sogar dein störrisches Unterbewusstsein davon überzeugen, dass du es mit relativ leerer Lunge einige Zeit unter Wasser aushältst, und dass sich das sogar angenehmer anfühlt, als wenn du dich wie ein Kugelfisch aufblähst oder wie eine Dampflok unaufhörlich schnaufst. Du wirst dir mit der Zeit den Reflex abgewöhnen, unter Wasser mit voller Lunge die Luft anzuhalten, der unter Umständen gefährlich werden kann.

In Situationen, in denen du aus der Puste kommst oder Angst verspürst, kannst du dich mit der Konzentration auf deinen Atemrhythmus schnell wieder beruhigen. Kritische Situationen, die zu einer Panik führen können, werden im Keim entschärft. In kalten Gewässern kann durch eine bewusste Atmung das Vereisen des Automaten verhindert werden. Außerdem sparst du mit der natürlichen Atemtechnik ein bis drei Kilo Blei. Dadurch kannst du einfacher tarieren.

Wie kann ein Taucher sich selbst die natürliche Atemtechnik beibringen?

Nur wenige Taucher werden in einer Tauchschule mit der natürlichen Atemtechnik vertraut gemacht. Das muss nicht heißen, dass du auf die Vorzüge verzichten musst. Probiere es einfach selbst aus.

Wie? Plane einen Tauchgang ein, in dem du dich nur um dich selbst kümmern kannst. Ideal ist das Schwimmbecken oder eine flache Lagune. Mache dir vorher genau klar, was du eigentlich üben willst. Es geht nicht nur um eine andere Atemtechnik, sondern vor allem darum, dass du dich bewusst wohl und entspannt unter Wasser fühlst.

Entferne zwei oder drei Kilo Blei von deinem Gewichtsgurt oder aus den integrierten Bleitaschen und stecke sie in die Taschen deines Jacketts. So kannst du die Gewichte schnell zur Seite legen, sobald du merkst, dass du mit weniger auskommst.

Sage dir im Kopf den Atemrhythmus vor: Einatmen – Ausatmen – Stopp.

Am wichtigsten ist der Stopp!

Du kannst dir auch den Rhythmus selbst mit der Hand anzeigen.

Die Ausatmung sollte etwas länger dauern als die Einatmung. Spiele mit der Luft. Dann halte ausgeatmet ein bis fünf Sekunden inne.

Eine genaue Zeitangabe, wie lange du ein- bzw. ausatmen solltest und wie lange der Stopp dauert, gibt es nicht. Das variiert individuell und auch je nach Belastung. Atme langsam und locker. Das Entscheidende ist, du musst dich dabei wohlfühlen.

Aber Achtung! Zu Beginn der Übung spielt dir dein Unterbewusstsein einen Streich. Es will dir weismachen, dass der Stopp im ausgeatmeten Zustand ganz und gar nicht gut für dich ist. Wenn schon mit dem Kopf unter Wasser, dann wenigstens mit einer Luftreserve in den Lungen. Du wirst dich zunächst nicht so wohl und entspannt fühlen wie erhofft.

Das Unterbewusstsein ist zwar ziemlich stur und manchmal auch etwas dämlich – begreift es doch nichts von Technik und physikalischen Gesetzen –, aber es ist durchaus lernfähig. Hast du einige Male deinen Stopp an der richtigen Stelle eingelegt, wird es die neue Erkenntnis akzeptieren und in seinen Erfahrungsschatz aufnehmen.

Schon nach ein paar Minuten musst du dich nicht mehr ausschließlich auf deine Atmung konzentrieren. Wende jetzt deine Aufmerksamkeit auf deinen Körper. Schüttle Arme und Beine, bis sie weich und locker sind. Kreise mit dem Kopf und rolle die Schultern. Versuche, jede Spannung zu lösen.

Nun zu einer einfachen, aber sehr effektiven Übung. Nimm deinen Automaten aus dem Mund. Atme langsam aus, bis du glaubst, keine Luft mehr in der Lunge zu haben. Stecke das Mundstück wieder in den Mund, drücke die Luftdusche, um das Wasser aus dem Mundstück zu bekommen, und atme ein.

Das hast du bereits in deinem Open-Water-Kurs geübt. Was ist so besonders daran? Das Besondere ist dieses Mal deine mentale Einstellung dazu, unter Wasser auszuatmen und eine gewisse Zeit mit relativ leerer Lunge zu verweilen.

Beim ersten Versuch wirst du das Mundstück schnell wieder in den Mund stecken. Mach weitere Versuche. Denke ganz bewusst daran, du hast deinen Automaten in der Hand und kannst jederzeit Luft haben. Lenke dich von der Tatsache ab, dass du dir nichts sehnlicher wünschst, als endlich wieder einzuatmen. Betrachte die Fliesen des Schwimmbads oder spiele mit dem Sand. Nimm deinen Atemreiz ganz bewusst wahr. Wann wäre es lediglich angenehmer, wieder Luft zu ziehen? Wann ist es wirklich notwendig?

Ohne Luft zu verweilen, ist keine Frage des Lungenvolumens, sondern des „Hinterkopfes". Richte deine Gedanken darauf, dich trotz leerer Lunge wohl zu fühlen.

Wenn du dich jetzt wieder auf deinen Atemrhythmus konzentrierst und dein Körper total lockerst, wirst du feststellen, dass du mit deinem Bleigehalt förmlich am Boden klebst. Lege so viele Bleistücke ab, bis du gerade noch ohne Mühe am Grund liegen bleiben kannst.

Als nächstes beginnst du zu schwimmen. Bewege deine Beine locker aus der Hüfte heraus. Richte deine Aufmerksamkeit auf deinen Spann. Dort musst du den Druck der Flosse spüren. Bleibe in einem gleichmäßigen Abstand zum Grund. Da du jetzt weniger Blei mit Dir herumschleppst, musst du auch weiterhin auf deine Atmung achten. Es dauert eine Weile, bis die Koordination von Atmung und Bewegung funktioniert. Gib also nicht gleich auf.

Wenn du nach oben treibst, versuche nicht, dich mit den Händen nach unten zu schaufeln. Der Effekt dieser Reflexbewegung währt nur kurz, denn Wasser hat keine Balken. Bei dieser Aktion verspannst du nur deinen Körper und gerätst mit deiner Atmung durcheinander, wodurch du erst recht Auftrieb bekommst.

Besser: Halte in der Bewegung inne, lockere deine Muskeln, atme aus, halte den Stopp ein und gedulde dich einen Moment, schon sinkst du ohne jede Anstrengung nach unten. Nun schwimm weiter.

Auch wenn du dir bei deinen nächsten Tauchgängen lieber wieder die bunten Fische anschauen willst, nimm dir bei jedem Tauchgang ein paar Minuten Zeit, um auf deine Atmung, deinen Körper und dein Befinden bewusst zu achten. Geht es dir einmal unter Wasser nicht so gut, hast du Angst, Beklemmung oder ein körperliches Unbehagen, versuche genau zu analysieren, was dir nicht passt. Denn nur wenn du dir der Ursache bewusst bist, kannst du etwas daran ändern.

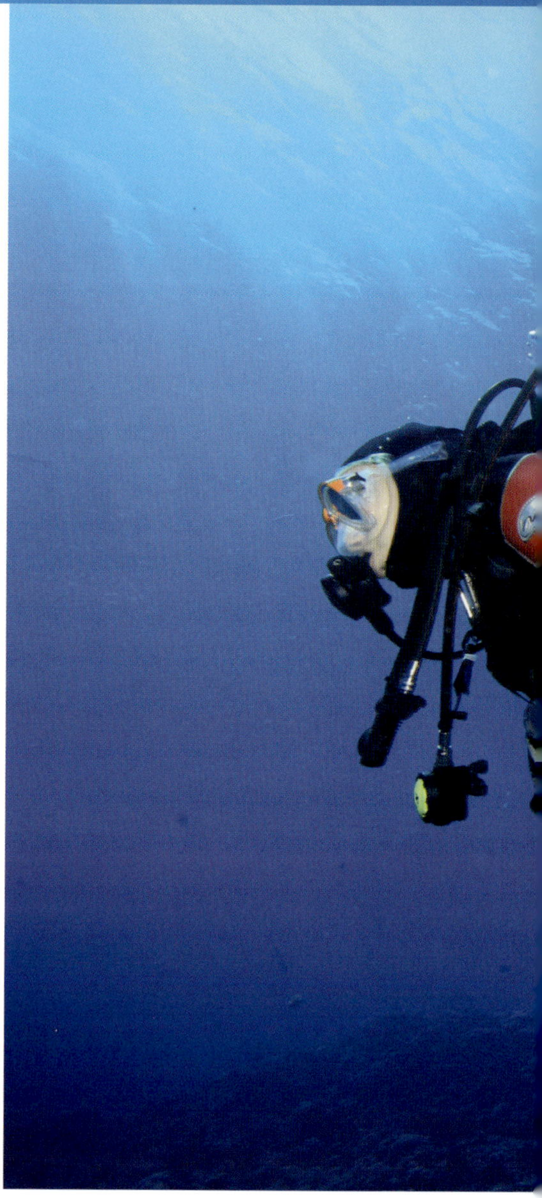

Tarieren

Vor etlichen hundert Jahren stieg der griechische Physiker Archimedes in seine Badewanne. Das Wasser schwappte über und, obwohl er gerade ein ordentliches Stück Ziegenbraten mit Zaziki verdrückt hatte, fühlte er sich eigentümlich leicht. Da es sein Job war, über solche Phänomene nachzusinnen, streckte er sich in seiner Wanne aus und meditierte, bis das Wasser kalt wurde. Unvermittelt sprang er auf. Laut Überlieferung schrie er: „Eureka! Ich hab's!“ Vermutlich war Eureka seine Dienstmagd, die entweder den Boden aufwischen oder zu ihm in die Wanne steigen sollte, um sein neues Prinzip zu überprüfen, das da lautet: **Ein in Wasser getauchter Körper verliert scheinbar so viel an Gewicht, wie das von ihm verdrängte Wasser wiegt.**

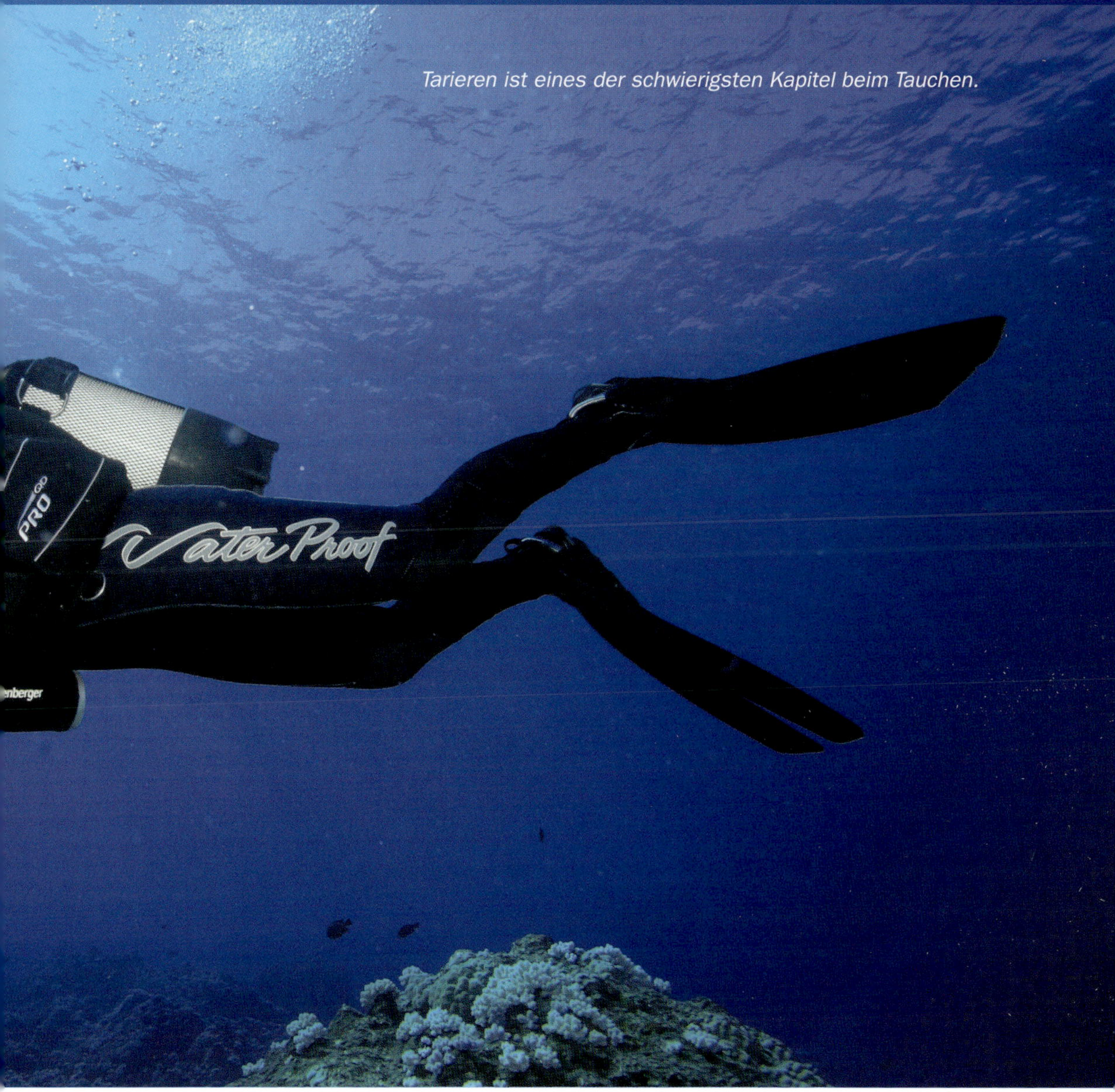

Tarieren ist eines der schwierigsten Kapitel beim Tauchen.

Seit dieser Zeit (Archimedes lebte von 287–212 v. Chr.) müssen wir uns mit der Tarierung im Wasser herumquälen. Aber nicht nur Archimedes haben wir die Plage mit Auf- und Abtrieb zu verdanken. Auch der Engländer Robert Boyle (1627–1691) und der Franzose Edme Mariotte (1620–1684) sind dafür verantwortlich, dass Tauchen nicht ganz so einfach und sicher ist, wie im Wald spazieren zu gehen. Die beiden haben uns das Boyle-Mariottesche Gesetz beschert, das auf eine Formel gebracht ziemlich unverständlich lautet:

$$p \cdot V = const$$

Das besagt in Worten (ebenso unverständlich): **Bei gleichbleibender Temperatur ist das Produkt aus Druck und Volumen einer abgeschlossenen Gasmenge konstant.**

(Übrigens: Eine ausführliche Beschreibung des Gesetzes findest du im Anhang dieses Buches).

Tarieren ist eines der diffizilsten Kapitel beim Tauchen. Nicht nur absolute Neulinge haben damit ihre Schwierigkeiten. Beim Tarieren kommt es eben nicht nur auf die reine Technik an, sondern auch auf Gefühl: **Die Kunst des Tarierens ist, zu fühlen, dass du zu leicht oder zu schwer bist, bevor du zu leicht oder zu schwer bist.**

Um einen Schwebezustand unter Wasser zu erreichen, haben wir drei Hilfsmittel zur Verfügung:

1. unsere Körperhaltung
2. unser Jackett oder (etwas aus der Mode) Tarierweste
3. unsere Lunge

Körperhaltung

Stell dir deinen Körper als einen Unterwasserscooter vor. Deine Flossen sind der Antrieb und dein Kopf ist die Spitze, die in die Richtung zeigt, in die du dich bewegst. Schon eine leichte Neigung der Körperachse gibt dir – je nachdem – Auf- oder Abtrieb.

Viele Taucher stehen senkrecht im Wasser, lassen die Luft aus ihren Jacketts und wundern sich, dass sie nicht absinken. Wie auch, wenn sie unbewusst mit den Flossen strampeln, also nach oben schwimmen.

Andere Taucher entwickeln gerade ihren Stolz, weil sie korrekt austariert, ohne einen Flossenschlag, in einer senkrechten Haltung schweben können. Nun wollen sie sich in Bewegung setzen. Doch schon bekommen sie Auftrieb und müssen wieder an ihrem Jackett herumfummeln. Warum? Meistens hält ein Taucher in der Vorwärtsbewegung den Kopf etwas höher als die Flossen. Er schwimmt also leicht nach oben. Deshalb ist es ratsam, bevor du von der senkrechten Ruhehaltung zum Schwimmen wechselst, ein wenig Luft aus dem Jackett zu lassen.

Wenn du einen dicken Neoprenanzug trägst und deshalb an der Oberfläche zu viel Auftrieb hast; wenn du schnell abtauchen möchtest oder gegen eine Aufwärtsströmung anschwimmen musst, heißt es: Kopf nach unten, Flossen nach oben und aktiv nach unten schwimmen.

In der Abwärtsbewegung ist Deine Körperhaltung die schnellste und effektivste Tarierhilfe. Aufwärts hat ein prall gefülltes Jackett mehr Effekt, was allerdings auch zum Verhängnis werden kann.

Jackett oder Tarierweste

In den siebziger Jahren des vorigen Jahrhunderts, als Tauchen begann, zum Volkssport zu avancieren, wurden Tarierwesten, sogenannte Klodeckel, nur von wenigen Tauchern benutzt. Vorwiegend waren das Tauchlehrer oder erfahrene Taucher. An Jacketts war noch gar nicht zu denken. Die meisten Taucher bewahrten sich vor dem Absinken (vor allem, wenn sie einen dicken

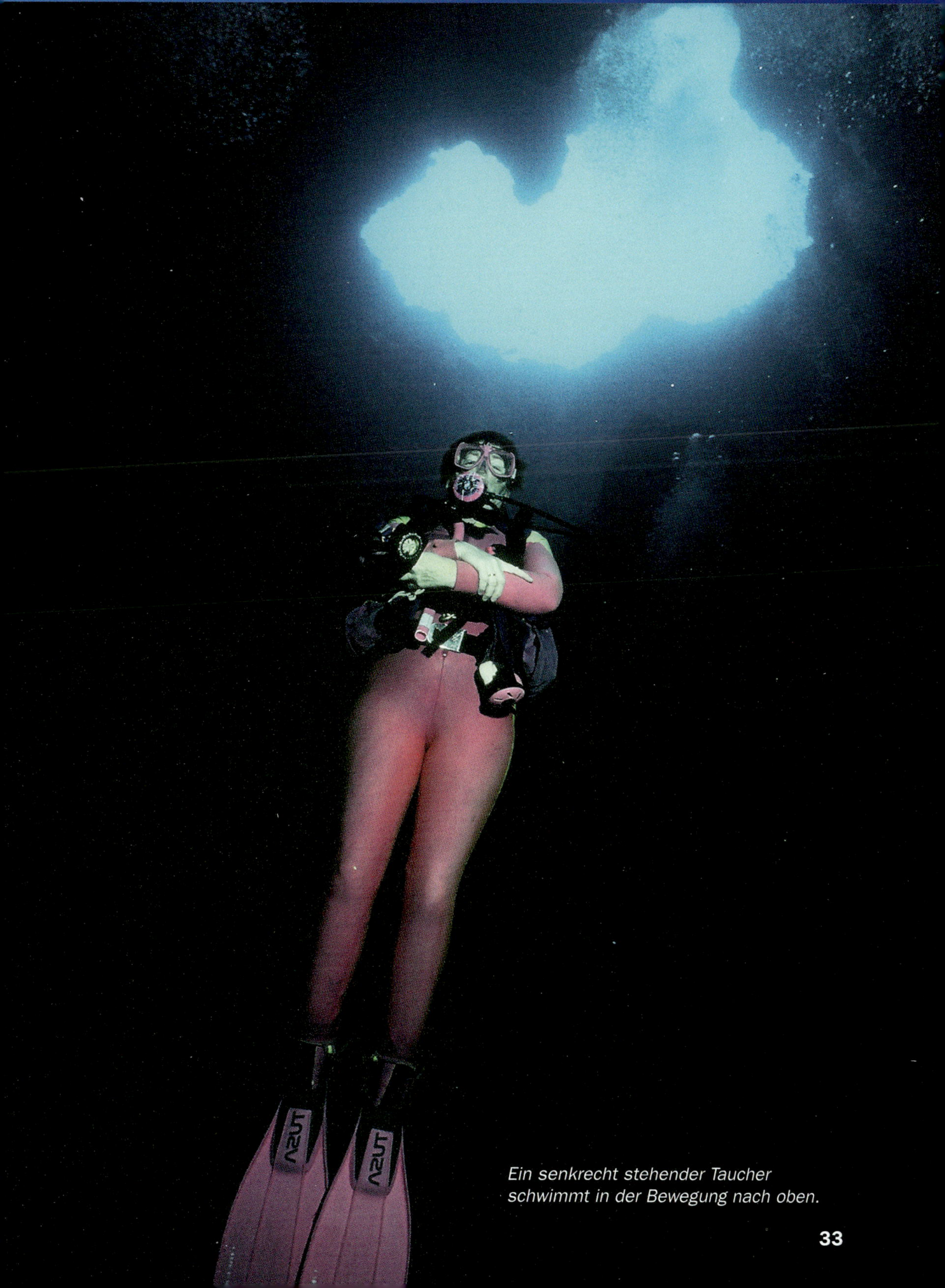

Ein senkrecht stehender Taucher schwimmt in der Bewegung nach oben.

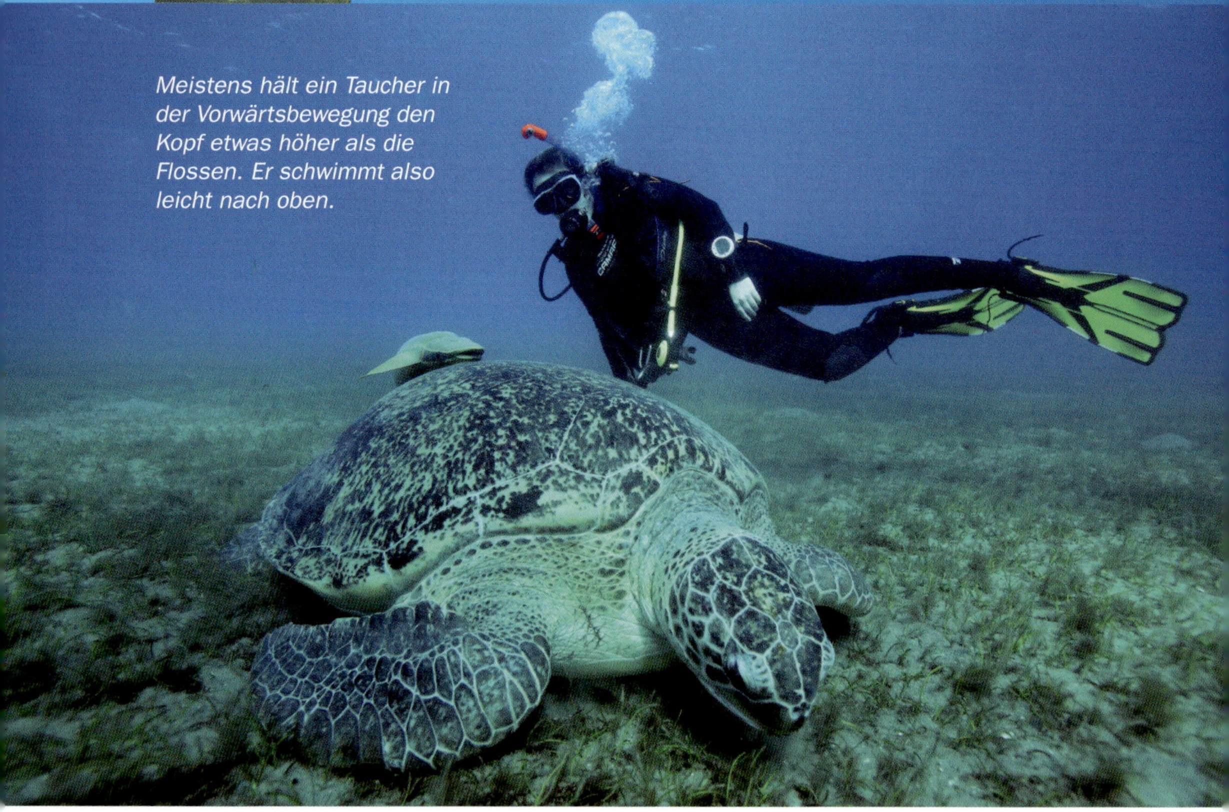

Meistens hält ein Taucher in der Vorwärtsbewegung den Kopf etwas höher als die Flossen. Er schwimmt also leicht nach oben.

Neoprenanzug trugen) durch eine fast senkrechte Körperhaltung und voll aufgeblähte Lungen. Eine andere Alternative war das Abstützen am Riff oder Grund, was oft mit erheblichen Flurschäden einherging.

Erst etwa zehn Jahre später hatte sich die aufblasbare Tarierhilfe als Standard in der Tauchausbildung durchgesetzt. Warum diese Verzögerung? Ganz offensichtlich ist doch die Tarierweste oder das Jackett eine famose Erfindung, die das Tauchen erleichtert, zur Sicherheit beiträgt und die Umwelt schont.

Ein Argument der früheren Tauchausbilder war: Ein Anfänger sollte erst einmal richtig tauchen lernen, bevor er mit dem Klodeckel übt, denn schließlich sei diese neue Erfindung nicht ganz ungefährlich. Unrecht hatten sie mit dieser Behauptung nicht, denn die größten Gefahren beim Tauchen lauern bei einem zu schnellen Aufstieg. Wenn du deine Tarierhilfe nicht richtig beherrschst, kannst du zuweilen ziemlich rasant nach oben schießen.

Benutzung des Jacketts

Ich fahre in meinem schon etwas lädierten Opel durch die Stadt. Vor mir hat sich der Verkehr gelichtet. Mein Fuß drückt aufs Gas. Dritter Gang. Der Motor gibt einen flehentlichen, hohen Ton von sich. Immer noch dritter Gang. Ich ertaste den Schalthebel, zögere. Dort vorn könnte es ja schon wieder etwas langsamer zugehen. Soll ich mir die Mühe machen, den vierten einzulegen, um dann doch gleich wieder runter zu schalten? Lieber etwas weniger Gas, damit ich den Motor nicht all zu sehr quäle. Gut, dass ich alleine unterwegs bin. Ein Beifahrer hätte sich bestimmt schon über meine Schaltfaulheit mokiert.

Ich oute mich: Ich gehöre nicht zu den besten Autofahrern. Das liegt wohl daran, dass ich die meiste Zeit meines Lebens auf winzigen Inseln oder unter Wasser zugebracht habe. Tatsache ist: So ähnlich wie ich beim Autofahren mit der Schaltung umgehe, benutzen viele Taucher ihr Jackett. Anstatt etwas Luft ins Jackett zu blasen, wenn es einige Meter abwärts geht, wird lieber mit den Händen gerudert oder eine fast senkrechte Haltung eingenommen. Es könnte ja gleich wieder nach oben gehen und dann muss man wieder Luft ablassen.

Schlimmer wird die Angelegenheit, wenn es nach oben geht. Da wird gezögert, bis der Taucher wie eine Fledermaus mit dem Kopf nach unten hängt, um gegen den Auftrieb anzuschwimmen. Wer da nicht auf die glänzende Idee kommt, den Luftablass am unteren Jackettrand zu ziehen, wird sich bald wie ein Korken an der Oberfläche wiederfinden. Denn sowie unser schaltfauler Taucher die Schultern hebt, um durch den Faltenschlauch das Jackett zu entleeren, nimmt der Auftrieb schnell zu und ein rasanter Aufstieg lässt sich kaum noch verhindern.

Deshalb: **Arbeite bei jedem Tiefenwechsel mit deinem Jackett!**

Jedes Jackettmodell hat seine Eigenheiten. Mache dich deshalb mit deiner Auftriebshilfe vertraut, bevor du sie das erste Mal benutzt. Schau dir über Wasser die Möglichkeiten, Luft ein- und auszulassen, genau an. Probiere zu Beginn des Tauchgangs in geringer Tiefe aus, welche Haltung du einnehmen musst, um die gesamte Luft aus dem Jackett zu bekommen.

Bei manchen Jacketts brauchst du lediglich die linke Schulter etwas anheben, bei anderen Jacketts musst du dich senkrecht stellen oder sogar etwas nach hinten beugen. Besonders bei einigen Wing-Jacketts (zu erkennen an einem mehr oder weniger schlabberigen Sack am Rücken) bleibt die Luft zuweilen in einer Ausbuchtung hängen.

Probiere auch deinen Lufteinlass aus. Wie schnell schießt die Luft hinein? Wie lange dauert es, bis das Jackett reagiert?

Und wenn wir schon dabei sind, übe gleich noch einmal, dein Jackett mit dem Mund aufzublasen. Wahrscheinlich hast du dies das letzte Mal im Open-Water-Kurs praktiziert.

Wenn du nun anfängst, dich fortzubewegen, konzentriere dich eine Weile auf deine Tarierung. Wann schwebst du wirklich? Versuche, ein Gespür für dein Gewicht zu entwickeln.

Sichere Zeichen, dass du zu schwer bist und mehr Luft im Jackett brauchst, sind das Paddeln mit den Händen, der stetige Vorwärtsdrang mit den Flossen weit unter dem Oberkörper oder wenn du bereits eine Schneise in die Korallenlandschaft schlägst.

Bist du zu leicht, wirst du mit den Händen schaufeln oder die Flossen über den Oberkörper heben und im Fledermausfreistil ständig nach unten schwimmen.

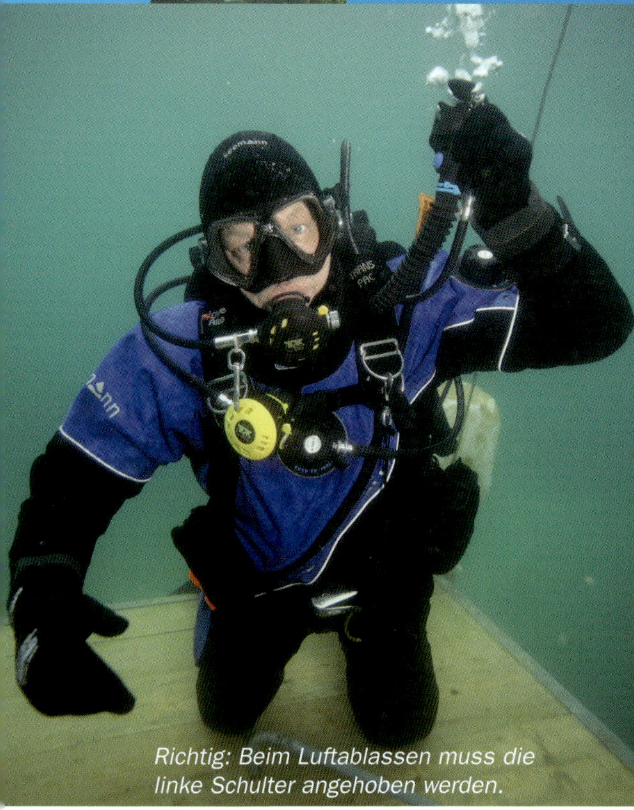

Richtig: Beim Luftablassen muss die linke Schulter angehoben werden.

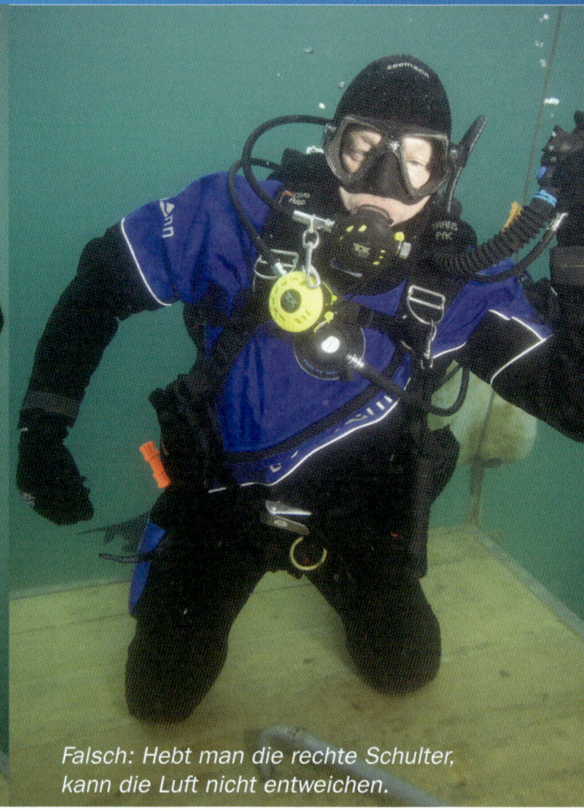

Falsch: Hebt man die rechte Schulter, kann die Luft nicht entweichen.

Bist du in der Bewegung richtig austariert, also schwerelos, wirst du langsam absinken, sobald du einen Stopp einlegst. Meistens wirst du diesen leichten Abwärtstrend mit deiner Lunge ausgleichen können. Dauert der Stopp länger ist es ratsam, etwas mehr Luft in das Jackett zu lassen. Sonst könnte dich der Kugelfisch, den du betrachtest, für einen Artgenossen halten. Das ist nicht sehr entspannend. Doch denk dran, bevor du wieder weiterschwimmst, ein wenig Luft aus dem Jackett zu lassen.

Tauchst du tiefer, drückt sich die Luft in deinem Jackett zusammen und dein Neoprenanzug wird komprimiert. Dabei wirst du schwerer. Dank des Boyle-Mariotteschen Gesetzes ist der Gewichtsunterschied dicht unter der Wasseroberfläche am größten und verringert sich, je tiefer du tauchst. Das heißt, im flachen Bereich musst du wesentlich mehr an deiner Tarierung arbeiten.

Beim Abtauchen kannst du dir mit der Tarierung ein bisschen mehr Zeit lassen (aber nicht zu viel), denn der freie Fall lässt sich durch Körperhaltung und Bewegung abbremsen.

Anders sieht es beim Aufstieg aus. Reagierst du zu langsam, dehnt sich die Luft in deinem Jackett immer mehr aus. Ein rasanter Aufstieg ist dann oft nicht mehr zu vermeiden. Resultat: Du schwimmst wie Treibgut an der Oberfläche und der Tauchguide fuchtelt wütend mit den Armen in der Hoffnung, dich wieder nach unten zu dirigieren, ohne selbst an die Oberfläche zu müssen. Denn ein zu rascher Aufstieg ist bekanntlich nicht das Gesündeste. Viele Tauchanfänger haben diese Erfahrung gemacht. Anstatt nun erst recht das Tarieren zu üben, entwickeln manche Taucher eine „Schaltfaulheit“ nach dem Motto: Lieber erst gar keine Luft ins Jackett.

Vermeiden lässt sich ein zu schneller Aufstieg durch eine einfache Maßnahme: Denken. Mach dir bewusst, wo du bist und wo du hin willst. Möchtest du höher steigen, nimm schon mal den Luftablass zur Hand und halte die linke Schulter hoch. So kannst du sofort reagieren. Wenn du bereits die Fledermausposition eingenommen hast, weil du zu leicht bist und nach unten paddeln musst, benutze das Auslassventil am unteren Rand des Jacketts. Ertaste während des Tauchgangs mehrere Male den Sitz dieses Ventils, damit du es im Notfall rasch findest.

Die richtige Bleimenge

Um perfekt zu tarieren, muss auch die Bleimenge stimmen. Eine Faustregel wie „Körpergewicht mal Flossengröße geteilt durch Haarlänge“ gibt es dabei nicht.

Wie viel Gewichte du brauchst, hängt ab vom Salzgehalt des Wassers, der Ausrüstung, dem Körperbau, der Atmung und dem Entspannungsgrad. Auch dürfen wir nicht nur zwischen Alu- und Stahlflaschen unterscheiden. Es gibt gerade bei den verschiedenen Aluflaschenfabrikaten große Auftriebsdifferenzen.

Die einzige Möglichkeit, dich in einem neuen Tauchgebiet und/oder mit neuer Ausrüstung optimal zu tarieren, bietet ein Checktauchgang.

Tauchst du ohne Neoprenanzug, musst du zu Beginn des Tauchgangs etwas schwerer sein, denn wenn die Flasche leerer wird, bekommst du Auftrieb.

Hältst du im Shorty oder 3-mm-Anzug ausgeatmet einen Stopp ein und sinkst dabei langsam ab, ist das genau richtig. Auf den ersten Metern wirst du schon schwerer, da sich das Neopren zusammendrückt und auch Lufteinschlüsse zwischen Haut und Anzug herausgedrückt werden. Mit einem 5-mm- oder 7-mm-Anzug kannst du dich so austarieren, dass du die ersten Meter aktiv nach unten schwimmen musst.

Wenn du am Ende des Tauchganges mit zirka 50 bar in der Flasche, ohne Luft im Jackett auf fünf Meter schweben kannst, ist das genau richtig.

Oft wirst du nach zwei oder drei Tauchgängen noch ein Kilo Blei abnehmen können, weil du dich dann mehr entspannst und ruhiger atmest.

„Ich nehme lieber etwas mehr Blei, das ist sicherer. Wozu habe ich denn mein Jackett“, kommt das Argument von vielen Tauchern, sobald ich an ihrer Überbleiung herumnörgle. Oft sind es diese Taucher, die als Erste ihre Flasche leer geatmet haben und bei Gegenströmung als Erste schlappmachen. Je mehr Luft im Jackett ist, desto größer ist der Strömungswiderstand.

Und nicht nur das: Eine größere Luftmenge reagiert auch sensibler auf jeden Tiefenwechsel. Entweder ist der Taucher dann gezwungen, ständig mit dem Jackett zu arbeiten, oder er schwimmt schlecht tariert in zwei Richtungen gleichzeitig. Entweder, um dem Abtrieb entgegenzuwirken nach vorn und oben, wenn er zu schwer ist, oder nach vorn und unten, wenn er zu leicht ist. Beides braucht viel Energie und Luft.

Tarieren mit der Lunge

Obwohl die Schöpfung nicht ahnen konnte, dass ihre Krone sich nach Jahrmillionen Trockendasein wieder unter Wasser begibt, hat sie den Menschen mit einer hervorragenden Tarierhilfe ausgestattet. Wir können unsere Lunge ähnlich benutzen wie Fische ihre Schwimmblasen.

Das Prinzip ist einfach. Atmen wir ein, vergrößert sich das Volumen unseres Körpers bei nahezu gleichem spezifischem Gewicht. Dadurch verdrängen wir mehr Wasser und werden so scheinbar leichter. Wir treiben aufwärts. Atmen wir aus, verringert sich unser Körpervolumen und wir sinken ab.

Hänschen Superschlau würde jetzt bemerken: „Dann würden wir ja wie eine Welle ständig auf- und abtauchen, da wir doch auch ständig ein- und ausatmen."

Rein logisch betrachtet hat Hänschen recht. Doch obwohl die Physik uns Tauchern mit ihren Gesetzen normalerweise das Leben schwer macht, ist sie uns in diesem einem Punkt gnädig gestimmt. Ein Körper reagiert unter Wasser auf eine Volumenänderung verzögert. Erst diese Verzögerung gibt uns die Chance, unsere Lunge gezielt zum Tarieren einzusetzen. Nun soll aber die Lunge nicht die Arbeit mit dem Jackett ersetzen, sondern ausschließlich für die Feintarierung sorgen.

Die üblichen Techniken der Lungentarierung

Wir erinnern uns an die verbreitete Lehre: 1. Halte beim Tauchen niemals unter Wasser die Luft an! 2. Atme immer langsam, tief und fortwährend! (Den Fisch, der nie die Luft anhält, lassen wir mal weg). Die gleiche Organisation, die diese Glaubenssätze geprägt hat, rät bei „Tarierung in Perfektion" zu einem ständigen Atmen mit voller oder weniger voller Lunge. Wobei sie ihrem Grundsatz „Atme immer langsam, tief und fortwährend!" selbst wiederspricht. Entweder müsstest du dich mit voller Lunge aufblähen wie ein Kugelfisch kurz vorm Herzinfarkt, damit du mit weniger voller Lunge **tief** atmen kannst, oder du atmest mit voller Lunge **tief**, um dann mit weniger voller Lunge in eine flache Atmung zu verfallen. Bei der flachen Atmung kannst du dann auch nicht **langsam** atmen, wenn du **fortwährend** atmest.

Abgesehen von den Nachteilen des fortwährenden Atmens, die ich vorher bereits angeführt habe, ist es mit der dynamischen „Voll-/Weniger-voll-Tarierung" schwierig, präzise und bewegungslos an einer Stelle zu verharren.

Taucher, die sich trotz der Lehre vom fortwährenden Atmen früher oder später eine ruhige Atmung angewöhnt haben, halten meistens nach dem Einatmen mit voller Lunge die Luft kurz an. Wollen sie nun vor einem interessanten Fischchen verweilen oder ein Foto schießen, ziehen sie noch mehr Luft ein, um nicht abzusinken. Denn wie wir wissen, werden wir im Stillstand schwerer.

Dieses Tarieren mit voller und noch vollerer Lunge war über Jahre hinweg die gängigste Methode und wird immer noch, mehr oder weniger unbewusst, von den meisten Tauchern praktiziert. In extremer Form wurde diese Art der Tarierung zu Zeiten eingesetzt, als beim Tauchen noch keine Tarierwesten oder Jacketts verwendet wurden. Dass es dabei jemals zu Lungenüberdruckunfällen gekommen wäre, ist mir nicht bekannt. Trotzdem ist auch diese Form der natürlichen Tarierung nicht ideal. Du kannst dich zwar mit angehaltenem Atem ruhiger an einem Fleck halten, doch trägt eine prallgefüllte Lunge wenig zur Entspannung und zum Wohlfühlen unter Wasser bei.

Wie können wir unsere geniale, natürliche Tarierhilfe am besten einsetzen?
Fangen wir ganz oben an. Im Idealfall hast du an der Wasseroberfläche so viel Blei um, dass gerade noch deine Haarspitzen aus dem Wasser ragen, wenn du ständig atmest oder die Luft im eingeatmeten Zustand kurz anhältst. Atmest du aus, geht der Fahrstuhl nicht gleich abwärts, denn im Wasser geschieht bekanntlich alles etwas langsamer. Erst wenn du ausgeatmet einen Stopp einlegst, sinkst du. Wie tief du kommst, hängt von der Länge des Stopps ab. Bist du noch nicht am Ziel, brauchst aber Luft, atme normal ein, aber schnell wieder aus und lege erneut einen Stopp ein. Hast du deine gewünschte Tiefe erreicht, tariere dich mit deinem Jackett aus. Am besten so, dass du schwerelos bist, wenn du im natürlichen Atemrhythmus weiteratmest.

Schwimmst du auf ein Hindernis zu und musst etwas höher gehen, atme ein, halte die Luft an, atme aber sofort wieder aus, sobald du Auftrieb bekommst. Willst du noch höher, lege nach dem Ausatmen **keinen** Stopp ein, atme nochmals ein und halte die Luft wieder an, bis dein Körper Auftrieb erhält.

Du tarierst also nicht hauptsächlich mit der Volumenänderung in deiner Lunge, sondern mit der Länge der Stopps im eingeatmeten bzw. ausgeatmeten Zustand.

Willst du nun an einer Stelle bewegungslos verweilen, atme ein wenig aus, aber nicht ganz, lege deinen Stopp ein und tariere mit dem Jackett nach, bis du schwerelos bist. Da dein Körper in der Ruhestellung weniger Sauerstoff braucht, wirst du den Stopp relativ lange einhalten können. Wenn du Luft brauchst, atme ein, aber gleich wieder aus. Auf diese Weise vermeidest du eine zu prall gefüllte Lunge oder ein ermüdendes, fortwährendes Atmen.

Haltung und Bewegung

Die Sache mit dem Seepferdchen

Kein Fisch außer dem Seepferdchen schwimmt in einer S-förmigen Stellung im Wasser. Das hat seinen guten Grund. Das Seepferdchen hat keine großen Ambitionen, sich von seinem Platz zu rühren. Fische aber, die im Leben vorwärts kommen wollen, nehmen eine langgestreckte, waagerechte Haltung ein, denn diese bietet die optimale Aquadynamik.

Auch Taucher, wenn sie richtig tariert sind, schwimmen nahezu waagerecht. Während eines Tauchgangs kniet sich gewöhnlich kein umweltbewusster Taucher in die Unterwasserlandschaft.

Warum gruppieren sich dann seit Tauchergedenken die meisten Anfänger in dieser sinnlosen Seepferdchenposition um ihren Tauchausbilder? Die Antwort ist einfach: Weil man sich im Schwimmbecken oder in der sandigen Lagune hinknien kann und weil niemand darüber nachgedacht hat, ob man es nicht besser machen könnte.

Unser Unterbewusstsein ist lernfähig, wenn es um neue Verhaltensweisen geht. Leider kann es dabei nicht so recht unterscheiden, welche Handlungen zweckmäßig sind und welche nicht. So tendieren unsere seepferdchenprogrammierten Taucher dazu, sich aufzurichten, wenn ihnen während des Tauchens etwas Wasser in die Maske getröpfelt ist. Senkrecht strampelnd, weil das gewohnte Hinknien im tiefen Wasser nicht möglich ist, prusten sie ihre Maske leer.

Oft steigen sie bei dieser Aktion einige Meter auf und müssen sich mit prallem Jackett wieder nach unten kämpfen. Besonders während eines Tauchgangs gegen die Strömung kostet dieses Verhalten Strecke und Energie.

Andere Seepferdchenopfer versuchen doch tatsächlich, sich bei starker Strömung aufs Riff zu knien, um die vorbeischwimmenden Haie zu beobachten. Lange währt die Freude nicht. Der aufgerichtete Körper bildet eine hervorragende Angriffsfläche für die Strömung, und schon purzelt unser Taucher übers Riff. Die Leidtragenden sind die unschuldigen Korallen.

Wenn schon wegen einer starken Strömung der Kontakt zum Riff nicht zu vermeiden ist, sollte sich der Taucher im Stillstand locker an einem Stein oder einer abgestorbenen Koralle festhalten, den Körper lang strecken, ohne den Untergrund zu berühren und sich vorsichtig mit den Flossenspitzen abstützen.

Natürlich muss ein Anfänger die Grundübungen, wie Maskeausblasen oder Wechselatmung, erst einmal in einer Ruhestellung üben. Am besten geht das ausgestreckt auf dem Bauch, den Oberkörper etwas angehoben. Auch so kann man mühelos den Kopf in den Nacken legen, um die Maske leer zu blasen. Die Bauchlage entspricht nicht nur der Haltung während des Tauchens, man kann den ganzen Körper auch besser entspannen als in der knienden S-Stellung.

Kraft ist nicht gleich Strecke

Wollen wir an Land so schnell wie möglich eine Strecke abgehen, kommen wir am schnellsten voran, wenn wir unsere Beinmuskeln anspannen und mit kräftigen Bewegungen ausschreiten. Es ist also nicht verwunderlich, dass ein Taucher ganz automatisch seine Muskeln versteift, will er unter Wasser vorwärtskommen. Mit die-

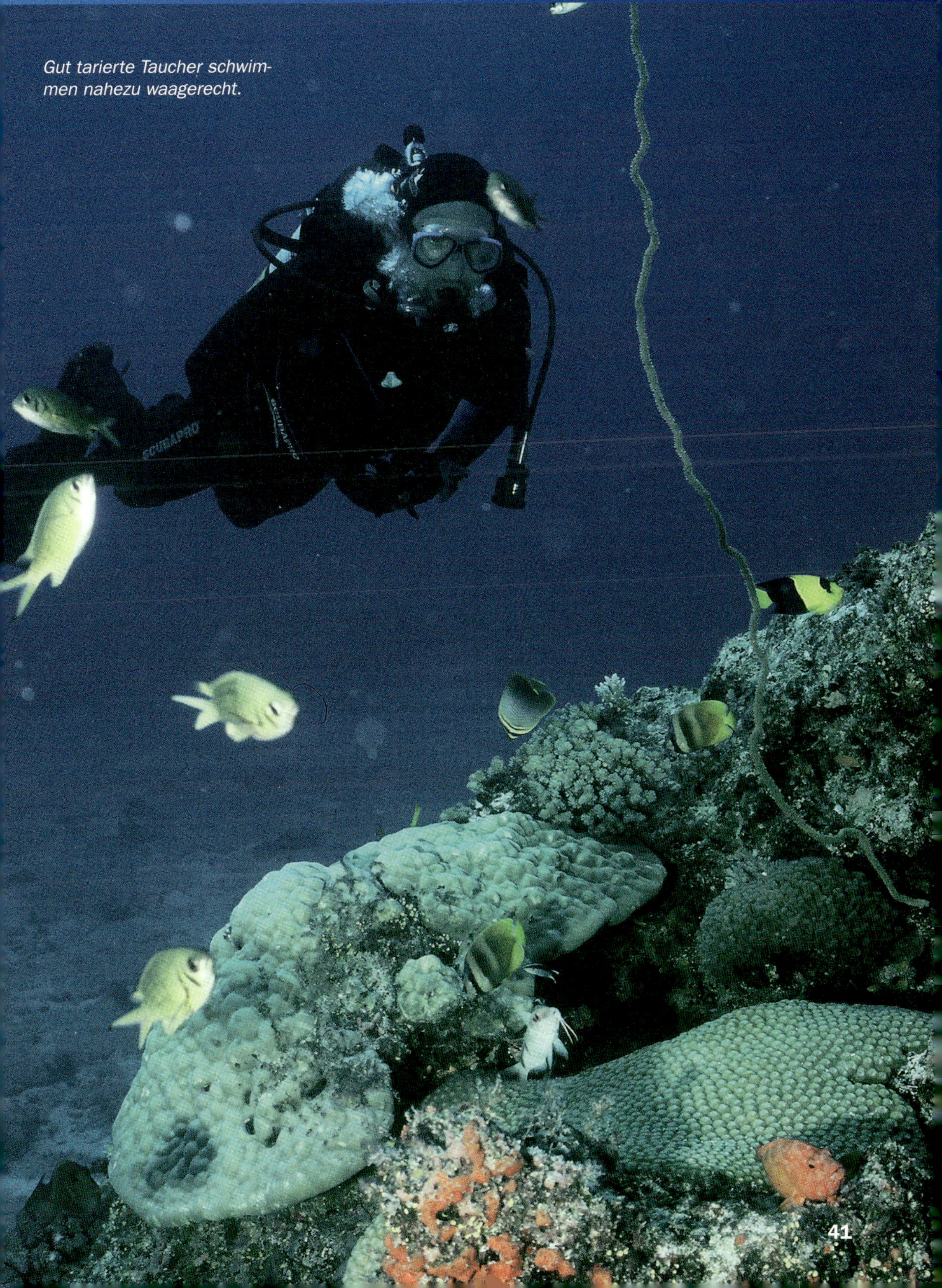

Gut tarierte Taucher schwimmen nahezu waagerecht.

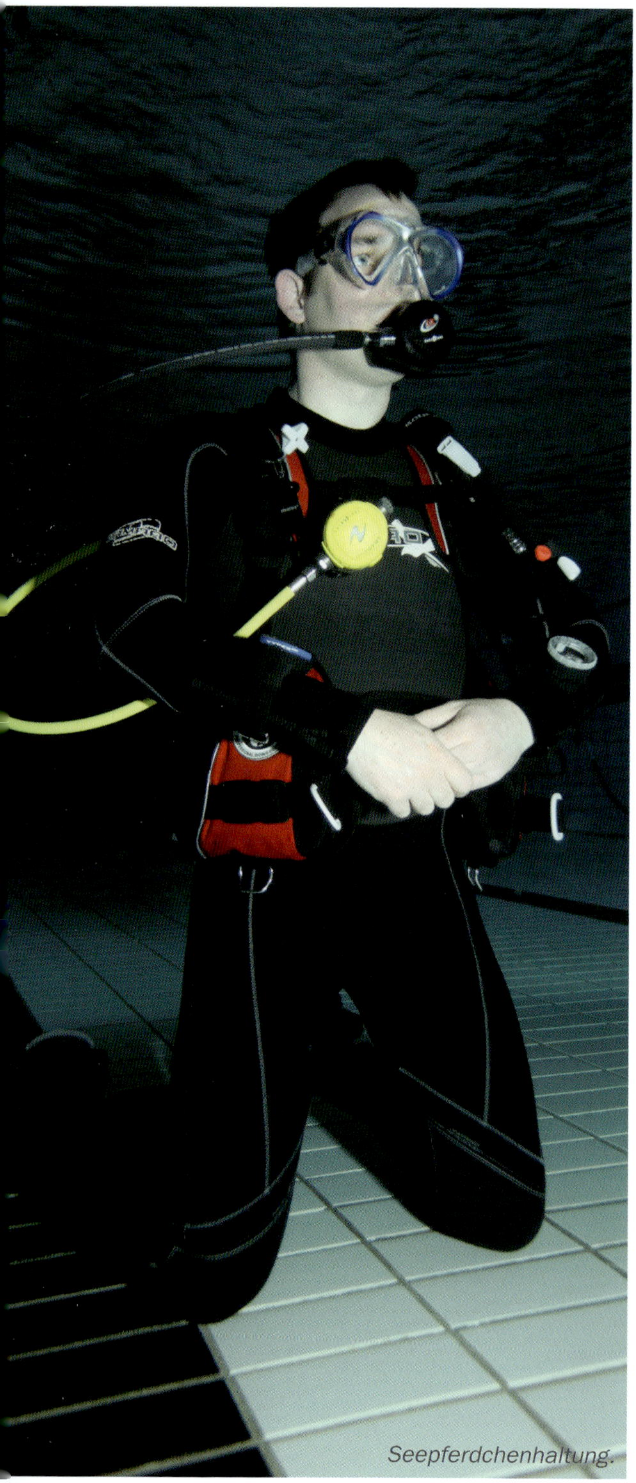

Seepferdchenhaltung.

sem logischen Landlebewesenverhalten stößt er allerdings im dichteren Element buchstäblich auf Widerstand.

Test: *Diesmal lassen wir uns nicht in den Sessel fallen, sondern zischen ab ins Schwimmbad oder knien uns zuhause notfalls vor die volle Badewanne.*

Ziehe deinen Unterarm mit angespannten Muskeln zügig durchs Wasser. Spürst du den Widerstand? Nun entspanne deinen Arm und lasse ihn mit einer ruhigen Bewegung durchs Wasser gleiten. Schließt du dabei die Augen, kannst du dir fast vorstellen, dass dein Arm und das Wasser ineinander verschmelzen.

Falls du im Schwimmbad bist, darfst du jetzt auch noch ein paar Runden schwimmen, sonst hat sich der Eintrittspreis nicht gelohnt.

Der Wasserwiderstand, den du mit deiner kräftigen, angespannten Bewegung beim Flossenschwimmen erzeugst, drängt deine Beine in eine ungewollte Richtung. Entweder lässt du das geschehen und dein Flossenschlag erzielt nicht die optimale Wirkung, oder du korrigierst die Bewegung, was zusätzliche Energie kostet. Spannst du deine Beine an, ist auch meist dein ganzer Körper verspannt. Solch eine starre Masse lässt sich schlecht durchs Wasser schieben. Auch wenn es unlogisch erscheinen mag, mit lockeren, entspannten Muskeln kommst du unter Wasser schneller und energiesparender vorwärts.

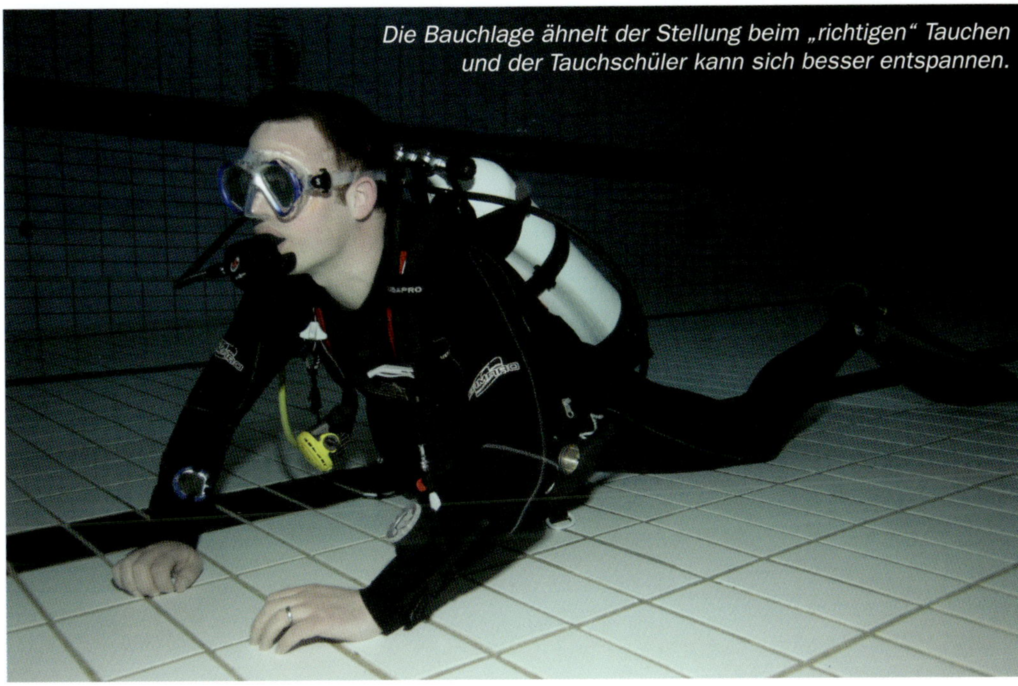

Die Bauchlage ähnelt der Stellung beim „richtigen" Tauchen und der Tauchschüler kann sich besser entspannen.

Bewusstheit

Bevor Charles Darwin den Schimpansen in unsere Ahnenkette einreihte, bezeichnete sich die Menschheit als Krone der Schöpfung. Im Grunde kein schmeichelhafter Ausdruck. Denn was tut eine Krone schon, außer nutzlos auf dem Kopf eines Monarchen zu sitzen. Unter diesem Gesichtspunkt ist die Bezeichnung gar nicht so abwegig. Schauen wir ins Tierreich. Eine Ameise, die ein Mehrfaches ihres eigenen Gewichts mühelos eine senkrechte Wand hinauf schleppt, ist dem Menschen an Körperkraft überlegen. Jeder Straßenköter riecht und hört um einiges besser als der Mensch. Lorenzische Ampullen zum Aufspüren elektrischer Impulse, wie der Hai sie besitzt, fehlen dem Homo sapiens genauso wie das Radarsystem einer Fledermaus. Selbst der hervorragendste aller seiner Sinne, der Gesichtssinn, kann es mit keinem Greifvogel und keiner Hauskatze aufnehmen.

Die Evolution musste sich also etwas einfallen lassen, um diesem schwachen, schwerhörigen und kurzsichtigen Wesen das Überleben zu sichern. Deshalb hat uns die Schöpfung den Verstand geschenkt. Wir sollten also dankbar sein und dieses wertvolle Geschenk nutzen. Besonders wenn wir uns in einem lebensfremden Element befinden, für das wir physiologisch und psychologisch nicht gerüstet sind.

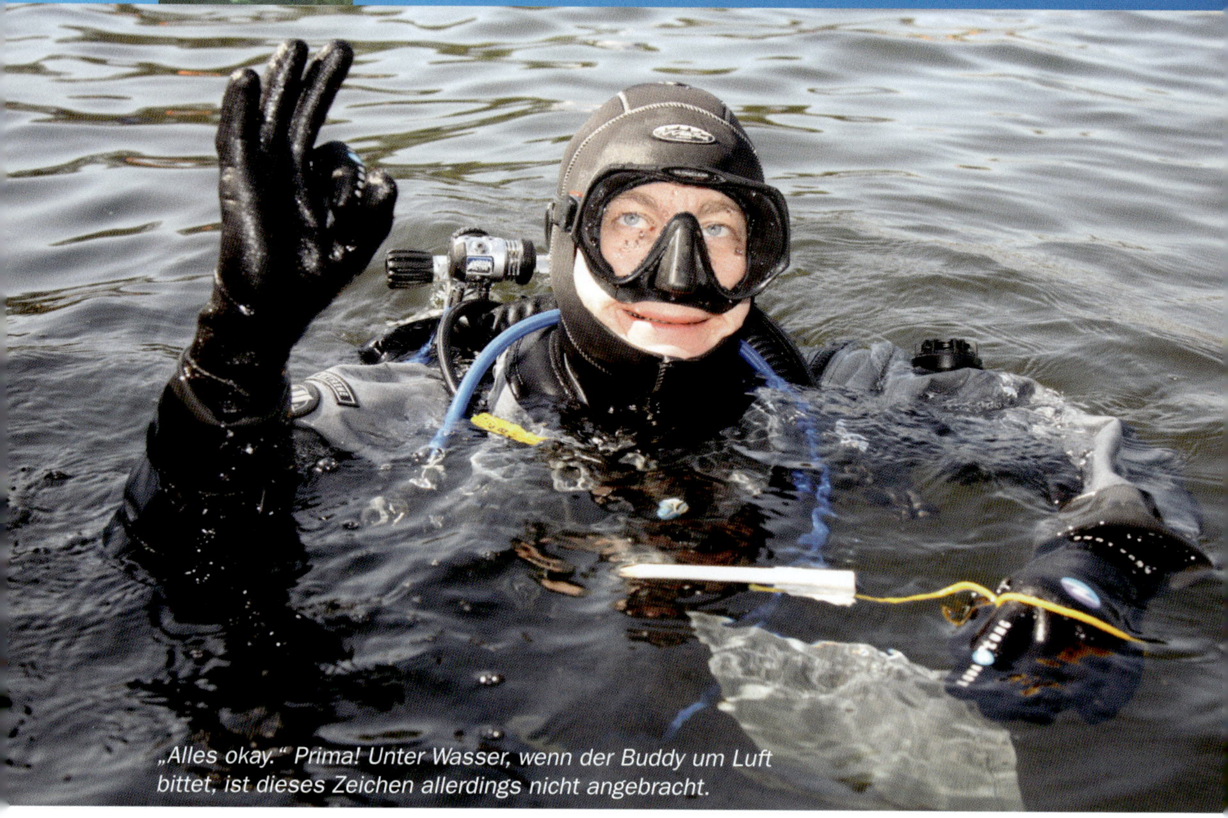

„Alles okay." Prima! Unter Wasser, wenn der Buddy um Luft bittet, ist dieses Zeichen allerdings nicht angebracht.

Allerdings unterliegt unser Verstand beim Tauchen einem Handicap. Die vielen fremden Eindrücke, zum Beispiel der Schwebezustand im dreidimensionalen Raum, optisch und akustisch veränderte Wahrnehmungen oder einfach die Tatsache, dass wir unter Wasser atmen, überlasten die Nervenbahnen, die die Informationen an unser Gehirn senden. Da passiert etwa das Gleiche, als wenn du auf deinem Computer zu viele Programme auf einmal startest.

Oft wird angenommen, dass dieses eingeengte Denkvermögen erst in größeren Tiefen mit einem beginnenden Tiefenrausch auftritt. Dem ist nicht so. Du denkst im Schneckentempo, sowie du den Kopf unter Wasser steckst.

Erfahren muss ich das immer wieder bei den Checktauchgängen. Obwohl wir die Handzeichen vor dem Tauchgang abgesprochen haben und ich den Tauchern erkläre, welche Übungen wir durchführen, bekomme ich auf mein Zeichen „keine Luft" die unterschiedlichsten Reaktionen, nur eben keine Luft. Meist ist es ein erstaunter Blick, ein Griff an die eigene Kehle, dem das OK-Zeichen folgt oder man entfernt sich dezent von mir.

Das passiert bei der Hälfte der erfahrenen Taucher, wenn ich um das ersehnte Lebenselixier bettle. Ich nehme das nicht übel. Es ist weder Geiz noch der Hass auf penetrante Tauchlehrerinnen. Nein, sie stehen schlicht und einfach auf dem Schlauch.

Eva, eine weniger erfahrene Taucherin, reagierte da fürsorglicher. Als ich sie um Luft bat, reichte sie mir blitzschnell ihren Finimeter. Sie bemerkte ihren Irrtum, sah mich an, schüttelte den Kopf. Dann griff sie geschwind zum Faltenschlauch ihres Jacketts. Wieder ein Kopfschütteln. Und, welch Wunder, beim dritten Anlauf reichte sie mir schließlich die zweite Stufe ihres Automaten. Gut, dass ich die Luft so lange anhalten kann.

Dieses eingeschränkte Denkvermögen lässt sich keineswegs damit erklären, dass die meisten Taucher keine Routine haben und sich erst wieder an das Leben unter Wasser gewöhnen müssen. Mir fiel dieses Phänomen das erste Mal bei mir selbst auf. Einer meiner Taucher wollte im flachen Wasser einen Film drehen. Er hatte eine Super-8-Kamera in einer dieser wasserdichten Plastikhüllen. Nachdem er ein paar Fische aufs Korn genommen hatte, drückte er mir die Kamera in die Hand und gestikulierte, ich solle ihn filmen. Ich schaute durch die Kamera. Verwundert stellte ich fest, dass ich nichts sah. Erneut guckte ich. Nichts. Nach einigen langen Momenten kam mir dann die Erkenntnis: Ich hielt die Kamera verkehrt herum vor die Maske. An Land hätte ich den Irrtum wesentlich schneller entdeckt. Mangelnde Routine, Nervosität oder Stress kann das nicht gewesen sein. Ich arbeitete damals bereits acht Jahre als Tauchlehrerin.

Test: *Diesmal musst du deine Tauchausrüstung anlegen. Nimm eine Zeitschrift mit ins Wasser und lies. Du wirst feststellen, dass du dich wesentlich mehr konzentrieren musst, um das Gelesene zu begreifen. Räume aber danach die aufgeweichten Papierfetzen weg!*

Denken, das beim Tauchen stört

Warum wähle ich eigentlich als Überschrift dieses Kapitels den geschwollenen Begriff „Bewusstheit" – den man eher in einem Yogabuch vermuten würde – und nicht einfach „denken"? Weil „denken" mehrere Nuancen hat. Einige davon sind beim Tauchen eher hinderlich.

Zur Verdeutlichung ein paar Beispiele:

1. Da wollte mir Hans, ein Arzt, doch tatsächlich einreden, man könne unter Wasser nicht ohne Maske atmen, weil es anatomisch keinen Verschluss für die Nase gäbe. Mit dieser Überzeugung tauchte er seit fünf Jahren, ohne je seine Maske ganz abge-

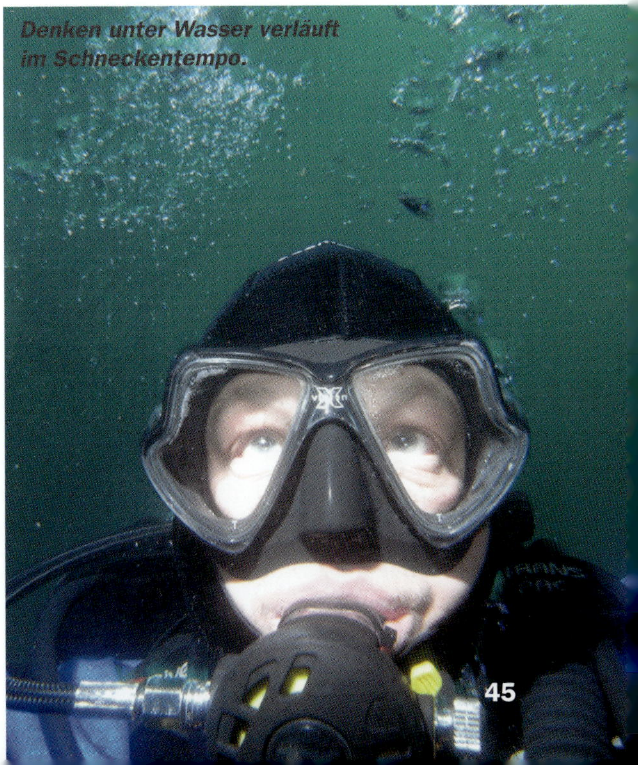
Denken unter Wasser verläuft im Schneckentempo.

nommen zu haben. (Fraglich ist, wie er seinen Tauchschein bekommen hat). Sein anatomisches Wissen und die daraus resultierende logische Schlussfolgerung haben Hans jahrelang der Gefahr ausgesetzt, in Panik zu geraten, hätte er seine Maske unter Wasser verloren.

2. Nadia hatte vor ihrem Urlaub auf den Malediven einen Film über Haiangriffe gesehen. Während ihres Tauchkurses konzentrierte sie sich nicht auf ihre Übungen, sondern sah sich ständig ängstlich um. In ihrer Fantasie spielten sich Szenen von angeknabberten Surfern ab.
3. Allein schon bei dem Gedanken, Wasser in die Nase zu bekommen, verzog Irene das Gesicht, als hätte sie in eine Zitrone gebissen. Auf meine Frage, was so schlimm daran sei, antwortete sie: „Wasser in der Nase ist einfach schrecklich!“ Als wir dann bewusst Wasser einschnieften, stellte sie fest: „Na, eigentlich kribbelt es nur ein wenig“.

Solche kritischen Betrachtungen, die weder auf theoretischem Wissen noch auf praktischen Erfahrungen basieren, sondern lediglich von der Einbildung zusammengeschustert sind, nach dem Motto: „Irgendetwas Schlimmes muss mir doch passieren“, bauen nur unnötige Ängste auf und sind wenig hilfreich. Hingegen ist eine vernünftige Vorsicht, die auf Wissen und logische Voraussicht beruht, angebracht.

Vernünftige Vorsichtsmaßnahmen

- Bevor du ins Wasser springst, spiele in Gedanken kritische Situationen durch, die bei diesem Tauchgang auftreten könnten, und suche nach eventuellen Lösungen.

- Praktiziere die wichtigsten Übungen, bis du sie reflexartig beherrschst. Vor allem die richtige Reaktion auf Hilfezeichen deines Partners sollte dir in Fleisch und Blut übergehen.

- Wenn du längere Zeit nicht getaucht hast, dann bestehe auf einen Checktauchgang, bei dem du die wichtigsten Übungen praktizierst und dich mit deiner Ausrüstung wieder vertraut machen kannst.

- Lasse gewisse Handlungen zur Gewohnheit werden, auch wenn sie nicht immer erforderlich sind. Zum Beispiel, atme immer langsam aus, wenn du unter Wasser deinen Automaten aus dem Mund nimmst, auch wenn du nicht aufsteigst und somit keinen Lungenüberdruck riskierst. Puste immer erst Luft in deine zweite Stufe, auch an Land, wenn der Automat trocken ist.

- Versuche in jeder heiklen Lage die Ruhe zu bewahren. Hier gilt die Reihenfolge: Stopp, Atem beruhigen, denken, handeln.

Im „Hier und Jetzt“. Oder doch lieber woanders?

Was will ich nun mit dem Begriff „Bewusstheit“ ausdrücken? Für mich ist Bewusstheit ein Mischmasch aus Aufmerksamkeit, Konzentration, äußerer und innerer Analyse, und zwar auf allen Ebenen. Wenn ich rund um einen Ententeich spaziere und dabei meine **Aufmerksamkeit** auf die Natur um mich herum richte, sehe ich die Reflektionen im Wasser, höre das Quaken der Enten, rieche das feuchte Laub und spüre den Windhauch auf meiner Haut. Ich denke nicht über die längst fällige Steuererklärung nach und flirte auch nicht mit dem dahintrabenden Jogger.

Gehe ich mehr ins Detail, richte ich meine **Konzentration** beispielsweise auf eine ganz bestimmte Ente. Ich betrachte das Tier. Präge mir die Farben des Gefieders ein. Beobachte ihre Bewegungen. Ich könnte auch einen bestimmten Punkt im Wasser fokussieren. Beim **Fokussieren** besteht allerdings die Gefahr, in einen meditativen Zustand zu verfallen, und die Bewusstheit wäre futsch.

Bei der **äußeren Analyse** stelle ich mir Fragen und versuche sie zu beantworten. Warum schwimmt die Ente alleine und nicht paarweise wie die anderen? Gehört der Erpel, der gerade abgetaucht ist, zu ihr? Warum steckt sie jetzt den Kopf ins Wasser?

Nun zur **inneren Analyse**. Wie fühle ich mich im Moment? Erfreut es mich, die Ente zu beobachten? Ziehe ich die Schultern zu den Ohren, weil mir kalt ist? Wird mir wirklich wärmer dadurch? Friere ich denn wirklich mehr, wenn ich meine Schulter entspanne? Nein, aber vielleicht sollte ich etwas laufen, damit mir warm wird. Komme ich jetzt tatsächlich aus der Puste? Laufe ich zu schnell, oder muss ich mich nur besser auf meinen Atemrhythmus konzentrieren?

In der Esoterik bezeichnet man diese Bewusstheit als „im Hier und Jetzt leben“. Ihr solltet aber beachten, dass sich das „Hier und Jetzt“ ständig verändert. Deshalb ist auch Flexibilität gefragt. Ist der Jogger wirklich ein netter Typ, sollte ich vielleicht meine Aufmerksamkeit von der Natur weg lenken und mich auf ihn konzentrieren.

Schon in der Schule werden Kinder daraufhin trainiert, dem Lehrer Aufmerksamkeit entgegen zu bringen und sich auf die Buchstaben und Zahlen zu konzentrieren. Allerdings beschränkt sich das Schulsystem lediglich auf die Verstandesebene. Gefühlen und Körperreaktionen werden keine Beachtung geschenkt. Welcher Lehrer fragt schon, wie sich ein Schüler fühlt, wenn er ein Diktat schreiben soll. Ist das Kind ängstlich? Schlägt sein Herz schneller und glüht sein Gesicht? Wer achtet schon darauf, wie verkrampft ein Schüler den Stift hält oder ob er die Luft anhält, wenn der Lehrer hinter ihm steht. Noch weniger wird einem Schulkind beigebracht, selbst die Aufmerksamkeit auf sein Befinden und die körperlichen Reaktionen zu richten.

Wir haben gelernt unsere Aufmerksamkeit und Konzentration darauf zu lenken, was wir tun, aber nicht darauf, wie wir uns dabei fühlen. Im hektischen Berufsleben findet wohl auch kaum jemand die Zeit sich zu fragen: Wie geht es mir bei dem was ich tue? Noch nicht einmal dann, wenn der Körper mit Kopfschmerz und anderen Wehwehchen auf die Barrikade geht. Nur hin und wieder beim Sport und bei Beschäftigungen wie Yoga, Autogenem Training oder Meditation werden wir dazu angeleitet, unseren Körper zu fühlen, Verspannungen aufzuspüren und unsere Atmung zu beobachten.

Tauchen ist eine Extremsituation

Ich möchte euch noch einmal daran erinnern, dass Gerätetauchen, psychisch und physikalisch gesehen, eine der abnormsten Situationen ist, in die sich ein Mensch begeben kann. Zwar gehört beispielsweise Fliegen und Fallschirmspringen auch nicht gerade zu den natürlichen menschlichen Gewohnheiten, aber dabei befindet sich der Akteur zumindest in seinem arteigenem Element.

Demzufolge ist es gerade beim Tauchen wichtig, den seelischen und körperlichen Zustand unter die Lupe zu nehmen. Das Gute ist, unbewusste psychische Anspannung äußert sich immer in einer körperlichen Reaktion und lässt sich daran ablesen.

Bei einer einfachen Übung die Bewusstheit schärfen

Gehen wir mal bewusst eine einfache Übung durch. Nimm unter Wasser den Automaten aus dem Mund, verweile ein paar Augenblicke ohne Luft und stecke ihn wieder rein. Wie hältst du deinen Automaten? Ist deine Hand locker oder gleicht sie einem Schraubstock? Ist da etwa Angst vor Luftmangel im Spiel? Lässt du wirklich Luftblasen entweichen, wie du es gelernt hast, oder hältst du die Luft an? Atmest du zu viel aus, aus Angst vor einem Lungenbarotrauma? Oder presst du eher geizig wenige

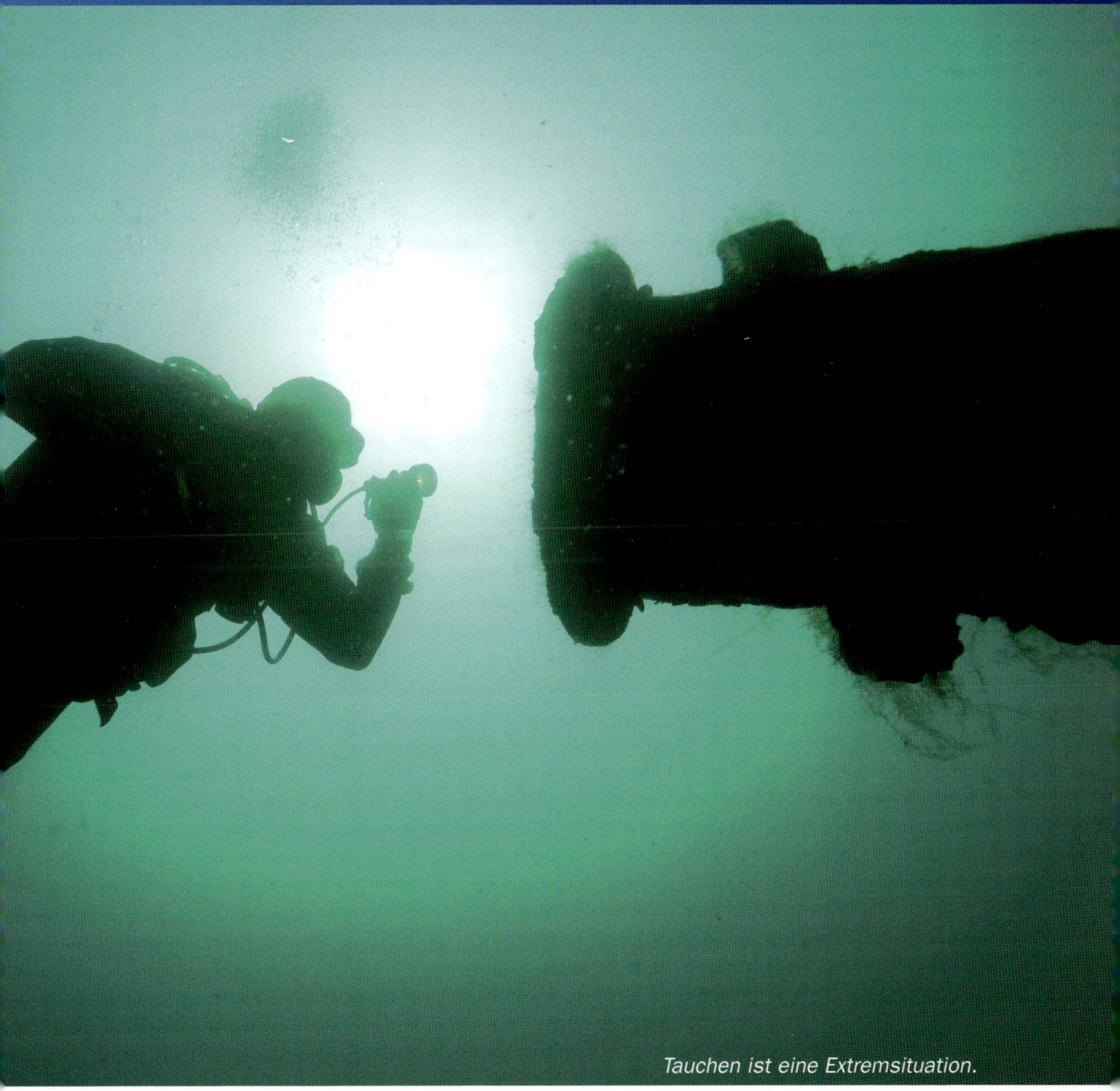

Tauchen ist eine Extremsituation.

Bläschen hervor? Spürst du den aufsteigenden Atemreiz? Wie fühlt sich das an? Beängstigt es dich, oder lässt es dich erst mal kalt? Zuckt dein rechter Arm, weil Dein Unterbewusstsein endlich wieder Luft haben möchte, dein Verstand aber jedem zeigen will, wie lange du durchhalten kannst? Versuchst du, das Mundstück in den verschlossenen Mund zu stopfen, weil du befürchtest Wasser zu schlucken? Steckst du dir das Mundstück gierig zwischen die Zähne oder ruhig und bedacht?

Probiere die Übung einmal schnell und einmal in Zeitlupe. Greife einmal fest zu, das andere Mal locker. Wie fühlt sich das an? Denke bewusst darüber nach, was du tust und wie du es tust. Mache Dir klar, dass du in keiner Gefahr schwebst, sondern deine Luftquelle in der Hand hältst und jederzeit atmen kannst, wenn du nur willst. Tu es auch, wenn du meinst, bestimmt keine Angst zu haben.

Wenn du im Freiwasser übst, solltest du auch darauf achten, ob dich die Strömung vom Fleck befördert hat, du gerade im Nest eines Drückerfisches liegst oder dein Tauchpartner zwischenzeitlich vom Hai angeknabbert wird. Also musst du die Aufmerksamkeit auch hin und wieder nach außen lenken.

Die Bewusstheit in anderen Situationen behandle ich in den jeweiligen Kapiteln.

Tauchen gegen Stress

Malediven 1987. Es war die Zeit, in der bei den Inselköchen das Kochbuch „Hundert Arten Fisch zu versauen“ im Umlauf war. Auch für unseren Koch war dieses Werk der Standard. Wir Tauchlehrer waren ausgehungert aber strotzten vor Enthusiasmus. Wir wetteiferten darum, wer die schwierigsten „Beginner“ zu brauchbaren Tauchern ausbilden konnte. Manchmal verhielten wir uns auch „politisch“ nicht ganz korrekt. Aber die kleinen Sünden sind verjährt und so möchte ich hier eine kleine Episode erzählen, die allerdings nicht zur Nachahmung empfohlen ist.

Eines Tages stand Harald (Name geändert) in der Tauchschule. Er wollte sich zum Tauchkurs anmelden. Seine ganze Körpersprache verriet, dass er sich der allgemeinen Inselträgheit noch nicht hingegeben hatte und ziemlich unter Strom stand. Wir Tauchlehrer hatten schon einen Blick dafür, ob es sich bei den Kandidaten um einen Selbstläufer oder einen schweren Fall handeln würde. Bei Harald traf letzteres zu. Mein Tauchlehrerkollege Walter (Name geändert) wollte Harald unter seine Fittiche nehmen. Er hatte sich damit eine diffizile Aufgabe ausgesucht.

Doch nach einer Woche mit Walters geduldigem Einzelunterricht hatte Harald seinen Tauchschein in der Tasche. Im Wasser wie an Land strahlte er nun eine gewisse Gelassenheit aus. Allerdings war es während der Ausbildung zu einer Auseinandersetzung zwischen Harald und Kuno gekommen.

Kuno war der aggressivste Drückerfisch am Hausriff. Meistens biss Kuno in die Taucherflossen. Aber Harald hatte er mit seinem stumpfen jedoch kräftigen Gebiss voll an der Wade erwischt.

Trotz dieses kleinen Zwischenfalls war Harald so begeistert von seinem Tauchurlaub, dass er uns alle drei bis vier Monate besuchen wollte.

Die gesamte Tauchcrew freute sich auf Haralds Ankunft. Er reiste stets mit schwerem Gepäck, das wahre Schätze barg: Schwarzbrot, Salami, Käse, massenweise Gummibärchen und was ausgehungerte Tauchlehrer sonst noch so

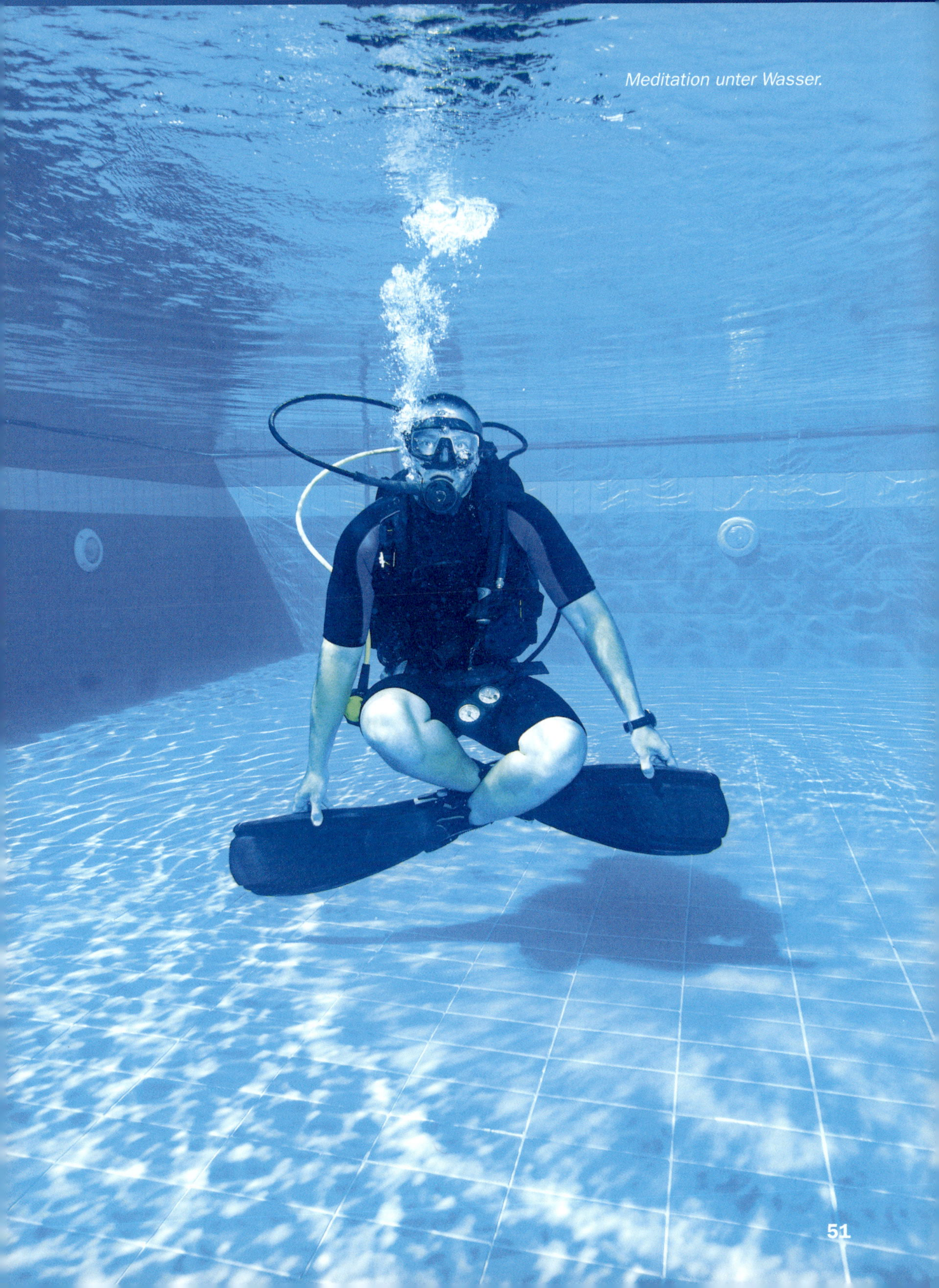

Meditation unter Wasser.

brauchten. Nach den ersten Tagen des Urlaubs schien der Stress sichtlich von ihm abzufallen. Er war fröhlich, entspannt und entwickelte sich allmählich zu einem guten Taucher.

Bei seinem vierten Besuch kam Harald nicht allein. Er hatte seine Frau, zwei kleine Töchter und einen dicklichen Mann im Schlepptau. Dass Harald ziemlich beklemmt wirkte, führten wir zunächst auf seine gewöhnlichen Akklimatisierungsschwierigkeiten zurück. Jedoch besserte sich seine Stimmung auch in den nächsten Tagen nicht.

Eines Spätnachmittags trafen Walter und ich uns zu einem wohlverdienten Feierabenddrink in der Bar. Als wir Harald allein und sichtlich betrübt an einem der Tische entdeckten, gesellten wir uns zu ihm.

„Was ist denn los mit dir, Harald? Du scheinst nicht sonderlich gut drauf zu sein“, fragte ich. Harald zögerte kurz, bevor er uns sein Herz ausschüttete.

Er hatte den Familienurlaub schon vor Monaten gebucht. Es sollte ein Geburtstagsgeschenk für seine Frau sein. Seine Ehe lief nicht mehr so gut und Harald hatte sich erhofft, in diesem Urlaub seine Ehe zu retten. Seine Frau war von Anfang an nicht begeistert von diesem Geschenk gewesen. Kurz vor dem Urlaub hatte sie einen anderen Mann kennengelernt und sich in ihn verliebt. Sie bestand darauf, dass dieser Mann sie auf die Malediven begleitete. Harald wollte die Reise nicht stornieren, um seine Kinder nicht zu enttäuschen.

Kein Wunder, dass Harald sich mies fühlte. Ihm musste geholfen werden. Obwohl ich nach vier Tauchgängen froh war, endlich im Trocken zu sitzen, machte ich den Vorschlag: „Komm Harald, lass uns am Hausriff noch einen Tauchgang machen. Da kommst du wenigsten auf andere Gedanken“. Das hatte Harald verdient, schon wegen der Gummibärchen. Aber Harald schüttelte den Kopf: „Ich mag nicht ans Hausriff. Da kommt dann wieder Kuno. Der hat mich beim Checktauchgang wieder in die Flosse gebissen. Der hackt auch nur auf mir herum.“

Walter sprang auf. Wahrscheinlich konnte er sich noch besser in Haralds Lage hineinversetzen als ich. „Dann musst du es Kuno eben zeigen! Du musst dich wehren. Komm, du zeigst Kuno jetzt, wo die Harke hängt.“

Es war mir nicht ganz klar, ob Walter den Drücker meinte oder den Liebhaber von Haralds Frau, dessen Namen ich nicht kannte. Da beide aber die Richtung zur Tauchschule einschlugen, nahm ich an, es würde dem armen Drückerfisch an den Kragen gehen. Ich folgte ihnen, denn ich war mir nicht sicher, was zwei kampflustige Kerle, die ihr Revier markieren wollten, für einen Unsinn verzapfen konnten.

Als wir am Hausriff abtauchten, ließ Kuno nicht lange auf sich warten. Pfeilschnell schoss er auf uns zu und biss in Walters Flosse. Harald zückte daraufhin sein Tauchermesser und schwamm Kuno todesmutig entgegen. Kuno drehte ab, suchte kurz das Weite und kam blitzschnell auf Harald zu. Doch Harald hetzte, mit dem Messer wild um sich fuchtelnd, wieder in Richtung Fisch. Soviel Kampfgeist hatte der Drücker wohl noch nie erlebt. Gewöhnlich zogen sich die attackierten Taucher respektvoll zurück und überließen Kuno das Revier. Der Fisch verschwand kurz, um abermals zurückzukommen. Woraufhin Harald erneut zur Hetzjagd ansetzte. Beide Kontrahenten hielten einen gebührenden Abstand zu einander ein und hasteten parallel zur Riffkante hin und her. Walter und ich verweilten am Riff und verfolgten das Geschehen wie Zuschauer einer Tennisveranstaltung. Schließlich war Haralds Luft fast aufgebraucht und wir mussten auftauchen.

Als wir zurück in der Tauchbasis angelangt waren, machte sich ein breites Grinsen auf Haralds Gesicht breit. „Boor eh, das war toll. Ich fühl mich richtig gut."

Harald war auch die nächsten Tage einigermaßen gut drauf. Immer, wenn es ihm schlechter ging, durfte er Kuno jagen.

Zu eurer Beruhigung: Der Fisch hat keine bleibenden psychischen Schäden davon getragen. Kuno zeigte auch in Zukunft keinen Respekt vor Taucherflossen. Nur wenn Harald kam, wusste er, dass Sport angesagt war.

Obwohl wir damals nicht viel über Gehirnaktivitäten, sympathisches Nervensystem und Hormonausschüttungen wussten, hatten wir Harald unbewusst die effektivste Antistresstherapie verordnet, die es gibt.

Was ist Stress überhaupt?

Stress entsteht durch nicht artgerechten Umgang mit Angst oder Wut. Angst und Wut sind Basisemotionen, die wir Menschen mit den meisten höheren Tieren gemeinsam haben. Diese Emotionen hat die Evolution sich nicht ausgedacht, um uns zu quälen, sondern um die Überlebenschancen zu erhöhen.

Wenn wir Angst oder Wut verspüren, wird das sympathische Nervensystem aktiviert. Herztätigkeit, Blutdruck, Durchblutung und Tonus der Herz- und Skelettmuskulatur, Glykolyse-Haushalt und Stoffwechsel werden gesteigert. Die Bronchien weiten sich, wie auch die Pupillen. Die Blase wird dicht gemacht. Die Geschlechtsorgane geraten im geeigneten Kontext außer Kontrolle. Adrenalin, Noradrenalin und andere Hormone werden ausgeschüttet. Schweißdrüsen laufen auf Hochtouren, hingegen wird Speichel- und Bauchspeichelfluss gehemmt und auch das Immunsystem kann sich in der sympathischen Phase nicht regenerieren. Alles ist darauf ausgelegt, sich schnellstmöglich zu bewegen. Flucht bei Angst, Kampf bei Wut. Wut löst aggressives Verhalten aus. Durch Bewegung werden die Stresshormone im Körper abgebaut. Ist die Bedrohung vorbei, können die körperlichen Reaktionen sich wieder auf einem normalen Niveau einschwingen und nach einiger Zeit ins parasympathische Nervensystem übergehen. Im Parasympathikus kann sich der Körper entspannen und regenerieren.

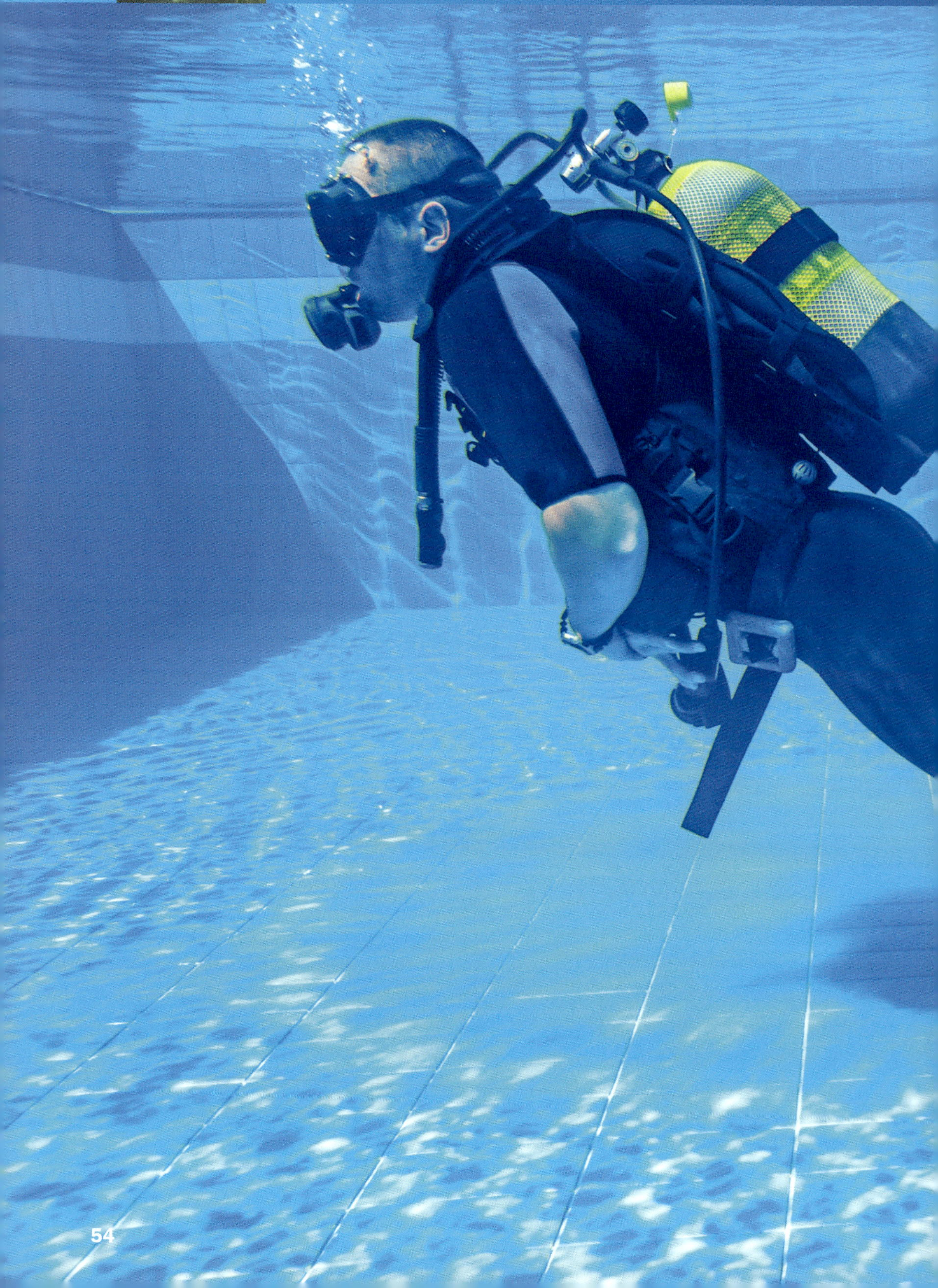

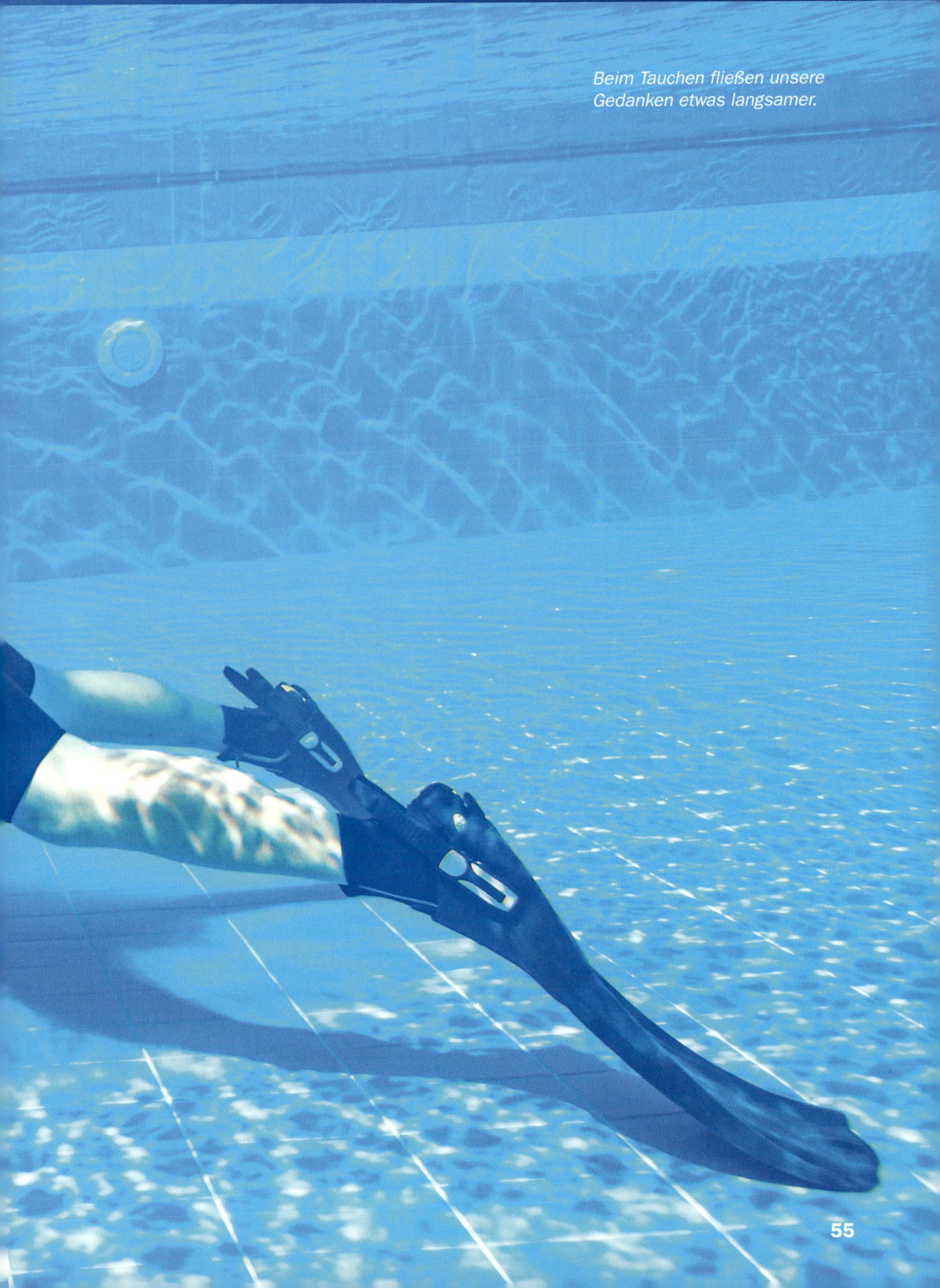

Beim Tauchen fließen unsere Gedanken etwas langsamer.

Als einziges Lebewesen hat der Mensch jedoch die Möglichkeit, seine Wut zu hemmen und die Aggression gegen sich selbst zu wenden. Das nennt man dann sich ärgern. Auch die Angst kann der Mensch in unnatürliche Bahnen lenken, indem er mental Bedrohungen erzeugt, die in der äußeren Welt nicht gegenwärtig sind.

Wut wird fast immer durch Angst ausgelöst. In Haralds Fall war es die Angst, seine Frau zu verlieren, die Sorge, wie seine Kinder eine Trennung verkraften würden und wohl auch gesellschaftliches Ansehen einzubüßen.

Statt sich auf einen realen Revierkampf mit seinem Nebenbuhler einzulassen, neigte Harald dazu, in seiner Vorstellung Streitgespräche zu führen und Vergeltungsmaßnahmen zu visualisieren.

Sein Körper wurde mit Stresshormonen überflutet. Der Hormonlevel konnte sich aber ohne Bewegung nicht normalisieren. Auf lange Sicht führt dies zu Burnout, Depressionen und körperlichen Erkrankungen.

Mit Fisch Kuno als Stellvertreter konnte Harald genau das tun, was die Natur in diesem Fall von ihm erwartete: Kämpfen.

Aber auch wenn kein Kuno mitspielt, kann flotte Bewegung beim Stressabbau helfen.

Dem Stress den Wind aus den Segeln nehmen

Wir können nicht allen Situationen, die uns wütend machen oder ängstigen, aus dem Weg gehen. Unsere zivilisierte Gesellschaft erlaubt uns auch oft nicht, unsere Emotionen auf natürliche Art auszuleben. Es gehört sich einfach nicht, dem Chef den nächstbesten Gegenstand um die Ohren zu hauen, wenn er mit der Gehaltserhöhung nicht rausrückt. Auch ist es nicht angebracht, sich in sein Bett – sprich Höhle – zu verkriechen, wenn man befürchtet, die anfallende Arbeit nicht zu schaffen.

Wir können allerdings alle lernen, mit unliebsamen Ereignissen auf eine gesündere Weise umzugehen. Dazu gehört, mit seinen Gedanken und Gefühlen bewusster umzugehen, Zeiten der Ruhe zu finden und Dinge aus einer anderen Perspektive zu betrachten.

Meditation

Meditation ist eine hervorragende Methode, um mental zur Ruhe zu kommen. Natürlich hat jeder schon von Meditation gehört. Der eine oder andere steckt vermutlich diese Praktik in die Schublade esoterischer Umnachtung. Langweiliges Herumsitzen mit verknoteten Beinen.

So ist es aber nicht. Man kann in jeder Stellung und auch bei jeder Tätigkeit meditieren. Es geht einfach darum, den unbewussten Gedankenstrom zu unterbrechen. Wenn wir uns nicht voll und ganz auf eine Sache konzentrieren, hat unser Gehirn die Eigenschaft, ungefragt Gedanken zu produzieren. Diese Gedanken gehen überwiegend zu unschönen Erfahrungen, die wiederum negative Gefühle auslösen. Das hat einen evolutionären Grund. Wenn der Mensch zu Urzeiten seine Antenne auf Gefahren ausrichtete und diese frühzeitig erkannte, hatte er eine größere Überlebenschance. Nur sind die meisten Gefahren heutzutage nicht mehr akut lebensbedrohlich. Das Warnsystem in unserem Gehirn ist aber erhalten geblieben. Deshalb ist es so leicht, in pessimistische Muster hineinzurutschen. Optimismus muss man zuweilen hart trainieren.

Bei einer Meditation richten wir unsere Aufmerksamkeit einfach auf den Moment. Wir nehmen die Atmung wahr, spüren unseren Körper und beobachten bewusst unsere Gedanken ohne sie fest zu halten. Die positive Wirkung der Meditation ist wissenschaftlich belegt.

Da unsere Gedanken beim Tauchen ohnehin etwas langsamer fließen, unsere Atmung nicht nur zu spüren, sondern auch zu hören ist und unser Körper sich in einer ungewöhnlichen Lage befindet, eignet es sich ausgezeichnet zur Meditation.

Wie meditiert man unter Wasser?

Im Grunde genommen fallen wir bei jedem Tauchgang mehr oder weniger in einen meditativen Zustand. Meist befassen wir uns unmittelbar mit unserer Umgebung und dem, was ist: welche Fische kommen vorbeigeschwommen, läuft Wasser in meine Maske, muss ich jetzt tarieren. Selten kommt uns die fällige Steuererklärung oder der Haufen Bügelwäsche in den Sinn.

Dieses vollständig im Hier und Jetzt sein ist ein Aspekt, warum wir uns im Allgemeinen nach einem Tauchgang richtig gut fühlen.

Wir können aber noch tiefer eintauchen in die Meditation und zwar im flachen Wasser. So geht's:

- Sprich eventuell mit deinem Tauchpartner oder Tauchlehrer ab, dass du einige Zeit im flachen Wasser ungestört sein möchtest. Ansonsten besteht die Gefahr, dass du einen Rettungseinsatz auslöst, wenn du zu lange flach ausgestreckt regungslos am Grund liegst.
- Such dir also einen Platz im flachen Wasser – im Schwimmbad oder in einer sandigen Lagune.
- Streck dich bäuchlings aus und stütz dich mit den Händen ab. Achte darauf, dass dabei deine Schultern so entspannt wie möglich sind und schließe die Augen.
- Nun konzentriere dich auf deine Atmung. Am besten atmest du mit der natürlichen Atemtechnik. Spüre bewusst, wie die Luftblasen dein Gesicht berühren. Lausche dem Geräusch des Atemreglers. Spüre, wie sich mit der Atmung dein Brustkorb weitet und verengt.
- Wenn du vollkommen ruhig atmest, mach eine gedankliche Reise durch deinen Körper. Spür in deine Schultern, Arme und Hände. Werde dir jeder Verspannung gewahr und löse sie. Dann wandere mit den Gedanken vom Nacken aus an der Wirbelsäule entlang. Lege besondere Aufmerksamkeit auf den Lendenbereich. Versuche auch hier alle Verkrampfungen zu lösen. Dann sind die Beine dran.
- Wenn deine Atmung ruhig und dein Körper weitestgehend entspannt ist, nimm wahr, wie wohl du dich unter Wasser fühlst. Bist du von dem Wohlsein noch nicht ganz überzeugt, sugge-

riere dir: „Ich fühle mich mit jedem Atemzug wohler und entspannter“.

- Gehörst du zu den Tauchern, die sich unter Wasser ohnehin vollkommen gut fühlen, dann denke einfach gar nichts. Denn gar nichts denken ist die Königsdisziplin der Meditation und unter Wasser einfacher, als an Land.

Am effektivsten ist diese Meditation, wenn ihr sie 15 bis 20 Minuten macht. Diese Übung kann euch nicht nur helfen, mit Stress besser umzugehen, sondern euch auch beim Tauchen noch besser zu fühlen.

Panik und Angst

Angst und Panik sind zwei Paar Stiefel

Als es dem Göttervater Zeus wieder einmal zu langweilig in seinem Olymp war, beschloss er, gegen die riesigen Titanen Krieg zu führen. Kurzerhand rekrutierte er seinen Stiefbruder, den Hirtengott Pan, als Soldaten. Pan, halb Mensch halb Ziegenbock und außerdem Pazifist, hatte null Bock zu kämpfen. Er amüsierte sich lieber mit hübschen Hirtinnen und spielte auf seiner Flöte. Als sich die Titanen näherten, stieß Pan aus Angst einen gellenden Schrei aus. Das schrille Geräusch erschreckte die Titanen bis ins Mark, und sie rannten kopflos davon. Atlas, der Anführer der Titanen, wurde zur Strafe für seine Feigheit dazu verurteilt, die Erde auf seinen Schultern zu tragen. Diese Geschichte aus der griechischen Mythologie bescherte uns den Begriff „Panik“.

Bei dem ersten Freiwassertauchgang mit Uschi zieht ein Weißspitzenhai gemächlich an uns vorbei. Ich bemerke, wie Uschi in der Bewegung innehält und ihr Körper sich versteift. Vorsichtshalber nehme ich sie kurz an der Hand, zeige auf den Hai und gebe ihr das OK-Zeichen. Sie entspannt sich, und wir setzen unseren Tauchgang fort. Wieder an der Oberfläche sprudelt es aus ihr heraus: „Wie ich den Hai gesehen habe, bin ich ganz schön in Panik geraten.“

Ich schüttle den Kopf: „Du hast vielleicht ein bisschen Angst gehabt, aber in Panik warst du bestimmt nicht.“

Angst und Panik sind zwei Paar Stiefel. Die Erscheinungsformen der Angst können von vernünftigen Bedenken, fantasiegesteuerten Horrorvisionen, leichten Beklemmungen, Nervosität, über unbewusstes Fehlverhalten bis hin zu Herzrasen und Schweißausbrüchen reichen. Zuweilen mag der gesunde Menschenverstand in dieser gefühlsbetonten Verfassung etwas träge arbeiten, doch er ist durchaus noch anwesend. Aus vielen Angstsituationen kann man sich durch nüchternes rationales Denken befreien.

Hätten die Titanen bei Pans Geschrei lediglich Angst verspürt, hätten sie sich hinter einem Busch versteckt und versucht,

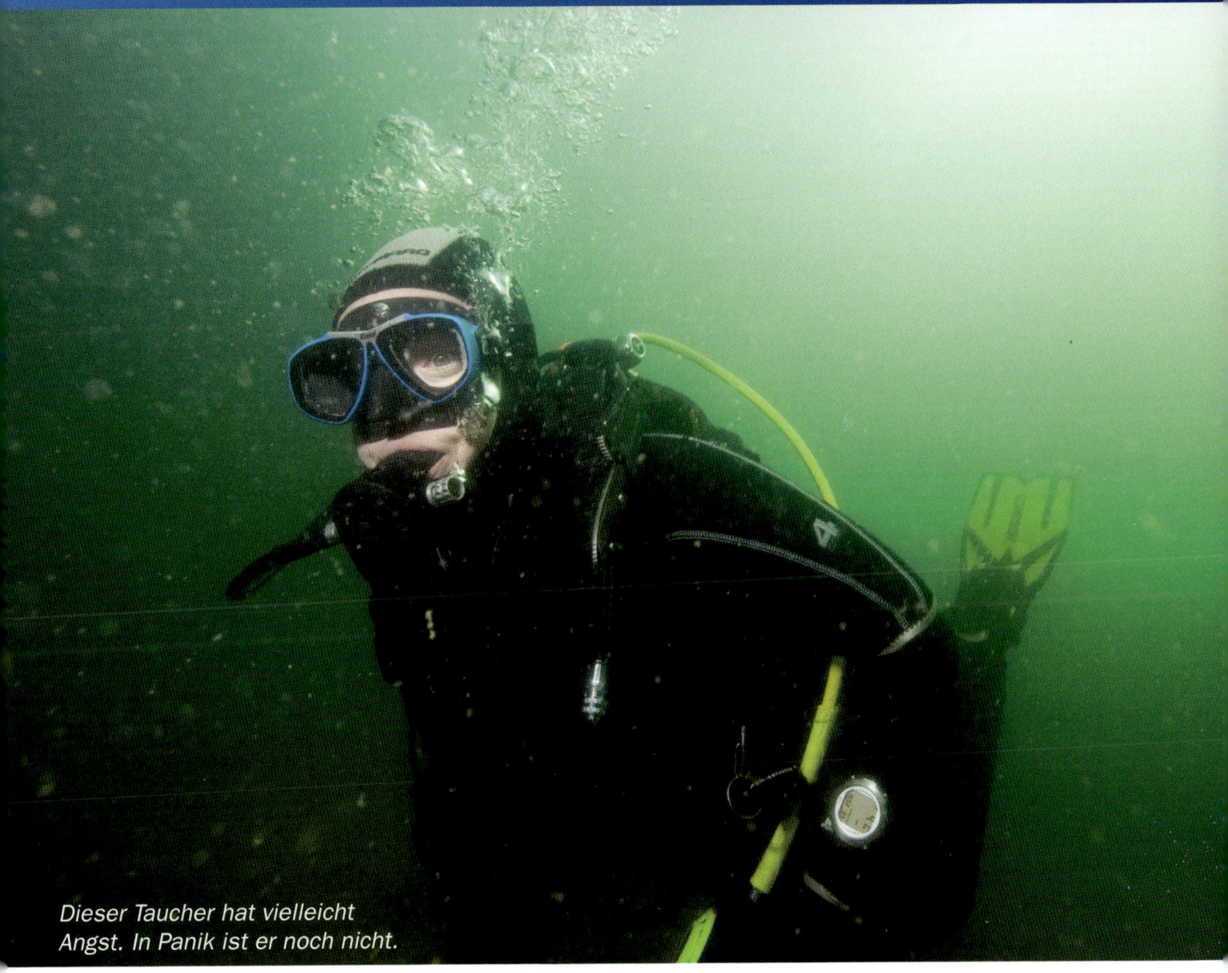

Dieser Taucher hat vielleicht Angst. In Panik ist er noch nicht.

das Geräusch zu orten. Sie hätten den kleinen Halbgott aufgestöbert und ihm seine Flöte um die Ohren gehauen. Dann wären sie als furchtlose Helden in die Geschichte eingegangen. Und wir hätten keinen Schulatlas.

In Panik setzt der Verstand hingegen total aus. Alles Verhalten wird nur noch instinktiv gesteuert. An Land, in unserer natürlichen Umgebung, gibt es zwei Antworten auf Panik: Erstarrung oder Flucht.

Unter Wasser jedoch ist die einzige Reaktion Flucht aus dem lebensfeindlichen Element. Da der Verstand seinen Menschen nun auch nicht mehr davon überzeugen kann, dass das Ding in seinem Mund ihm Luft spendet und er einfach nur atmen braucht, reißt der Taucher sich meist auch noch den Automaten aus dem Mund. Und weil er nun schon mal dabei ist, zerrt er sich auch gleich die beengende Maske vom Gesicht. Dass dieses Verhalten nicht sehr förderlich ist, können wir uns vorstellen.

Das Schlimmste aber ist, dass der Instinkt den Taucher zwingt, die Luft anzuhalten. Unter normalen Umständen wäre das im Wasser eine rettende Maßnahme.

Doch mit Pressluft in den Lungen kann das, wie schon erwähnt, fatale Folgen haben.

Auch wenn viele Paniken glimpflich verlaufen, sollte es das Bestreben jedes Tauchers sein, Panik zu vermeiden. Um das zu können, müssen wir erst einmal wissen, durch was eine Panik ausgelöst wird: Fast alle Paniken beim Tauchen sind die Folge von realem oder eingebildetem Luftmangel.

Realem Luftmangel mit vernünftigen Maßnahmen entgegenwirken

Überprüfe vor jedem Tauchgang deine Ausrüstung. Wenn du deinen Automaten längere Zeit nicht benutzt hast, oder wenn er gerade von der Revision kommt, checke erst einmal im Flachwasser, ob er funktioniert.

Schau dir, bevor du die Flasche aufdrehst, das Finimeter an. Zuweilen zeigt der Zeiger nicht auf null bar.

Bevor du ins Wasser springst, ziehe Luft durch den Automaten und schaue gleichzeitig auf das Finimeter. Wenn sich der Zeiger nicht bewegt, ist die Flasche offen.

Beobachte unter Wasser öfters deinen Luftverbrauch.

Tauche im kalten Gewässer immer mit zwei separaten ersten Stufen. Übe, das Ventil zu schließen, falls eine erste Stufe vereist und abbläst.

Im gemäßigten oder tropischen Gewässer treten gravierende Defekte fast nur an der zweiten Stufe auf. Deine nächste Rettung ist in diesem Fall dein eigener Octopus. Übe öfters den Wechsel zum Octopus.

Mit einem geplatzten Hochdruckschlauch oder einem Automaten, der abbläst, kommst du mühelos kontrolliert an die Oberfläche, auch wenn die Luft raussprudelt. Eine alternative Maßnahme für gute Taucher wäre: Jackett ausziehen, Flasche unter den Arm klemmen, Ventil zudrehen und nur kurz aufdrehen, wenn du Luft brauchst. Auf diese Weise könntest du den Tauchgang noch fortsetzen, zum Beispiel um zum Ausgangspunkt zurückzukehren. Natürlich muss man bei dieser Aktion den Finimeter im Auge behalten. Diese Übung ist es wert, ständig wiederholt zu werden.

Tauche nahe genug bei deinem Tauchpartner, so dass ihr euch in einer kritischen Situation gegenseitig helfen könnt.

Die früher beschriebene Übung „Automat aus dem Mund, ausatmen und so lange wie möglich die Luft im ausgeatmeten Zustand anhalten“ ist eine hervorragende Prophylaxe gegen Panik. Denn wenn du keine Angst davor hast, eine Weile ohne Luft auszukommen, kannst du vernünftig handeln.

Spiele beim Tauchen in Gedanken hin und wieder die Was-wäre-wenn-ich-plötzlich-keine-Luft-hätte-Situation durch. Was könntest du tun? Wie würdest du am vernünftigsten reagieren?

Übe mit deinem Tauchpartner öfters den Notfall.

Eingebildeter Luftmangel durch Wasser in Nase oder Kehle

Nicht wenige Tauchanfänger haben ihre Paniken im seichten Wasser erlebt und hatten danach buchstäblich die Nase voll.

Die Lektion „Maske ausblasen und ohne Maske tauchen" fällt vielen Tauchern schwer, weil sie ihre Atmung nicht genügend unter Kontrolle haben. Da kann es schon einmal passieren, dass sie mit der Nase Wasser einsaugen. Eigentlich wäre das noch kein Problem, denn ein realer Luftmangel besteht in diesem Szenario nicht. Man könnte einen Luftzug durch den Mund nehmen, falls nötig in den Automaten husten, kräftig durch die Nase ausatmen und schon wäre das Problem gelöst. Leider drängt sich in dieser Lage meistens das dämliche Unterbewusstsein vor den Verstand und fordert seine Panik.

Da diese Übungen meistens erst einmal im flachen Wasser praktiziert werden und außerdem das eingeatmete Wasser einen Hustenreiz auslöst, der zum Ausatmen zwingt, besteht kaum die Gefahr eines Lungenbarotraumas.

Risikoreicher wird die Angelegenheit, wenn ein Taucher im Flachwasser diese wichtigen Lektionen nur mit Hängen und Würgen überstanden hat, sich in die Tiefe wagt und dann Wasser in seine Maske dringt oder er sie gar verliert. Die folgende Panik aus zehn Metern und mehr verläuft meist nicht ohne Folgen. Auch hier kommt ein Lungenbarotrauma eher selten vor. Denn der Husten zwingt zum Ausatmen. Doch reißt sich der Taucher meist den Automaten aus dem Mund. Auf dem Weg nach oben wird der Atemreiz so stark, dass der Taucher einatmet und damit Wasser in die Lungen saugt.

Vermeiden lässt sich diese Art der Panik nur, indem man lernt, entspannt und stressfrei ohne Maske zu tauchen und seine Atmung zu kontrollieren. (Wie das geht, verrate ich in einem späteren Kapitel).

Eingebildeter Luftmangel durch Überatmen

Wer was auf sich hält, würde den eleganten Begriff „Essoufflement" wählen, wie er in der tauchmedizinischen Literatur oft verwendet wird. Ich benutze lieber den Ausdruck „Überatmen", weil er verständlicher die Lage beschreibt. Das französische Wort „Essoufflement" bedeutet Kurzatmigkeit und trifft die Situation nicht ganz.

Zum Überatmen kommt es vor allem bei Tauchgängen gegen eine Strömung oder wenn ein schwächerer Taucher unbedingt seinem schnelleren Tauchpartner folgen will.

Auch an Land gerät der eine oder andere schon mal aus der Puste. Zum Beispiel wenn er seinem Fitnessprogramm nachgeht oder im fünften Stock ohne Fahrstuhl wohnt. Kein Mensch würde auf den Gedanken kommen, diesem Thema einen Abschnitt in einem Buch zu widmen. Warum auch, der Betreffende wird sich ein wenig verschnaufen und nichts Dramatisches passiert.

Was macht eine Überanstrengung beim Tauchen so gefährlich? Da ist zunächst der psychische Faktor. Wie wir bereits wissen, tritt beim Tauchen der Verstand des Menschen einen Schritt zurück und lässt den unterbewussten Gefühlen mehr Raum. Strengt sich ein Taucher an und erhöht dabei seine Atemfrequenz, tritt oft ein unangenehmes Druckgefühl im Brustbereich auf. Im lebensfremden Element Wasser bauen sich durch diese kleine Unbehaglichkeit, die man an Land kaum beachten würde, Ängste auf. Da nun der Verstand im Schneckentempo arbeitet, ist er auch nicht fähig, den Ursprung der Ängste richtig zu deuten. Statt zu dem vernünftigen Schluss zu kommen: „Wenn ich mich weiter so abstrample, komme ich aus der Puste“, wird die Furcht geschürt: „Eine stärkere Macht versucht, mir die Kontrolle über mein Vorwärtskommen zu entreißen“, oder: „Mein Partner lässt mich mutterseelenallein in einem fremden Element zurück.“

In dieser Situation wäre die einzige sinnvolle Handlungsweise, inne zu halten, die Atmung zu beruhigen und dann in gemäßigtem Tempo weiter zu tauchen. Doch die im Unbewussten gründenden Ängste verleiten unseren Taucher dazu, gegen die Strömung anzukämpfen oder dem Partner noch schneller zu folgen, wobei die gefühlte Atemnot leicht zur Panik führen kann.

Aber nicht allein die fehlgeleiteten Denkmuster und Ängste unter Wasser führen zum Überatmen. Auch physische und physiologische Aspekte spielen eine wichtige Rolle.

Je größer die Tauchtiefe, desto dichter ist die Atemluft. Bei einer zu schnellen Atmung entstehen durch den erhöhten Strömungswiderstand Luftwirbel in den Bronchiolen, die den Gasaustausch in den Alveolen stören. Es kommt zu einer Hypoventilation (das Gegenteil von Hyperventilation), wobei der Kohlendioxidgehalt (CO_2) ansteigt. Damit wird ein Teufelkreis geschlossen. Der hohe CO_2-Spiegel lässt einen Lufthunger entstehen, der den Taucher veranlasst, noch schneller zu atmen. Das CO_2 vermehrt sich und der Taucher hat das Gefühl, nicht genügend Luft zu bekommen, obwohl der Sauerstoffgehalt im Blut ausreichend ist. Ein Panikaufstieg mit angehaltener Luft ist in dieser Lage programmiert. Weise Sprüche über Fische, die nie die Luft anhalten, helfen in dieser Situation wenig.

Diese wohl gefährlichste Art der Panik lässt sich nur vermeiden, indem man die Ursache kennt, seinen Verstand schärft, bewusst atmet – auf keinen Fall fortwährend –, sich energiesparend bewegt und seine Grenzen erkennt. (Mehr darüber im Teil über das Strömungstauchen).

Offensichtliche Anzeichen dafür, dass einem Taucher die Strömung zu stark oder das Tempo zu schnell ist, sind kräftige Schwimmbewegungen mit den Armen. Dann wird es höchste Zeit, eine Pause einzulegen oder zumindest langsamer zu paddeln.

Eine effektive Maßnahme bei Tauchern, die bereits auf der Schwelle zum Überatmen stehen, ist ein Druck auf die Luftdusche. Der plötzliche Luftschwall unterbricht für einen Schreckmoment die hastige Atmung, signalisiert aber gleichzeitig, dass genügend Luft vorhanden ist.

Angst: Fehlalarm als Schutz

Angst ist ein wichtiger, die Sinne schärfender Schutzmechanismus. Evolutionsgeschichtlich hat Angst die Funktion, in tatsächlichen oder auch nur vermeintlichen Gefahrensituationen ein angemessenes Verhalten wie Flucht, Kampf oder Erstarrung einzuleiten. Da es für einen Organismus günstiger ist, lieber einmal umsonst zu flüchten, als eine tatsächliche Gefahr zu übersehen, ist die „Alarmanlage" Angst sehr empfindlich eingestellt, was manchmal zu einem Fehlalarm führen kann. Dafür gibt es gerade beim Tauchen typische Beispiele.

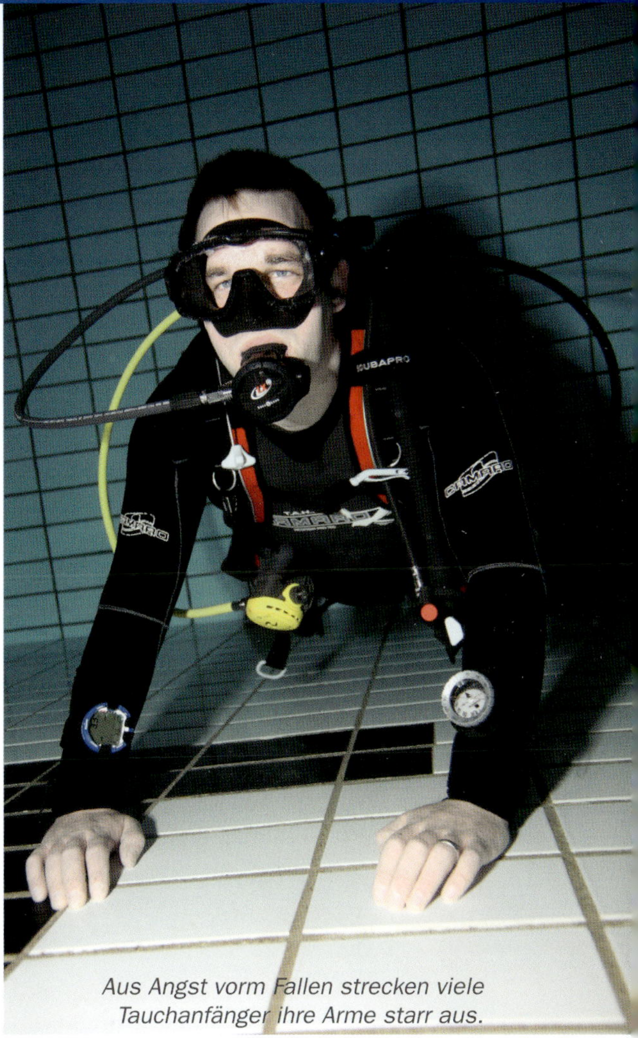

Aus Angst vorm Fallen strecken viele Tauchanfänger ihre Arme starr aus.

Angst vorm Fallen

Fallen unter Wasser, das geht doch gar nicht und wenn, dann doch so langsam, dass der Aufprall nicht weh tut. Richtig! Das sagt dir dein Verstand. Aber was meint dein Unterbewusstsein dazu? Das Schweben im dreidimensionalen Raum ist irreale Abstraktion. An Land können wir aufrecht stehen. Wir können auch auf dem Bauch liegen. Eine Stellung dazwischen würde in unserem natürlichen Element jedoch bedeuten, dass wir im nächsten Augenblick fürchterlich auf die Nase fallen, es sei denn, wir strecken die Arme aus, dann wird es weniger schlimm ausgehen.

Dieses starre Vorstrecken der Arme sieht man oft bei Tauchanfängern, wenn sie sich bäuchlings auf den Grund legen sollen. Weist man sie nicht auf ihre verkrampfte Haltung hin, behalten sie diese bei. Schlimmer wird das Ganze, wenn sie im freien Wasser schweben. Wasser hat bekanntlich keine Balken. Trotzdem versuchen viele Neulinge, sich auf dem Wasser abzustützen, was dann wie eine etwas unkoordinierte Ruderbewegung aussieht. Um Abhilfe zu schaffen rät der Tauchlehrer oft, die Arme zu verschränken, die Hände vor den Bauch zu falten oder den Finimeterschlauch zu halten. Das hat aber meist nur eine optische Wirkung. Der Anfänger wird den Schultergürtel verspannen und versuchen, dem „Fall" mit Schulterbewegungen auszuweichen. Denn die Ursache der Ruderbewegung, nämlich die unbewusste Angst vorm Fallen, ist noch nicht

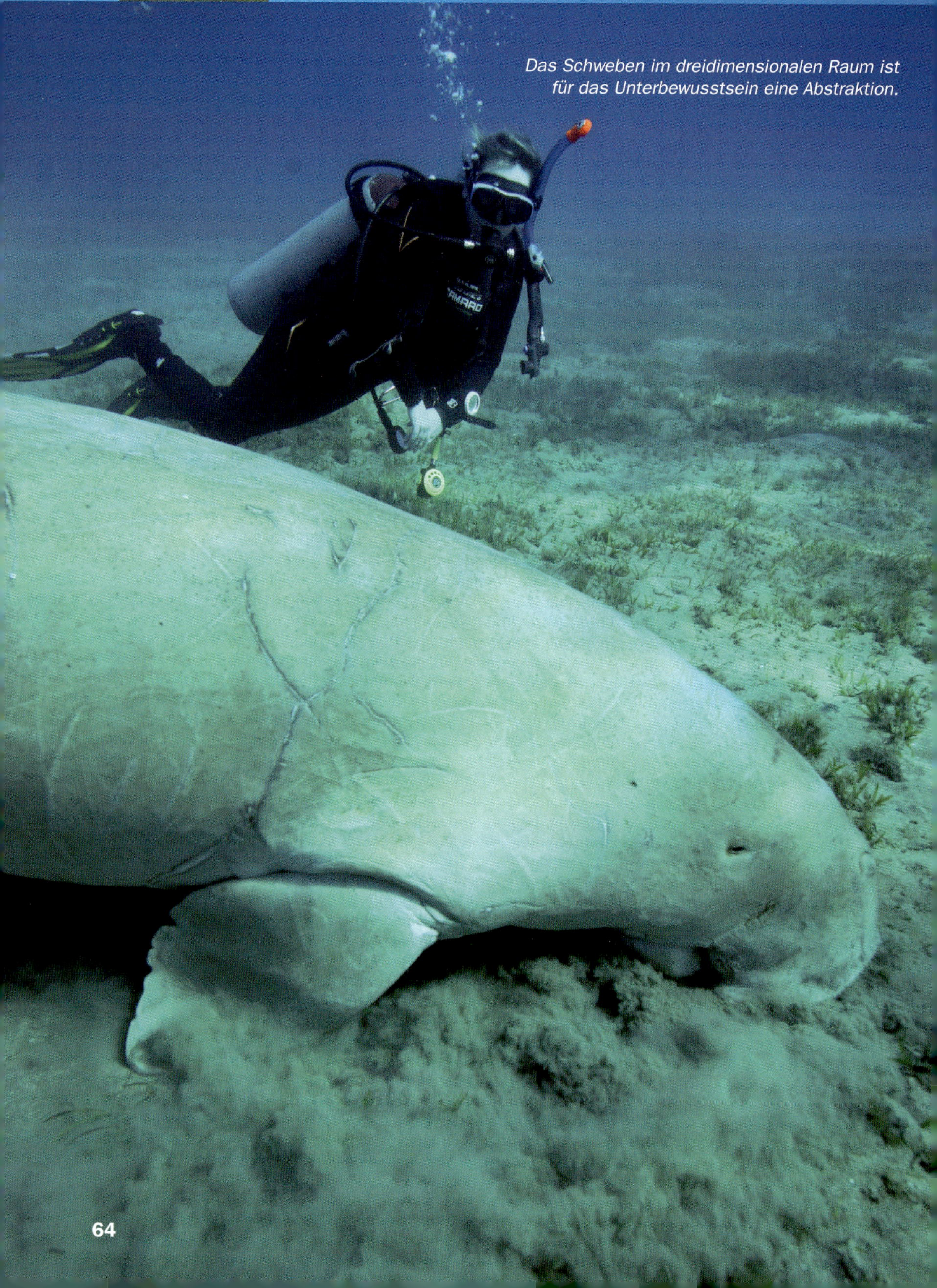

Das Schweben im dreidimensionalen Raum ist für das Unterbewusstsein eine Abstraktion.

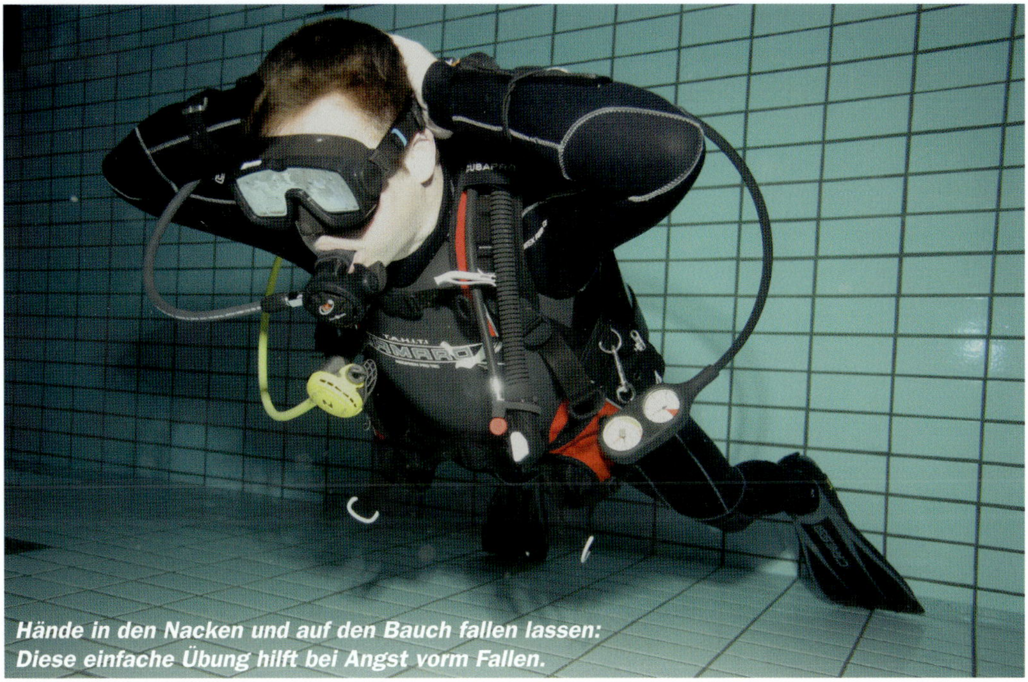

Hände in den Nacken und auf den Bauch fallen lassen: Diese einfache Übung hilft bei Angst vorm Fallen.

behoben. Diese spezifische Angst lässt sich aber durch eine simple Lektion schnell beseitigen. Das Unterbewusstsein ist zwar manchmal etwas schwer von Begriff, lernt aber dazu.

Nachdem ich meine Anfänger, wenn sie bäuchlings auf dem Grund liegen, auf ihre verspannten Arme hingewiesen und sie etwas lockergeschüttelt habe, lasse ich sie folgende Übung durchführen: Einatmen, die Luft kurz anhalten, damit sich ihr Oberkörper hebt, Hände in den Nacken und ausatmen, damit sie ungestützt auf Bauch und Gesicht fallen. Nach ein paar Wiederholungen hat auch das schwerfälligste Unterbewusstsein begriffen, dass Fallen unter Wasser gar nicht weh tut. Im tiefen Wasser ist dann noch ein ausreichendes Tariertraining von Nöten. Denn in Anbetracht eines Tauchers, den es überbleit in die Tiefe zieht, handelt das Unterbewusstsein klug, wenn es ihn mit den Armen paddeln lässt.

Angst vorm Abtauchen

Die Gruppe war pflegeleicht. Niemand hatte übertriebene Probleme mit den Übungen. Unseren letzten Tauchgang am Hausriff auf 20 Meter fanden alle einfach nur „geil“. Nun war der große Tag gekommen, der erste Tauchgang vom Boot aus stand an. Natürlich zögerte der eine oder andere kurz, bevor er den Sprung wagte. Doch jetzt hatte ich sie alle mit aufgeblasenen Jacketts um mich versammelt. Jeder bestätigte mir, dass alles okay war. Trotzdem schloss ich im Kopf schon eine Wette ab. Wer wird es diesmal sein? Hof-

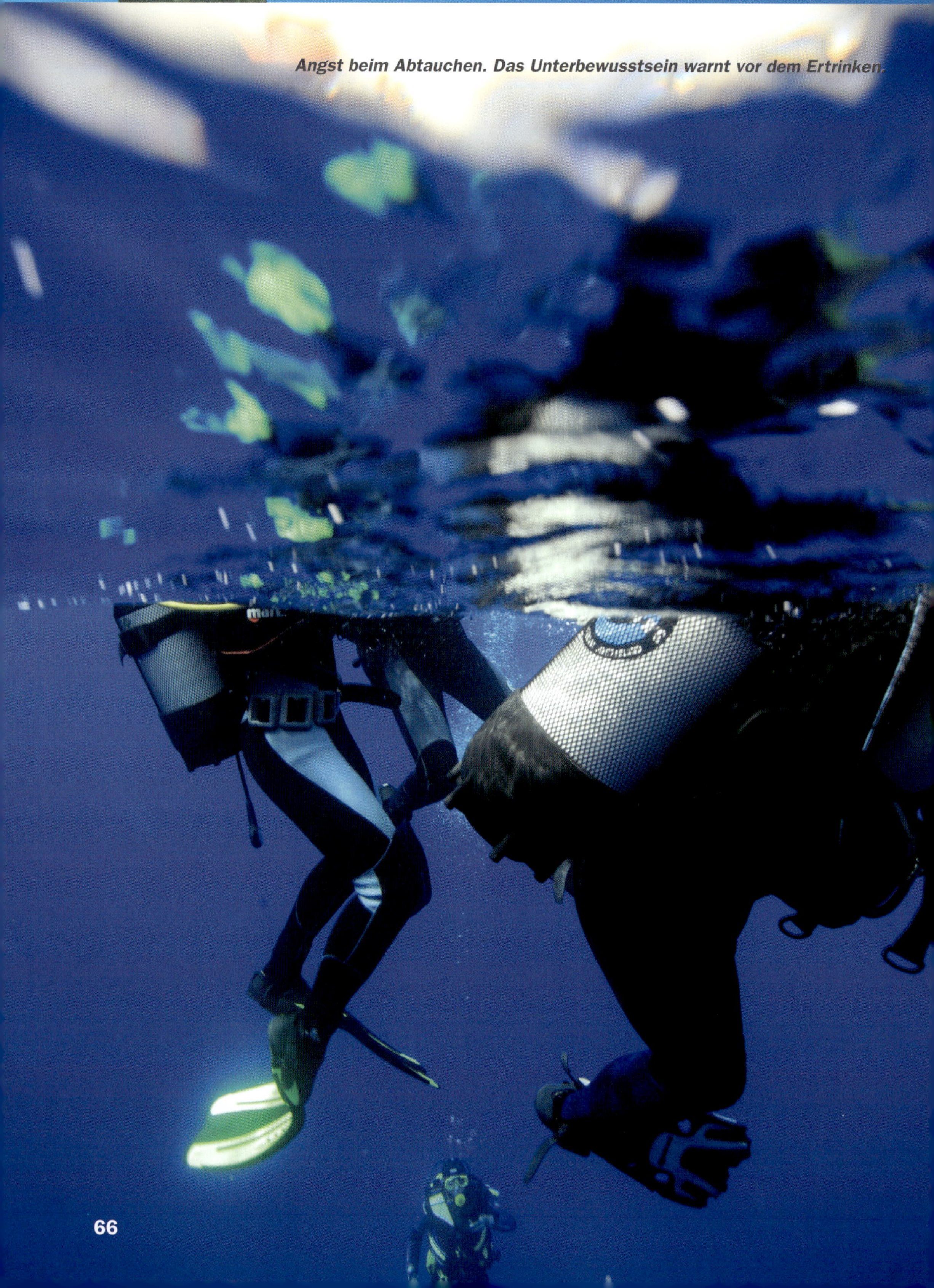

Angst beim Abtauchen. Das Unterbewusstsein warnt vor dem Ertrinken.

fentlich nicht mehr als einer, das würde leichten Stress bedeuten. Ich verlor meine Wette. Es war nicht Lisa, mit der ich gerechnet hatte, auch nicht Conny. Diese zeigte zwar leichte Ansätze, beruhigte sich jedoch schnell. Es war Markus, der das ganze Programm wählte. Sowie der sonst so „coole" Markus die Luft aus seinem Jackett gelassen hatte und mit dem Gesicht unter Wasser tauchte, paddelte er hektisch mit den Flossen. Den Kopf wieder aus dem Wasser, riss er sich das Mundstück raus und keuchte: „Mit dem Automaten stimmt etwas nicht. Der gibt nicht genug Luft." Obwohl ich schon ahnte, dass der Automat in Ordnung war, nahm ich einen Zug. Ich füllte sein Jackett, beruhigte ihn und überredete Markus, es noch einmal zu versuchen. Ich fasste ihn am Arm und wir stiegen gemeinsam ab. Schon nach den ersten Metern spürte ich, wie sich Markus entspannte. Nach kurzer Zeit war er wieder der ganz „coole" Typ, den nichts so leicht erschüttern konnte.

Ich hatte dieses Phänomen bei meinen Tauchschülern schon oft erlebt und machte mir immer wieder Gedanken darüber, bis mir eine plausible Erklärung dafür einfiel.

Mit Angst vor dem Fallen hat das nichts zu tun. Denn diese Angst setzt voraus, dass wir uns in einer für den Menschen ungewöhnlichen Stellung befinden. Wollen wir Füße voran abtauchen, stehen wir ja quasi im Wasser. Diese Position ist an Land ganz normal. Wie sieht es damit aber im Wasser aus? Dümpeln wir mit aufgeblasenem Jackett an der Oberfläche, ist alles in Ordnung. Wir sind eben Landlebewesen, die sich im Wasser aufhalten und in ihrer normalen Umgebung atmen. Würden wir nun die Luft anhalten und den Kopf unter Wasser stecken, wäre das auch noch okay. Landlebewesen tun so etwas hin und wieder. Nun tauchen wir aber relativ schnell mit dem Gesicht in ein fremdes Element und atmen. „Was soll's", sagt unser Verstand, „wir haben doch Technik im Mund und auf Technik ist Verlass, zumindest meistens." Das Unterbewusstsein registriert jedoch, aufrechte Haltung, Mund und Nase unter Wasser und atmen. „Hilfe! Mein Mensch ertrinkt!" Also paddeln, was das Zeug hält; Angst

Maßnahme gegen die Angst vorm Abtauchen

Bevor ihr die Luft aus eurem Jackett lasst, steckt den Automaten in den Mund und taucht das Gesicht ins Wasser. Atmet ruhig. Guckt euch die Unterwasserwelt an und macht euch bewusst: Da will ich jetzt hin. Erst wenn ihr spürt, dass ihr euch entspannt und ruhig atmet, lasst die Luft aus dem Jackett und taucht ab. Das dauert meist nur Sekunden. So kann sich aber das Unterbewusstsein daran gewöhnen, dass es auch unter Wasser atmen kann.

Diese Maßnahme empfehle ich jedem Taucher, vor allem, wenn er längere Zeit nicht getaucht hat. Sie fördert die Entspannung gleich zu Beginn des Tauchgangs.

mobilisieren, damit der Körper die Energie zu den richtigen Stellen abkommandiert. Die Taucher haben also schlichtweg Angst zu ertrinken.

Seit ich eine einfache Gegenmaßnahme vermittle, haben meine Anfänger und ich kaum noch Stress beim ersten Abtauchen.

Angst, weil wir keine Fische sind

Manchmal verspüren Taucher plötzlich und scheinbar grundlos ein ungutes Gefühl. Es ist das Bedürfnis, das Wasser zu verlassen und endlich einmal wieder richtig durchzuatmen. Menschen sind eben keine Fische und gehören nicht länger, als sie die Luft anhalten können, mit dem Kopf unter Wasser. So sieht es zumindest unser Unterbewusstsein. Manchmal fischt es sich sogar uralte, längst vergessene Ereignisse aus der Schublade unserer gespeicherten Wahrnehmung, nur um zu beweisen, dass es im Recht ist.

Da diesen Ängsten keine Fehlinterpretation zugrunde liegt, der man mit logischen Umlernprozessen entgegenwirken kann, bleibt uns nichts anderes übrig, als diese Angst zu akzeptieren, den Erregungsgrad niedrig zu halten und allmählich das Unterbewusstsein zu überzeugen, dass es nichts zu befürchten hat.

Würden wir jedes Mal auftauchen, sobald wir ein mulmiges Gefühl verspüren, würde sich das Unterbewusstsein in seiner Furcht bestätigt fühlen. Dann könnte es passieren, dass bereits der Gedanke an das Tauchen Angst auslöst. Eigentlich wäre das dann weniger die Angst vorm Tauchen und eher die Angst vor der Angst.

Nachttauchen: Meist ist die Angst schnell vergessen.

Will ein Taucher diesen Teufelskreis sprengen, muss er die Angst unter Wasser durchleben. Zu empfehlen ist eine schrittweise Desensibilisierung, wie sie auch in der Verhaltenstherapie durchgeführt wird. Neben der Angst, unter Wasser zu atmen und von seiner natürlichen Umgebung abgeschlossen zu sein, sind weitere Angst-

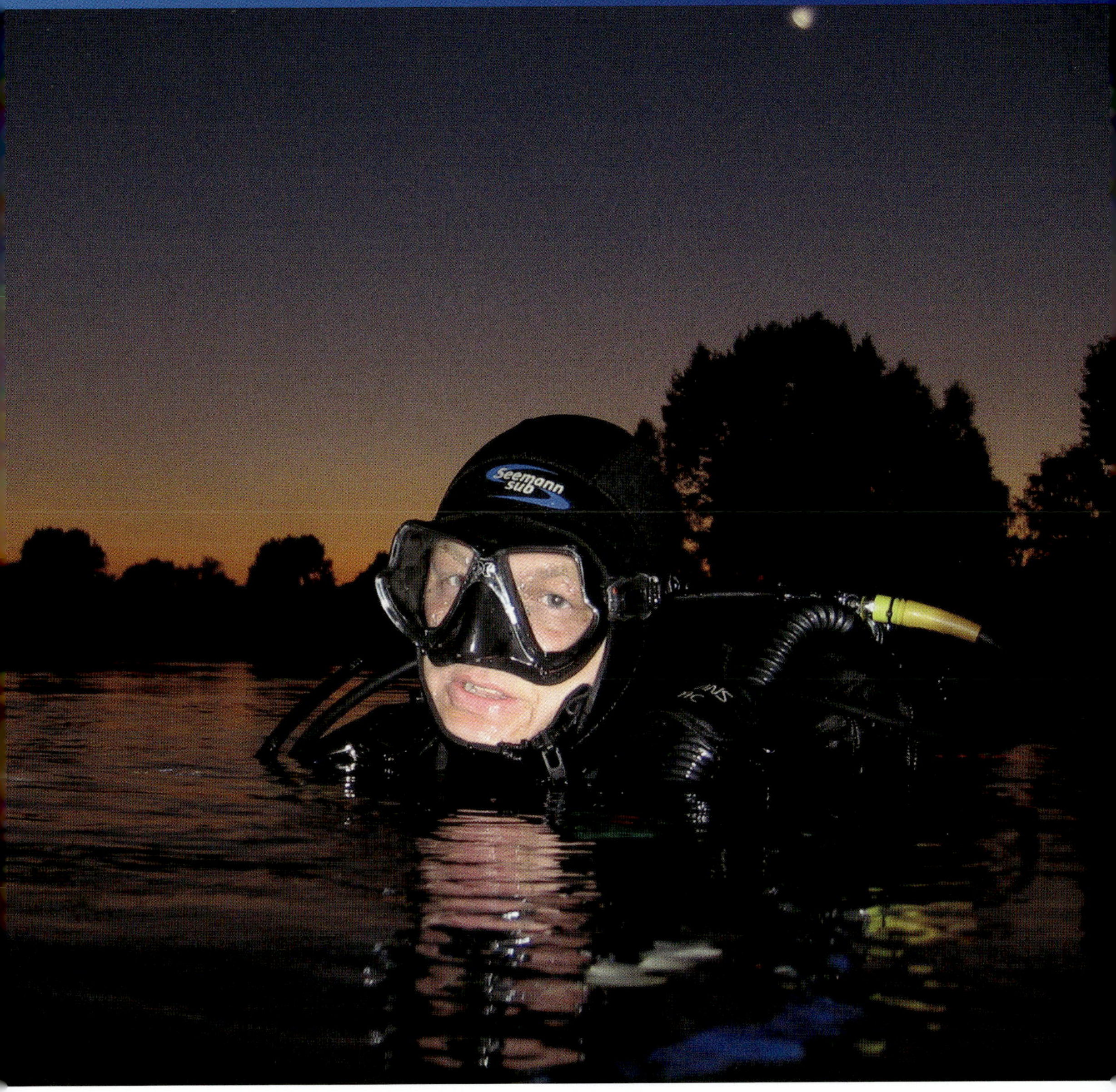

faktoren Alleinsein, Tiefe, Dunkelheit und Enge.

Die effektivste Weise, um einen Taucher zu beruhigen, ist, ihn an die Hand zu nehmen. Damit entfällt der zweitwichtigste Angstfaktor: das Alleinsein. Oft kann ein erfahrener, geduldiger Taucher mit seinem ängstlichen Partner so auch schwierige Tauchgänge noch meistern. Tritt keine Entspannung ein, sollte man gemeinsam etwas höher gehen oder/und einen Stopp einhalten und erst einmal die Atmung beruhigen. Ablenkungsmanöver sind auch eine prima Methode. Mach deinen Partner auf ein Fischchen aufmerksam. Auch wenn ihr von dieser Art schon Hunderte gesehen habt, dein Buddy wird sich Gedanken machen, was denn so besonders an diesem einen ist, und schon tritt die Angst in den Hintergrund. Klar ist, dass man mit einem ohnehin nervösen Taucher nicht in enge, dunkle Grotten oder Höhlen sollte. Das Händchenhalten sollte aber nicht zur Gewohnheit werden, denn sonst bauen sich andere Erfahrungsmuster auf, wie: „Ich kann nur tauchen, wenn Schatzi mich an die Hand nimmt.“ Der Abnabelungsprozess sollte jedoch peu à peu erfolgen. Der Schwächere sollte immer das Gefühl haben, dass er sich im Notfall auf seinen Buddy verlassen kann.

Bei Angst kommt es zu einer Ausschüttung von Hormonen und Botenstoffen, die körperliche Reaktionen hervorrufen. So erhöht sich der Pulsschlag, das Herz rast, die Atmung wird hektischer und man fühlt einen Druck im Brustbereich. Was viele Leute aber nicht wissen ist, dass Angst nicht ewig anhalten kann. Der Körper kann nicht kontinuierlich Hormone und Botenstoffe freisetzen. Die Angst steigt auf ein gewisses Niveau und fällt danach wieder ab. Hat ein Taucher erst einmal erlebt, dass die Angst verschwindet, auch wenn er unter Wasser bleibt, reiht sich das in seinen unbewussten Erfahrungsschatz ein.

Angst vor dem Nachttauchen

Im Grunde wollte ich überhaupt nicht über das Nachttauchen schreiben. Die nötigen Vorkehrungen stehen in jedem anderen Tauchtheoriebuch. Was gibt es da noch viel zu schreiben? Doch immer wieder werde ich gefragt: „Wie ist das mit der Angst vor dem Nachttauchen?“ Bei dieser Frage müsste einfach die Betonung anders gesetzt werden. Denn meistens haben die Taucher **vor** ihrem ersten Nachttauchgang Angst und nicht **während** diesem. Die Vorstellung, sich im Dunklen in ein fremdes Element zu wagen, hat etwas Unheimliches an sich und lässt das Herz schneller schlagen. Aber wollt ihr es nicht gerade deshalb tun? Ist es nicht die Erregung, das Abenteuer, das Lust verbreitet? Also, versucht nicht ohne Emotionen euren ersten Nachttauchgang zu starten. Wenn ihr euch dann unter Wasser auf den Fokus eurer Lampe konzentriert, bleibt meist kein Platz für die Angst. Das haben mir fast alle meine Taucher bestätigt.

Das lässt sich ganz einfach erklären. Angst ist eine körperliche Reaktion, die von furchteinflößenden Gedanken mit Treibstoff versorgt wird. Richtet sich die Aufmerksamkeit auf etwas Unbedrohliches in der Außenwelt, wird der Angst förmlich der Benzinhahn abgedreht.

Wie schön kann Angst sein!

Warum klettern Menschen auf Berge, springen mit Pferden über Hürden oder tauchen? Kommt mir nicht mit dem Argument: „Um die Natur zu genießen.“ Wenn ihr lediglich Natur wollt, geht im Wald spazieren! Gebt es zu: Ihr wollt Angst haben, denn Angst ist schön!

Der Mensch braucht die Berg- und Talfahrt von Gefühlen, um psychisch gesund zu bleiben. Gerade Menschen, die sich äußerlich keiner Bedrohung aussetzen,

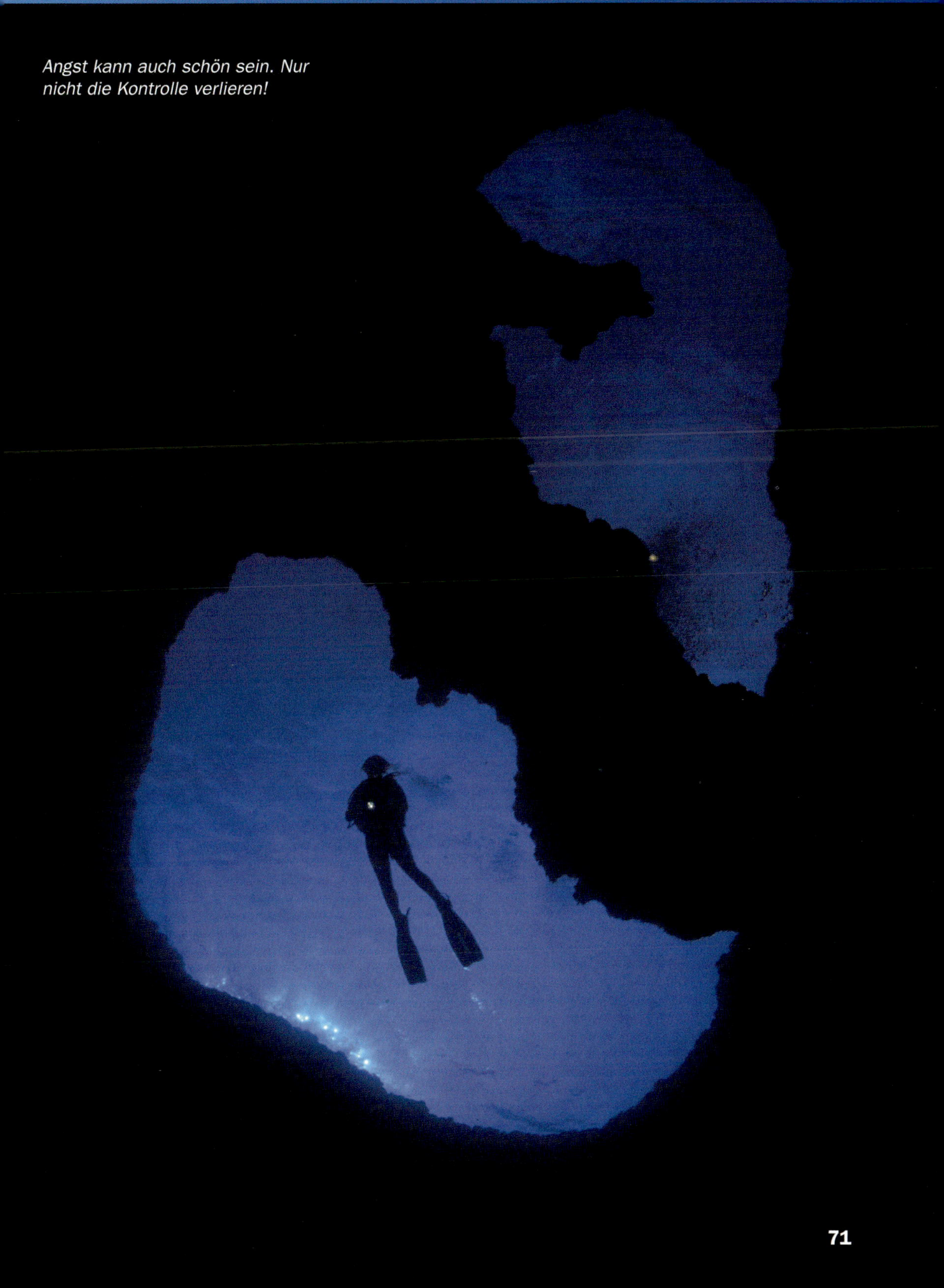

Angst kann auch schön sein. Nur nicht die Kontrolle verlieren!

schaffen sich eine innerliche Bedrohung, indem sie sich über alles und jedes Sorgen machen. Dass Angst Lust erzeugt, wissen wir schon als Kinder. Welches Kind mag keine schaurigen Märchen und Gruselgeschichten? Warum lesen selbst die friedlichsten Menschen gerne Krimis? Warum sind Action-Filme so beliebt?

Deshalb: Wenn ihr vor eurem ersten Tauchversuch aufgeregt seid, vor einem starken Strömungstauchgang ein mulmiges Gefühl in der Magengrube verspürt, euer Herz schneller schlägt, wenn ein Grauer Riffhai etwas näher kommt, genießt es! Tauchen ohne Angst bedeutet nicht, emotionslos durch die Gegend zu paddeln, sondern sich unnötiges Fehlverhalten abzugewöhnen und Panik zu vermeiden.

Panik geht ganz anders

Panik ist ein großes Thema bei uns Tauchern. Im Allgemeinen verstehen wir unter Panik, wenn ein Taucher von seinen Gefühlen so überwältigt wird, dass er (oder sie) keinen klaren Gedanken mehr fassen kann und unkontrolliert handelt. Soweit stimmt die Erläuterung voll und ganz.

Üblicherweise assoziieren wir jedoch Panik beim Tauchen mit einem fluchtartigen Aufstieg, bei dem sich der Taucher womöglich auch noch Mundstück und Maske vom Gesicht reißt. Im schlimmsten Fall führt so ein instinktives Verhalten zu einem Lungenbarotrauma oder zu einem Dekompressionsunfall.

Betrachten wir dieses Verhalten jedoch aus der Sicht der Neurobiologie zählt so ein fluchtartiger „Panikaufstieg" zu den Angstsymptomen.

Denn die Neurobiologie definiert Emotionen danach, welche Hirnareale aktiviert werden und welche Neurotransmitter und Hormone ausgeschüttet werden. Aus neurobiologischer Sicht gehen Angst und Panik völlig andere Wege und sie haben verschiedene evolutionäre Hintergründe.

Generell hat jede Emotion den Sinn, das Überleben des Einzelnen oder der Art zu erhalten. Diese Überlebensmechanismen sind seit etlichen hunderttausend Jahren in unseren Gehirnen fest einprogrammiert.

Der estnisch-amerikanische Psychologe Jaak Panksepp hat vier genetisch bedingte Basisemotionssysteme festgelegt. Dabei handelt es sich um das Such-, Angst-, Wut- und Panik-System. Die Basisemotionen sind nicht nur dem Menschen eigen. Auch eine Anzahl von Tieren folgt diesen Mustern. Je höher ein Lebewesen entwickelt ist und je mehr verschiedene Informationen sein Gehirn aufnehmen kann, desto mehr ist es auf Emotionen angewiesen. Natürlich könnte man auch mehr Emotionen benennen, wie etwa Liebe, Trauer, Scham oder Schuldgefühle. Doch kann man alle diese Subemotionen einer oder mehreren Basisemotionen unterordnen.

Das Paniksystem spielt bei Säugetieren im Sexual- und Bemutterungsverhalten eine wichtige Rolle. So ist es auch nicht verwunderlich, dass bei dieser Emotion andere Neurotransmitter und Hormone ausgeschüttet werden. Während bei Angst und Wut Adrenalin, Noradrenalin und Dopamin brodeln, kommen bei Panik das Gleichgewicht, bzw. das Ungleichgewicht von endogenen Opioiden, Oxytozin und Prolaktin zum Tragen. Das Hormon Oxytozin wird beim Geburtsvorgang vermehrt ausgeschüttet, hat jedoch auch einen großen Einfluss bei der Paarung und anderen sozialen Kontakten. Zuweilen wird es als Kuschelhormon bezeichnet. Prolaktin unterstützt die Muttermilcherzeugung und löst sowohl bei weiblichen, als auch bei männlichen Tieren Brutverhalten aus. Das Panik-System ist also in erster Linie darauf ausgerichtet, den Nachwuchs zu schützen, den Zusammenhalt zwischen Paaren zu motivieren und das Leben in sozialen Verbänden zu sichern. Das klingt nun alles nicht nach der Gefühlslawine, die wir als Panikattacke bezeichnen.

Werden beim Menschen bestimmte Hirnstrukturen stimuliert, die in dem Bereich des Panik-Systems liegen, kommt es zu Panikattacken, die sich durch depressives Verhalten wie Antriebslosigkeit bis hin zur Erstarrung auszeichnen. Dabei dominiert der Parasympathikus, also der „Ruhenerv“. Interessant ist auch, dass in der Psychiatrie Angststörungen mit Beruhigungsmitteln behandelt werden, Panikstörungen hingegen auf Antidepressiva ansprechen. Was wiederum beweist, dass hier zwei verschiedene „Chemiecocktails“ wirksam sind.

Welchen evolutionären Sinn macht diese depressive Antriebslosigkeit? Auf den ersten Blick ist solch eine Panik doch eher zerstörerisch und gefährlich. Wie kann diese Reaktion zur Erhaltung der Art oder des Einzelnen beitragen?

Wenn Jungtiere sich im Schutz der Mutter aufhalten, werden in ihrem Gehirn endogene Opioide freigesetzt. Diese körpereigenen Drogen erzeugen ein wohliges Glücksgefühl. Das passiert auch bei uns, wenn wir mit geliebten oder sympathischen Menschen zusammen sind. Wird nun ein Jungtier von seiner Mutter getrennt, sinkt der Drogenspiegel ab und es kommt zu schmerzhaften Entzugserscheinungen. Das kleine Tierchen irrt noch kurz quiekend einher, gibt jedoch bald die Hoffnung auf ein Wiedersehen auf und verfällt in eine Starre. Das sympathische Nervensystem, das den Körper in den Aktionsmodus versetzt, schaltet auf Leerlauf und übergibt an den Parasympathikus – dem Ruhenerv – das Kommando. Diese Starre bietet dem schutzlosen Wesen die größte Chance, von einem Fressfeind übersehen zu werden. Das erklärt auch, warum Liebeskummer so schmerzhaft sein kann. Wir vermissen nicht den Widerling, der fremd geht und die Zahnpastatube offen lässt, sondern unseren Drogencocktail im Kopf.

Krankhafte Panikstörungen kommen oft bei Menschen vor, die in ihrer frühesten Kindheit starken Trennungsängsten ausgesetzt waren. Sie haben gelernt, dass Stillhalten die größte Sicherheit bietet. Gerade in den ersten beiden Lebensjahren wird das Verhalten des emotionalen Systems geprägt. Jahre später können bestimmte Situation emotionale Erinnerungen hervorrufen, die ohne rationale Erklärung starke Gefühlsreaktionen hervorrufen, was zu Panikattacken führen kann.

Wir wissen jetzt, dass ein Panikaufstieg eher Angstaufstieg heißen sollte. Aber was haben verlassene Häschen, Brutverhalten und Liebeskummer mit Tauchen zu tun?

Wechseln wir einmal das Szenario. Auf YouTube können wir unter „Diving accident“ ein Video finden, auf dem der russische Taucher Yuri Lipski seinen eigenen Tod gefilmt hat. Was sehen wir da?

Zunächst, im flachen Wasser, die Hand eines Tauchers, die einen Filter vor die Linse der Kamera schraubt. Die Kamera wird nicht geführt. Vielleicht hat der Taucher nicht bemerkt, dass die Aufnahme läuft. Wir sehen trübes Blauwasser, anfangs noch einige Taucher, die scheinbar unbeabsichtigt ins Bild kommen, kurze Sequenzen vom Riff und ein paar Luftblasen, die aus der Tiefe aufsteigen, gefolgt von einem Taucher. Wir können Atemgeräusche in ruhigem Rhythmus hören. Nach etwa drei Minuten ein Ton: „Help“, über den sich später die Experten streiten, ob es ein Hilferuf war, oder ein Geräusch des Atemreglers. Danach nimmt man noch stöhnende Laute wahr, ob sie von Lipski stammen oder vom Equipment, bleibt unklar. Der Atemrhythmus bleibt jedoch relativ ruhig. Die Abstiegsgeschwindigkeit scheint schneller zu werden. Wasser, Plankton, hin und wieder eine kurze Ansicht des Riffes. Dann setzt der Taucher die Kamera zum ersten Mal bewusst ein. Ab einer Tiefe von 81,7 Metern werden mehrere Einstellungen auf dem Computer gezeigt. Das letzte Mal bei 91 Metern. Dann erreicht Lipski den Grund. Die Kamera schleift über den Boden. Sand wirbelt auf. Noch eine kurze Sequenz mit einer gelben Flosse und einer sich bewegenden Hand. Dann bleibt die Kamera liegen, das Bild friert ein. Die Atemgeräusche hören auf. Der ganze Film dauert 7,16 Minuten.

Dieser tragische Tod gibt Rätsel auf. War es Suizid? Dagegen spricht die Kamera. Gewiss, einige Selbstmörder wollen für die Hinterbliebenen ein Zeichen setzen, schreiben Abschiedsbriefe oder dokumentieren ihre Tat. Wäre dies Yuris Absicht gewesen, hätte er die Kamera bewusster geführt und eine klare Botschaft hinterlassen. Wahrscheinlicher ist ein geplanter Tieftauchgang, bei dem Mensch oder Technik versagt haben. Zweifellos war er überbleit. Es scheint so, als würde er nicht tarieren. Funktionierte sein Jackett nicht oder kam er nur nicht auf den Gedanken, den Inflator zu betätigen? Yuri war ein erfahrener Taucher und er glitt dicht entlang des Riffs in die Tiefe. Mit einem defekten Jackett hätte er sich ohne weiteres am Riff nach oben hangeln können. Warum hatte er das nicht getan? Er macht noch nicht einmal Anstalten, sich dem Riff zuzuwenden. Wollte er so schnell wie möglich nach unten? Die Kameraführung zu seinem Computer nach der 80-Metermarke ist kontrolliert und beabsichtigt. Also ist er zu diesem Zeitpunkt noch handlungsfähig. Aber es bleibt seine einzige Aktivität. Er zeigt keinerlei Fluchtverhalten, kein unkontrolliertes Paddeln und keine Absicht, etwas an seiner Lage zu ändern. Nur wenige Minuten später ist alles aus.

Ich sehe in seinem Verhalten Apathie, Antriebslosigkeit, Depression. Könnte das aus neurobiologischer Sicht ein Panikverhalten gewesen sein?

Es ist schier unmöglich, einen Tauchgang – insbesondere einen Extremtauchgang – frei von Emotionen zu unternehmen. Entweder steht die Euphorie des Suchsystems im Vordergrund oder Angst, manchmal auch Wut. Was, wenn ein „Schalter" in Yuris Kopf die Weichen nicht auf das Such-, Angst- oder Wutsystem gestellt, sondern eine echte Panik getriggert hat? Panik ist eng verbunden mit Verlustängsten und Einsamkeit. Gerade in den Ostblockländern wurden Kinder bereits im Säuglingsalter in Tagesstätten untergebracht. Tief verwurzelte und verdrängte Trennungsängste können getriggert werden. Es gibt keinen besseren Ort, um sich unsagbar verlassen zu fühlen, als in einem fremden Element, bei Dunkelheit, eingeengt vom Tauchanzug und belastet mit schwerer Ausrüstung.

Die Opioide, die vielleicht kurz vorher an Land, in fröhlicher Runde mit Kameraden noch ausgeschüttet wurden, versiegen in der Einsamkeit. Uralte Muster im Gehirn fordern Stillhalten, um nicht vom Fressfeind verschluckt zu werden. Das Großhirn hat sich verabschiedet.

Aber könnte nicht eher der Tiefenrausch die Ursache sein für Yuris Unfähigkeit effizient zu handeln? Der Tiefenrausch ist eine Stickstoffvergiftung, die das bewusste Denken stark herabsetzt. Allerdings legt der Tiefenrausch nicht die emotionalen Reaktionen lahm. Manche Taucher berichten, dass sie sich in der Tiefe euphorisch fühlten (Suchsystem), andere bekamen Beklemmungen (Angstsystem). Ein erfahrener Solo-Tech-Taucher berichtete mir, dass er bei seinen Tieftauchgängen Aggression verspüren würde (Wutsystem). Dann gibt es noch Taucher, die willenlos und apathisch hinter der Gruppe her tauchen und erst im Nachhinein mitbekommen, dass der Tiefenrausch sie im Griff hatte. Dieses Verhalten passt zur Antriebslosigkeit des Paniksystems.

Panik wäre auch eine Erklärung für etliche andere Unfälle, die Rätsel aufgeben. Verunglückte Taucher mit genügend Luft in der Flasche und ohne Hinweise für ein unkontrolliertes Fluchtverhalten.

Es gibt keine empirische Studie über den Zusammenhang zwischen Panik und den Unfällen sehr erfahrener Taucher in Höhlen oder großen Tiefen. Ich stelle hier lediglich eine These auf, die mir anhand meiner Erfahrungen beim Tauchen und der Beschreibung des Panik-Systems von Panksepp schlüssig erscheint. Wahrscheinlich wird sich diese These nie belegen lassen, da sich die betroffenen Taucher dazu nicht mehr äußern können. Vielleicht kann es aber den einen oder anderen Taucher vor Schlimmem bewahren, wenn er diese These in Betracht zieht und bei seinen risikoreichen Aktionen mehr auf seine innere Befindlichkeit achtet.

Taucher, die sich in große Tiefen oder in Höhlen begeben sowie Solotaucher sind sich bewusst (oder sollten sich dies zumindest sein), dass sie ein hohes Risiko eingehen. Sie spielen mit ihrem Leben. Im Allgemeinen legen sie jedoch großen Wert darauf, dieses Spiel zu gewinnen. Hauptsächlich versuchen sie ihre Überlebens-

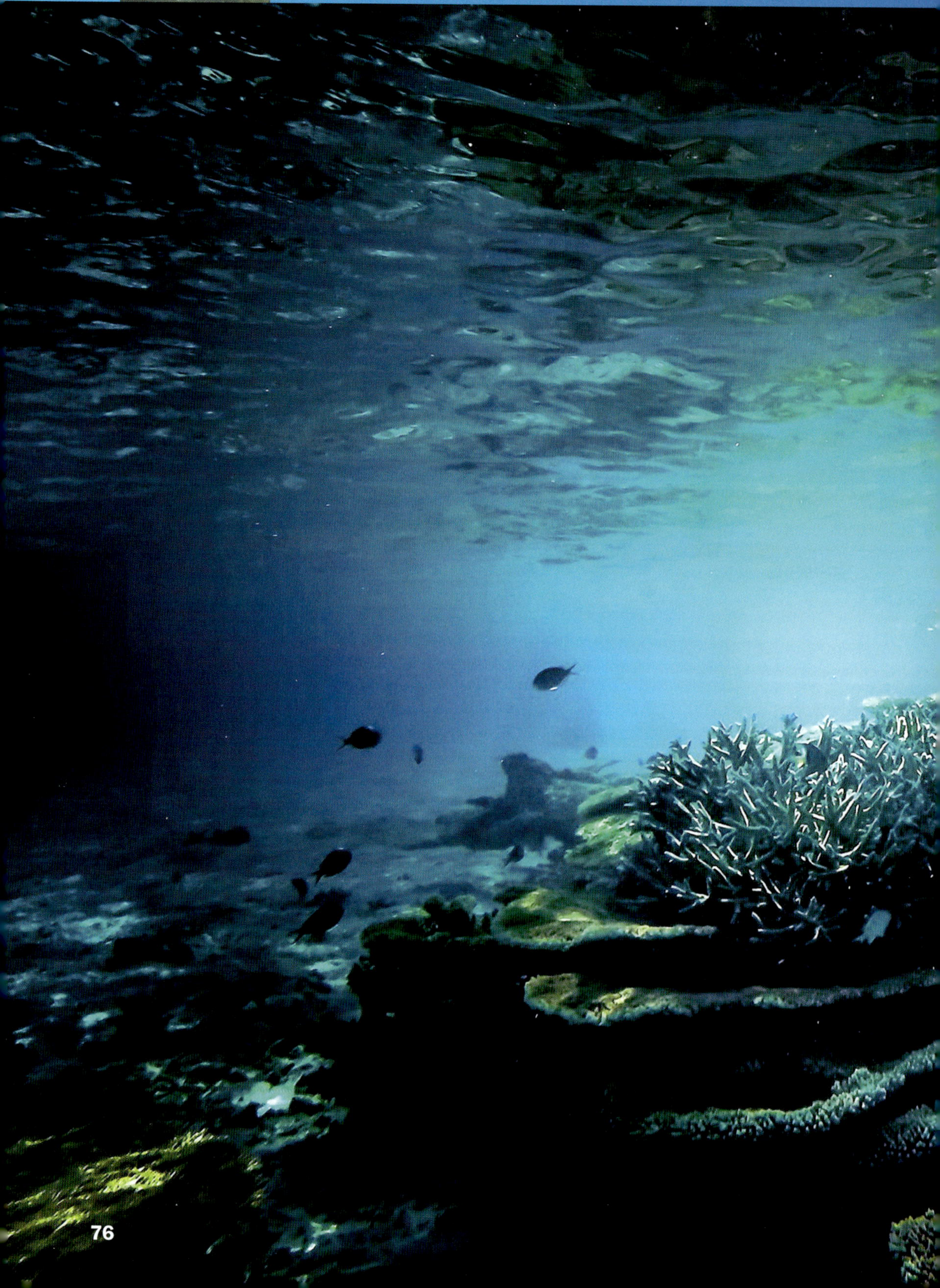

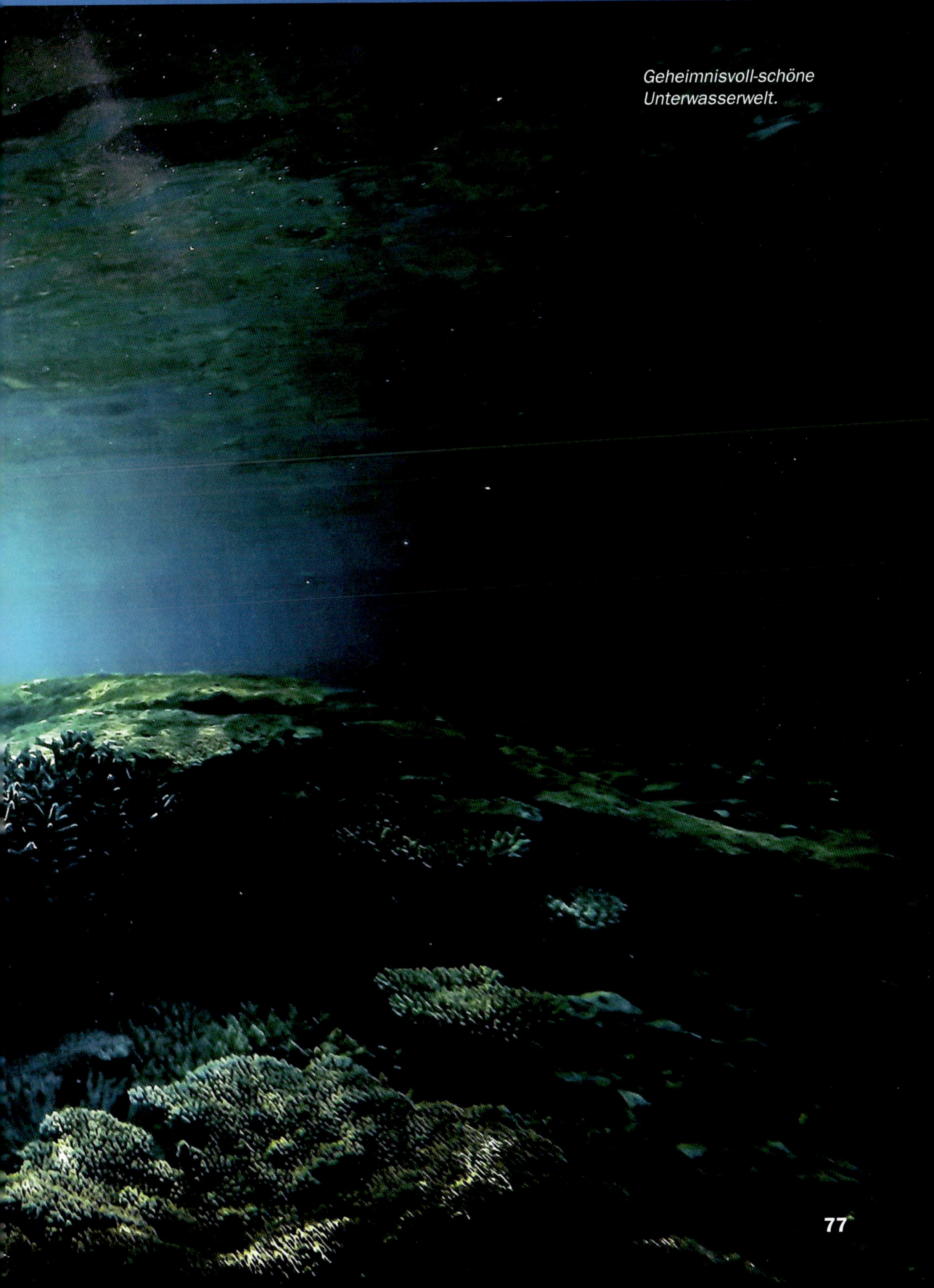

Geheimnisvoll-schöne Unterwasserwelt.

chancen durch eine immer ausgeklügelter werdende Ausrüstung zu erhöhen. Nur nützt die beste Ausrüstung nichts, wenn in der Schaltzentrale des Menschen etwas schief läuft. Allein das Wissen um die Vorgänge im Gehirn und die Aufmerksamkeit für innere Prozesse, könnten die Gefahr etwas dämmen. Denn solange das Bewusstsein noch funktionstüchtig ist, kann es die emotionale Ebene beeinflussen. Wird die Panikattacke erkannt und richtig gedeutet, kann mit mentaler Stärke angekämpft werden. Das Verlassenheitsgefühl kann durch die Kommunikation mit dem Tauchpartner (falls vorhanden) negiert werden. Wird die Gefahr einer echten, antriebshemmenden Panik im Ansatz erkannt, kann der Taucher womöglich noch rechtzeitig den Tauchgang abbrechen.

Würden sich gerade die Profi- und Extremtaucher mit ihrer Psyche genauso gewissenhaft auseinandersetzen wie mit ihrer Ausrüstung, würde es wahrscheinlich weniger Tauchunfälle geben.

Die Grundübungen

Maske ausblasen und ohne Maske tauchen

Es war einmal eine Frau, die fuhr für ihr Leben gern Auto. Im Winter nahm sie an Schleuderkursen teil. Im Sommer fuhr sie sogar Rallyes. Sie war wirklich eine gute Fahrerin. Sie lenkte, kuppelte, schaltete und gab Gas. Nur bremsen mochte sie nicht. Denn als sie fahren gelernt hatte, war sie einmal zu fest auf die Bremse gestiegen und hätte sich dabei fast den Kopf an der Windschutzscheibe gestoßen. Nun hatte sie Angst, auf die Bremse zu treten. Anstatt zu bremsen schaltete sie in den Leerlauf und ließ den Wagen ausrollen. Und wenn sie nicht gestorben ist, dann lebt sie heute noch.

Diese Geschichte ist frei erfunden und klingt ziemlich blöd, ich weiß. Nicht frei erfunden sind hingegen die Geschichten von vielen, auch bereits erfahrenen Tauchern, die die wichtigsten Voraussetzungen des Tauchens – so wichtig wie das Bremsen beim Autofahren – nicht beherrschen: Viele Taucher sehen im Ohne-Maske-Tauchen und Maskeausblasen ein Amüsement ihres sadistischen Tauchlehrers und ein notwendiges Übel, um den Tauchschein zu bekommen. Ist man dann erst einmal ein „richtiger" Taucher, kann man diese Foltermethoden vergessen. Schließlich sitzt die teure Silikonmaske wie angeschweißt auf dem Gesicht. Da kommt kein Tropfen Wasser durch.

Die Maske fluten und mit Ach und Krach leer schnäuzen, das bekommt man gerade noch geregelt. Oft kommen die Taucher damit bei den Checktauchgängen durch, falls überhaupt Übungen verlangt werden. Wer aber die Maske lediglich fluten und ausblasen kann, ist noch lange nicht imstande, auch ohne Maske längere Zeit unter Wasser zu bleiben. Beim Ausblasen der gefluteten Maske hält nämlich

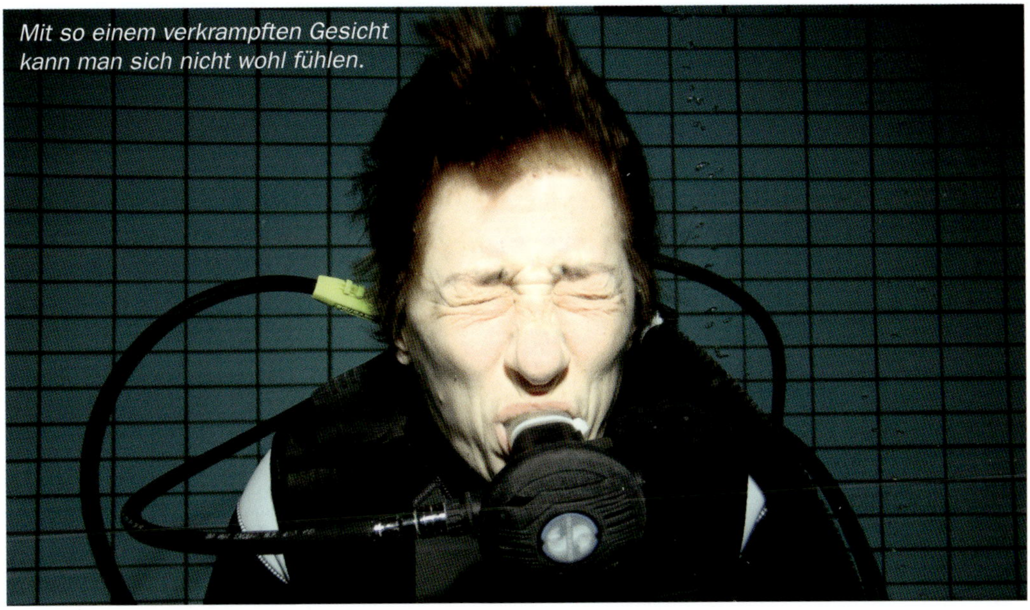

Mit so einem verkrampften Gesicht kann man sich nicht wohl fühlen.

fast jeder Taucher die Luft an, bis er sie durch die Nase entweichen lässt. Er atmet während des gesamten Aktes nicht ein. Deshalb geraten Taucher auch oft in Panik, wenn das Vorhaben nicht gleich auf Anhieb klappt, weil zum Beispiel das Maskenband verrutscht oder das Wasser nicht beim ersten Versuch entweicht. Ihnen geht einfach die Luft aus, obwohl sie den Automaten im Mund haben.

„Aber warum muss ich denn unbedingt ohne Maske tauchen können?", höre ich den frustrierten Taucher maulen. Die Antwort ist einfach: „Weil dir diese Übung im Notfall das Leben rettet!"

Da helfen auch keine Argumente wie: „Ich pass schon auf, dass mir niemand die Maske vom Gesicht tritt!" oder: „Meine Maske ist so gut, dass das Maskenband weder verrutschen noch reißen kann." Gesicht und Maske sind nun einmal nicht zusammengewachsen. Deshalb kann immer eine Trennung auftreten. Als Taucher hast du ein äußerst begrenztes Gesichtsfeld. So kannst du die „gefährliche" Flosse nur sehen, wenn sie vor dir ist. Seitlich kann sie dir ohne Vorwarnung einen Schlag versetzen. Oft rutscht das Maskenband beim Sprung ins Wasser nach oben. Die Maske hält noch geraume Zeit, kann dann aber im tieferen Wasser plötzlich abfallen. Oder du hast vergessen, das Sonnenöl vom Gesicht zu waschen. In die Maske rinnt Wasser und der Sonnenschutz brennt noch zusätzlich in den Augen.

In solchen und vielen anderen Situationen ist es unerlässlich, dass der Taucher in der Lage ist, ohne Maske ruhig weiter zu atmen, um den Schaden zu beheben oder kontrolliert aufzutauchen. Andernfalls wäre eine Panik sozusagen programmiert, die unter Umständen das Leben kosten kann.

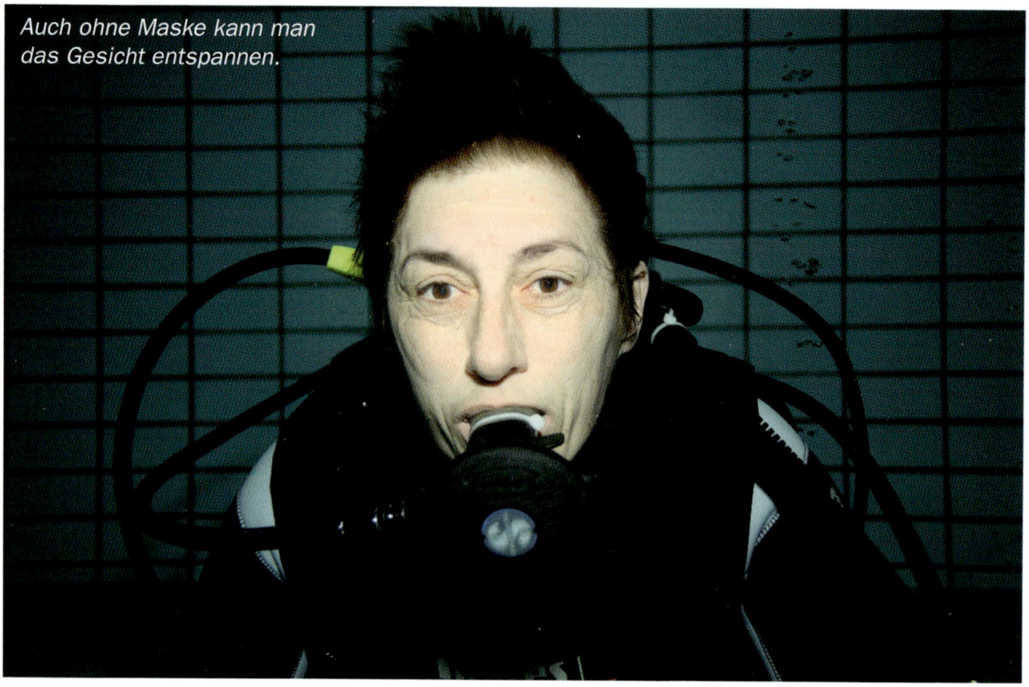
Auch ohne Maske kann man das Gesicht entspannen.

Maske ab ohne Naserümpfen

„Ich möchte, dass ihr die Maske ganz abnehmt, ruhig weiteratmet, die Maske in aller Ruhe wieder aufsetzt und ausblast". Das ist mein Standardspruch beim Briefing vor dem Checktauchgang. Bei meinen Worten verzerren sich schon einige Gesichter. Ein Blick in die Runde und ich weiß genau, mit wem ich da noch Arbeit vor mir haben werde. Allein dieses Naserümpfen ist nämlich das Hauptproblem bei der ganzen Übung.

Test: *Dazu brauchst du noch nicht einmal auf deinen Sessel. Rümpfe die Nase, denke an etwas Ekliges, versuche gleichzeitig entspannt zu atmen und dich wohl zu fühlen. Alles zusammen geht nicht.*

Wasser ist nass. Na und?

Du kannst das Gesicht verziehen, es als eklig empfinden, kannst dir einreden deine Nase fällt ab, sobald sie mit einem Tropfen von diesem schrecklichen Elixier in Berührung kommt, und deine Augen werden in Flammen aufgehen. Genauso gut kannst du dir mit einem Lächeln Wasser ins Gesicht platschen, die Frische genießen, ein leichtes Kribbeln in der Nase spüren und feststellen, dass Wasser nur in Verbindung mit Sauerstoff in den Augen brennt, und auch dann nur ein wenig.

Wasser verändert sich nicht. Es gibt überdies nur sehr wenige Menschen mit so extrem empfindlichen Augen, dass das Wasser wirklich unangenehm reizt. Zwischen Terror und Vergnügen steht lediglich deine Einstellung. Du verziehst nicht das

Gesicht, weil Wasser der blanke Horror ist, sondern Wasser ist der blanke Horror, weil du das Gesicht verziehst.

Der erste Schritt, deinen Widerwillen gegen Wasser im Gesicht zu überwinden ist, dem Wasser bewusst zu begegnen. Tauche einfach das Gesicht ins Wasser, ohne den Automaten im Mund. Öffne die Augen. Nimm bewusst wahr, was du fühlst. Hol Luft. Lass die Augen geschlossen. Atme aus, mal durch den Mund, mal durch die Nase. Spüre die Luftblasen auf deiner Haut. Tut da etwas weh? Bestimmt nicht! Es kribbelt und kitzelt.

Ziehe bewusst etwas Wasser in die Nase. Oh Schreck! Die grausamste Folter seit Menschengedenken? Was fühlst du wirklich? Nicht mehr als ein leichtes Prickeln. Und wenn dir dabei ein paar Tropfen die Kehle hinunter laufen und dich zum Husten zwingen, ist das immer noch nicht schlimm. Schließlich machst du auch kein Drama daraus, wenn du dich beim Essen verschluckst. Unter Wasser kannst du genauso gut husten wie an Land.

Nun kommen wir zum zweiten Problem, das eigentlich gar keines ist. Jeder Mensch ist in der Lage, seine Atmung willentlich zu steuern.

Test: *Ab in den Sessel! Nimm dir vor, drei Mal durch den Mund ein- und auszuatmen, danach drei Mal durch den Mund ein- und durch die Nase ausatmen. Wenn du bis drei zählen kannst, dürfte die Ausführung dieses Vorhabens kein Problem darstellen.*

Warum ist die gleiche Handlung unter Wasser für einige Taucher so schwierig? Wie wir schon wissen, ist unser Denkvermögen beim Tauchen durch die vielen fremden Eindrücke beeinträchtigt. Um den einfachen Gedanken „Ich atme durch den Mund ein“ in die Tat umzusetzen, braucht es ein gewisses Maß an Konzentration. Ist dein Kopf aber damit beschäftigt, sich Sorgen zu machen, was geschieht, falls du durch die Nase einatmest, ist dein Verstand schon überlastet. Du denkst an Wasser in der Nase, und schon hast du die Realität erschaffen.

Wie kannst du lernen, dich unter Wasser ohne Maske wohl zu fühlen?

Halte dir zunächst die Nase zu. Mache dir klar, dass du dir so keine Sorgen zu machen brauchst. Lege dich im Wasser bäuchlings auf den Boden. Konzentriere dich zunächst nur auf deine Atmung: ein, aus, stopp. Hast du einen ruhigen Rhythmus gefunden, richte deine Aufmerksamkeit darauf, dich wohl zu fühlen. Entspanne deinen Körper und deine Gesichtsmuskeln. Öffne die Augen beim Einatmen, schließe sie beim Ausatmen.

Nun nimm die Finger von der Nase. Hast du das Gefühl, Wasser dringt in die Nase, atme durch die Nase aus. Wirst du unsicher, steh nicht auf, sondern halte dir die Nase wieder zu und beruhige deine Atmung. Gib nicht gleich auf. Versuche es immer wieder. Sieh das Ganze nicht als Qual an, sieh es als eine Herausforderung. Wenn du doch zwischendurch aufspringst, ärgere dich nicht über dich selbst oder – noch schlimmer – über deinen Tauchlehrer. Anstatt zu schimpfen oder gar in Tränen auszubrechen, lache über dich.

Kannst du jetzt unter Wasser frei atmen, ist es eine Kleinigkeit, die Maske aufzusetzen und auszublasen. Nimm dir Zeit. Mach jede Bewegung bewusst und langsam. Vergiss nicht, dir die Haare aus der Maske zu streichen. Schließe beim Ausblasen die Augen. Die Luftblasen sind unangenehm an den offenen Augen. Brennen deine Augen nach dem Ausblasen, weil ja nun Sauerstoff auf Salzwasser trifft, blinzle ein paar Mal.

Nimmst du deine Maske unter Wasser ab, atme dabei mit der Nase aus. So löst sich die Maske leichter vom Gesicht.

Als Erste-Hilfe-Aktion kannst du dir immer die Nase zuhalten, wenn du ohne Maske „ins Schleudern" kommst. Doch sollte diese Maßnahme nur dazu dienen, deine Atmung zu beruhigen und dich zu entspannen. Danach solltest du im Stande sein, deine Finger von der Nase zu lösen und deine Maske aufzusetzen und auszublasen. Anderenfalls solltest du noch fleißig üben.

Übertriebene Bewegungen beim Maskeausblasen

Mir ist aufgefallen, dass immer mehr Taucher beim Maskeausblasen das Kinn erst zur Brust ziehen, und dann während des Ausblasens im weiten Bogen den Kopf in den Nacken legen. Oft haben sie dabei die gesamte Luft ausgestoßen, bevor sie den höchsten Punkt erreicht haben. So bleibt noch Wasser in der Maske, denn nur wenn der Kopf im Nacken liegt, kann jeder Winkel der Maske geleert werden. Um dann das restliche Wasser aus der Maske zu bekommen, wird die Prozedur genauso theatralisch wiederholt.

Auf meine Frage nach dem Warum erhalte ich stets die gleiche Antwort: „Weil wir es so gelernt haben." Selbst Tauchlehrer, die diese Methode lehren, konnten mir keinen Sinn hinter dieser Aktion nennen. In Seepferdchenposition auf dem Kachelgrund mag diese Darbietung ganz nett wirken. Im offenen Wasser schwebend ist dieser übertriebene Bewegungsablauf äußerst hinderlich.

Was tun, wenn die Luft wegbleibt?

Fabiana und ihr Freund Lorenzo waren zum Checktauchgang angetreten. Sie hatten ihre eigene Ausrüstung dabei. „Die Automaten kommen frisch von der Revision", erklärte mir Fabiana. Nachdem wir unsere Übungen im Flachwasser absolviert hatten, tauchten wir am Hausriff ab. Plötzlich wurde Fabiana unruhig, zog sich den Automaten aus dem Mund und gab mir das Zeichen für „keine Luft". Ich war mit einem Flossenschlag bei ihr und steckte ihr meinen Automaten in den Mund. Zum Glück hatten wir vor einer knappen Viertelstunde ähnliche Szenarien geübt. Ich angelte mir Fabianas zweite Stufe und atmete. Bei den ersten beiden Atemzügen bekam ich gut Luft. Doch gerade, als ich ihr den Automaten wieder geben wollte, zog ich 100 % Wasser statt Luft. Ich löste ihren Octopus, nahm ein paar Atemzüge, um mich zu überzeugen, dass dieser funktionierte und gab ihn dann Fabiana in die Hand. Sie überließ mir meinen Automaten und wir führten den Tauchgang zu Ende.

Nach dem Tauchgang bot ich ihr an, ihren Automaten zu prüfen. Als ich den Deckel der zweiten Stufe aufgeschraubt hatte, stellte ich fest, dass die große Membrane verrutscht war. Ich besah mir die Sache näher. Die Membrane saß auf einen äußerst schmalen Rand, zwischen Membrane und Deckel steckte ein Plastikring als Halterung. Nach meiner Logik hätte der Ring eine sinnvollere Wirkung unter der Membrane, damit der Rand breiter würde. Ich besah mir auch ihren Octopus. Er war genauso zusammengesetzt. Nachdem ich bei geschlossener Flasche einige Male kräftig am Octopus sog und so ein Vakuum herstellte, flutschte auch diese Membrane heraus. Ich baute beide zweiten Stufen um, die dann den Vakuumtest bestanden.

Beim nächsten Tauchgang sah ich, wie Fabianas Freund Lorenzo seine zweite Stufe ausspuckte und sich seinen Octopus in den Mund steckte. Lorenzo besaß das gleiche Fabrikat, allerdings war sein Octopus ein anderes Model, was mich dann doch beruhigte.

Ich gab Fabiana den Rat, nach ihrer Heimkehr ihrem Automatenfachmann den Automaten um die Ohren zu hauen, oder sich zumindest wegen der schlampigen Wartung zu beschweren. Wenige Wochen später bekam ich von Fabiana eine Nachricht. Ihr Fachmann hatte ihnen die Bauzeichnungen des Automaten gezeigt. Demzufolge waren die Automaten vorschriftsmäßig zusammengesetzt gewesen. Das bedeutete, dass ein Werksfehler vorlag. Diese Automaten stammten von einem namhaften Tauchausrüstungshersteller. Höchstwahrscheinlich sind noch etliche dieser Modelle im Umlauf.

Ein kleines statistisches Rechenbeispiel aus meiner Praxis

In einer Saison von zehn Monaten mit pro Tag durchschnittlich zwei Tauchgängen mit je fünf Tauchern kommt es etwa sechs Mal vor, dass ein Atemregler versagt. Die Wahrscheinlichkeit einer technischen Panne besteht somit in einem Verhältnis von 3000 : 6. Das sind zwei Promille. Das ist nicht oft. Man könnte es sogar als selten bezeichnen. Doch sollte man es nicht als *äußerst* selten oder gar als das *Unwahrscheinliche* bagatellisieren, wie es unsere Organisation mit dem Fisch, der nie die Luft anhält, tut. Wenn du zu den zwei Promille zählst, wird dir eine technische Panne als oft genug erscheinen.

Unter dem Thema: „Die Luft wird knapp oder geht aus“ hält der Fisch, der nie die Luft anhält, fünf Optionen parat, die in der Reihenfolge ihrer Priorität geordnet sein sollen:

1. „Führe einen normalen Aufstieg durch ...“
2. „Tauche auf, indem du aus einer alternativen Luftversorgung atmest. Betrachte diese Möglichkeit generell als deine erste Wahl, wenn du keine Luft mehr hast.“
3. „Führe einen kontrollierten, schwimmenden Notaufstieg durch.“

4. „Aufstieg unter Wechselatmung aus einem einzigen Lungenautomaten ..."
5. „Führe einen Notaufstieg unter Einsatz von Auftrieb durch ... genau wie einen kontrollierten, schwimmenden Notaufstieg, nur, dass du nun auch noch deinen Bleigurt abwirfst."

Ich werde diese fünf Optionen nun erörtern und dabei die problematischen Punkte aufzeigen. Fangen wir mit Punkt 1 an:

1. Zitat: „Führe einen normalen Aufstieg durch ..."

So lautet der erste Vorschlag bei Luftmangel. Wenn du nur noch wenig Luft in der Flasche hast, erhöht sich der Atemwiderstand langsam. Steigst du auf, dehnt sich die Luft aus und du könntest mit deiner Restluft noch ohne Weiteres kontrolliert die Oberfläche erreichen.

Was gibt es an dieser ersten Option zu nörgeln? Der Aufstieg funktioniert nur, wenn die Ursache des Luftmangels zu wenig Luft in der Flasche ist. Nicht aber bei einem Defekt des Atemreglers oder wenn du zu viel Luft ziehst, weil du dich anstrengst. Willst du wirklich wertvolle Zeit für eine Analyse verschwenden oder lieber bei jedem erhöhten Atemwiderstand gleich den Aufstieg beginnen? Was ist mit deinem Tauchpartner? Der wird dich kaum auf dem Weg nach oben vermuten, wenn du gerade noch hinter ihm warst. Er könnte sich alleingelassen fühlen und fieberhaft nach dir suchen. Auch du wirst dich allein an der Oberfläche nicht sonderlich wohlfühlen. Gut, du könntest natürlich deinem Partner Bescheid geben. Aber was hindert dich dann, auch seinen Octopus zu benutzen?

Es gibt aber noch andere Argumente, wieso es nicht ratsam ist, eine Tauchflasche komplett leer zu atmen. An der Oberfläche, wenn du allein und gestresst durch die Aktion bist, wäre es im Notfall leichter, dein Jackett mit dem Inflator aufzublasen als mit dem Mund. Denn, mal ehrlich, wann hast du dein Jackett das letzte Mal mit dem Mund aufgeblasen? Auch können ein paar Atemzüge durch den Atemregler hilfreich sein, wenn du zum Beispiel bei hohem Wellengang deine Flossen ausziehen musst, um an Bord zu gelangen. Und noch etwas: In eine total leere Flasche kann beim Füllen leicht Wasser eindringen. Dein Tauchlehrer wird darüber nicht begeistert sein.

Fazit: Ein Aufstieg mit Restluft fällt bei mir unter die Rubrik: Nur dann, wenn es nicht anders geht.

Kommen wir zur zweiten Option:

2. Zitat: „Tauche auf, indem du aus einer alternativen Luftversorgung atmest. Betrachte diese Möglichkeit generell als deine erste Wahl, wenn du keine Luft mehr hast."

Da gebe ich dem Fisch, der ..., ihr wisst schon, vollkommen recht. Ich frage mich nur, warum dann im Buch diese Option nicht an erster Stelle steht? Denn die Optionen sollen doch nach ihrer Priorität geordnet sein.

Bei akutem Luftmangel gilt

Die zweite Stufe, die du am schnellsten findest und von der du sicher sein kannst, dass sie auch einwandfrei funktioniert, ist die in deinem Mund. Nimm noch einen Atemzug, bevor du deinem Gegenüber dein Mundstück überlässt. Du hast dann genügend Zeit, dir deinen Octopus zu angeln. Später, wenn ihr beiden euch etwas beruhigt habt, könnt ihr dann die Mundstücke tauschen. Denn der Octopus hat meist einen längeren Schlauch, der dem „Parasit" mehr Freiraum bietet.

Es wäre vernünftig, in der Ausbildung den Tauchneulingen die Reaktion bei Luftknappheit genauso beizubringen.

Ist ein Taucher schon nah an der Panik, empfiehlt sich zur Rettung ein Griff mit der linken Hand in den Nacken. Das beruhigt und gibt Halt, um dem gestressten Buddy den Automaten in den Mund zu schieben. Es ist möglich, dass der Gestresste nicht daran denkt, das Mundstück erst leer zu blasen. Deshalb noch ein kurzer Druck auf die Luftdusche. Zwar ist nicht auszuschließen, dass sich der Taucher an dem plötzlich einspritzenden Luft-Wassergemisch verschluckt, die Gefahr ist aber bei einem vollen Schluck Wasser aus dem Automaten noch größer.

Wenn der erste Schreckmoment vorbei ist, fische dir deinen Octopus. Versuche, in dem ganzen Wirrwarr schon langsam höher zu kommen.

Ein Tauchanfänger mag mit solch einer Notfallübung überfordert sein. Ein Tauchlehrerassistent, Divemaster oder angehender Tauchlehrer sollte öfters unvorbereitet mit einer simulierten Paniksituation konfrontiert werden.

Bemerkungen zum Atmen aus der alternativen Luftversorgung

Ob du deine eigene alternative Luftversorgung nimmst, deinen Partner per Handzeichen höflich um Luft bittest, dich ungefragt an seinem Octopus zu schaffen machst oder ihm sein Mundstück aus dem Mund reißt, ist situationsabhängig. In der Ausbildung lernt der angehende Taucher normalerweise, das Zeichen für „keine Luft" zu geben. Daraufhin fummelt der Buddy mehr oder (meistens) weniger schnell seinen Octopus vom Halter und reicht seinem Gegenüber das wertvolle Teil. Manche Schulen lehren auch, sich den Octopus selbst zu nehmen. Das klappt in der Ausbildung ganz gut. Schließlich kennt jeder seine Aufgabe und ist darauf vorbereitet. Das funktioniert auch in der Praxis, wenn die Partner nah genug zusammen tauchen, der luftarme Taucher die Ruhe bewahrt und sein Buddy schnell genug reagiert.

Muss ein Taucher jedoch erst etliche Meter hinter seinem Partner herrasen und ihm dann noch die Lage klar machen, oder nach der alternativen Luftversorgung suchen und sie vom Halter lösen, ist Stress vorprogrammiert. Oft spielt sich das alles nicht wie im Lehrbuch ab. Ein Taucher mit akuten Mangelerscheinungen macht meist irgendwelche undefinierbare Zeichen, packt seinen Buddy, wo er ihn erreichen kann oder schaut einfach nur staunend und erstarrt auf sein Gegenüber.

In so einer Situation heißt es schnell (!) zu handeln. Tastest du erst nach deiner alternativen Luftquelle, hudelst, selbst schon etwas nervös, an der Halterung herum oder lädst den Ärmsten durch Handzeichen zur Selbstbedienung ein, ist es oft schon zu spät. Ein unüberlegter Notaufstieg wäre dann die Folge.

Die dritte Option bei Luftmangel, die die Organisation uns nennt, lautet:

3. Zitat: „Führe einen kontrollierten, schwimmenden Notaufstieg durch."

Da sich diese Option auf eine Tiefe bis zu zwölf Meter beschränkt, ist das okay. Allerdings auch nur, wenn keine Möglichkeit besteht, schnell genug zum Partner zu kommen. Außerdem solltest du checken, ob nicht etwa dein eigener Octopus funktioniert. Ein Notaufstieg, egal aus welcher Tiefe, sollte immer die letzte Option sein.

Kommen wir nun zur vierten Option, dem Aufstieg unter Wechselatmung:

4. Zitat: „Aufstieg unter Wechselatmung aus einem einzigen Lungenautomaten. Die Wechselatmung, die daraus besteht, dass sich zwei Taucher eine einzige zweite Stufe teilen, war einmal ein Standardverfahren, um seine Luft mit dem Partner zu teilen. ***Im Laufe der letzten 20 Jahre wurde sie jedoch als wirklich durchführbare Option immer weniger in Betracht gezogen.*** *Auch hat die Verbreitung der alternativen Luftversorgung die Wechselatmung überflüssig gemacht,* ***zusammen mit der Tatsache, dass die Wechselatmung für den Notfall eine einigermaßen komplizierte motorische Fertigkeit ist. Wenn du dich tiefer als 12 Meter befindest und eine alternative Luftversorgung nicht zur Verfügung steht, mag die Wechselatmung eine Alternative sein, wenn du und dein Tauchpartner ruhig bleiben und beide in Wechselatmung ausgebildet und geübt sind.*** *Dein Instructor wird dir vielleicht die Möglichkeit geben die Wechselatmung zu üben, denke aber daran, dass das Atmen aus einer alternativen Luftversorgung weitaus mehr zu bevorzugen ist und* ***die Wechselatmung daher eine nicht länger notwendige Option ist."***

Ist die Wechselatmung wirklich keine notwendige Option? Die Geschichte von Fabiana und Lorenzo hat sich genauso zugetragen. Als Advanced Divers durften sie auf den Malediven ohne Begleitung eines Guides bis auf 30 Meter tauchen. Hätten die drei zweiten Stufen ihrer Automaten bei einem tieferen, unbeaufsichtigten Tauchgang versagt, wäre Wechselatmung die einzige Alternative zu einem risikoreichen Notaufstieg gewesen.

Wie oft habe ich schon beobachtet, dass der Octopus eines Tauchers im Sand schleift. Viel öfter als ich einen Taucher beobachtet habe, der seinen Octopus unter Wasser testet. Ich selbst hatte in den Tropen mehrfach ein Ameisennest im Mundstück, einmal sogar eine Kakerlake. Kakerlaken fressen mit Vorliebe Silikon. Es kommt nicht selten vor, dass die Ausatemmembrane von den lieben Tierchen zerfressen werden. Wenn man den Automaten an Land checkt, scheint alles okay. Unter Wasser jedoch zieht man durch so eine zweite Stufe reichlich Wasser. Die Wahrscheinlichkeit, dass ein Octopus nicht funktioniert, ist gar nicht so gering. Und dann ist eine Wechselatmung auf jeden Fall einem Notaufstieg vorzuziehen.

Selbst das Fischlein, das nie die Luft anhält, räumt ein: *„Wenn du dich tiefer als 12 Meter befindest und eine alternative Luftversorgung nicht zur Verfügung steht, mag die Wechselatmung eine Alternative sein, wenn du und dein Tauchpartner ruhig bleiben und beide in Wechselatmung ausgebildet und geübt sind."*

Nächstes Zitat vom Fisch, der ...: *„Im Laufe der letzten 20 Jahre wurde sie (die Wechselatmung; M.R.) jedoch als wirklich durchführbare Option immer weniger in Betracht gezogen."*

Warum, bitteschön, soll Wechselatmung keine wirklich durchführbare Option sein? Jahrzehnte lang war es die einzige Option und das zu Zeiten, wo defekte Ausrüstungen die Regel waren und ein Aufstieg unter Wechselatmung zur Tagesordnung gehörte. Aber natürlich kann Wechselatmung keine wirklich durchführbare Option darstellen, wenn sie im Tauchunterricht nicht gelehrt wird.

Noch ein Zitat: *„... zusammen mit der Tatsache, dass die Wechselatmung für den Notfall eine einigermaßen komplizierte motorische Fertigkeit ist."*

Bei der Wechselatmung nimmt der Taucher seine zweite Stufe aus dem Mund und steckt sie, nach geraumer Zeit, wieder rein. Natürlich muss er erst das Wasser aus dem Mundstück pusten, bevor er wieder einatmet.

Diese Übung wird in jedem Open-Water-Kurs gelehrt. Ein Taucher, der diese Übung nicht beherrscht, dürfte keinen Tauchschein besitzen, denn er stellt eine Gefahr für sich selbst dar.

Die motorische Glanzleistung besteht also darin, dass ein Taucher, dem die Luft ausgegangen ist, nach der zweiten Stufe seines Gegenübers greift, sich das Mundstück in den Mund steckt, zuerst ausatmet, dann einatmet und schließlich das Teil zurückgibt. Überfordert diese unkomplizierte Aufgabe die motorischen Fähigkeiten eines Tauchers muss er, meiner Ansicht nach, noch viel üben und ist noch nicht bereit, um unbeaufsichtigt auch nur wenige Meter abzutauchen. In der Praxis haben mir nur sehr wenige meiner Anfänger gesagt, dass sie die Wechselatmung als komplizierte Übung betrachten. Hingegen hatte etwa die Hälfte aller Anfänger zunächst Schwierigkeiten, die Maske auszublasen. Sollte man also das Maskeausblasen auch aus dem Unterrichtsplan streichen? Denn das ist doch nun wahrhaftig eine einigermaßen komplizierte motorische Fertigkeit.

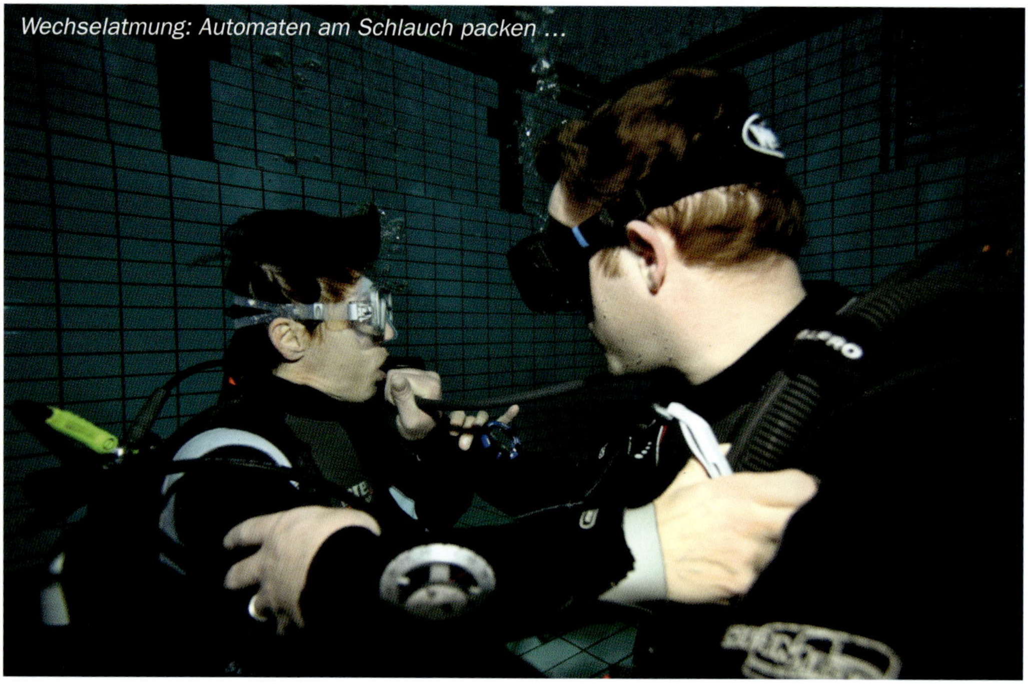
Wechselatmung: Automaten am Schlauch packen ...

Was macht die Wechselatmung so kompliziert?

Ich muss einräumen, dass die Wechselatmung, wenn sie gelehrt wird, oft beschwerlicher gestaltet wird als notwendig. Ein ganz wesentlicher Punkt ist, wie so oft beim Tauchen, die Atmung. Viele Tauchschulen lehren die Wechselatmung mit abwechselnd zwei Atemzügen. Das heißt, zwei Atemzügen, die schneller aufeinanderfolgen als bei deinem normalen Rhythmus, gefolgt von einer längeren Pause. So richtig wohl kann man sich dabei wirklich nicht fühlen.

Natürlich sollst Du einen Taucher, der kurz vor der Panik um Luft bettelt, nicht gleich nach dem ersten Atemzug das Mundstück wieder entreißen. Gewähre ihm ruhig ein paar Züge, damit er sich beruhigt. Dann aber geht es im Takt eins zu eins weiter. Während du deinem Partner das Mundstück reichst, lässt du einige Luftblasen entweichen und der letzte Rest wird in den Automaten gepustet, wenn du ihn wiederbekommst. Du atmest ein und wieder aus im gleichen Rhythmus, wie du auch ohne Wechselatmung atmest. Dein Atemrhythmus wird also bei dieser Form der Wechselatmung nicht beeinträchtigt. Das ist weniger kompliziert und du fühlst dich besser.

Ein anderer Aspekt, der die Wechselatmung zu einer „einigermaßen komplizierten motorischen Fertigkeit“ macht, ist die Art und Weise, wie die Taucher die zweite Stufe halten.

Viele Tauchschulen lehren die Wechselatmung, indem der Luftspender den Automaten am Schlauch dicht hinter der zweiten Stufe hält. Der Tauchpartner er-

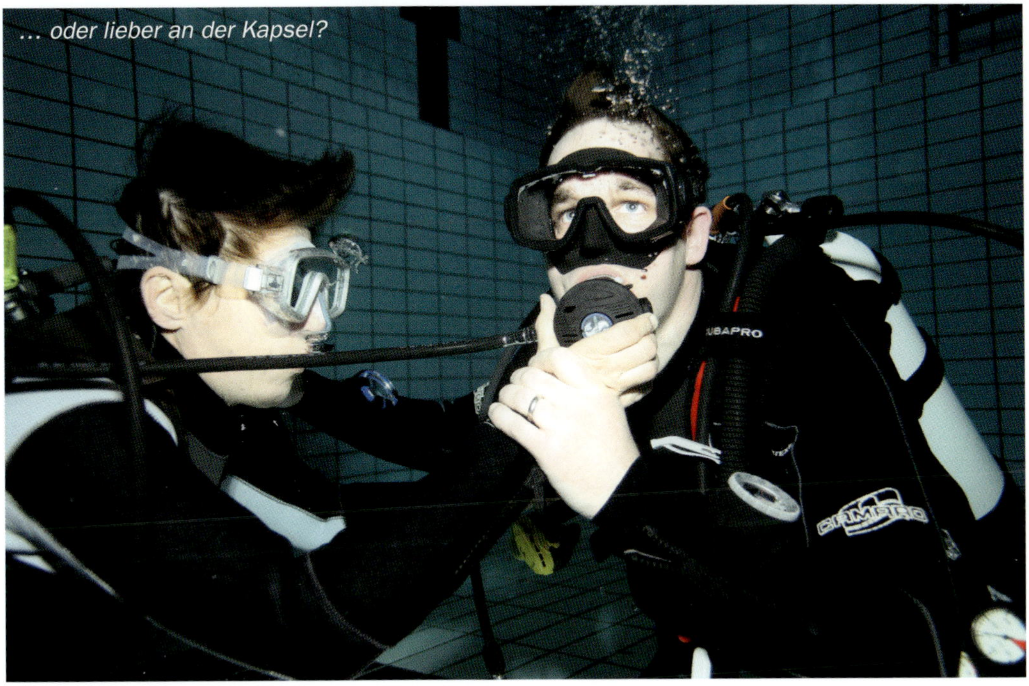

... oder lieber an der Kapsel?

greift dann das Handgelenk seines Gegenübers. Diese Ausführung der Wechselatmung hat einen Vorteil. Du kannst die Luftdusche nicht aus Versehen abdecken. Allerdings überwiegen die Nachteile. Diese sind jedoch nicht so offensichtlich, als dass man ihnen Beachtung schenkt. Lieber schafft man die Wechselatmung ganz ab.

Ich persönlich ziehe die ursprüngliche Variante vor, bei der man die zweite Stufe unterhalb der Luftdusche an der Kapsel fasst.

Schlauch contra Kapsel

Der Schlauch deines Automaten liegt außerhalb deines Sichtfeldes. Du weißt zwar ungefähr, wo er sich befindet, musst ihn jedoch erst ertasten. Das kann im Notfall wertvolle Sekunden kosten. Die Kapsel liegt auch nicht in Sichtweite, doch weißt du genau, wo dein Mund ist, und da steckt sie drin.

Um den dünnen Schlauch zu umfassen, muss man die Finger stark anspannen. Die Hand liegt zunächst rechts vor dem eigenen Gesicht. Um seinem Gegenüber das Mundstück in den Mund zu bugsieren, verdreht man den Arm stark im Ellenbogengelenk, hebt die Schulter und führt die zweite Stufe am Gesicht vorbei rechts neben den Mund des Partners. Der Weg, den die zweite Stufe jedes Mal zurücklegt, ist weiter als wenn du den Automaten an der Kapsel packst. Hältst du die zweite Stufe an der Kapsel, bedarf es nur einer leichten Drehung im Handgelenk. Bei der Schlauchvariante sind mehr Muskelpartien im Spiel, die noch durch den notwendigen

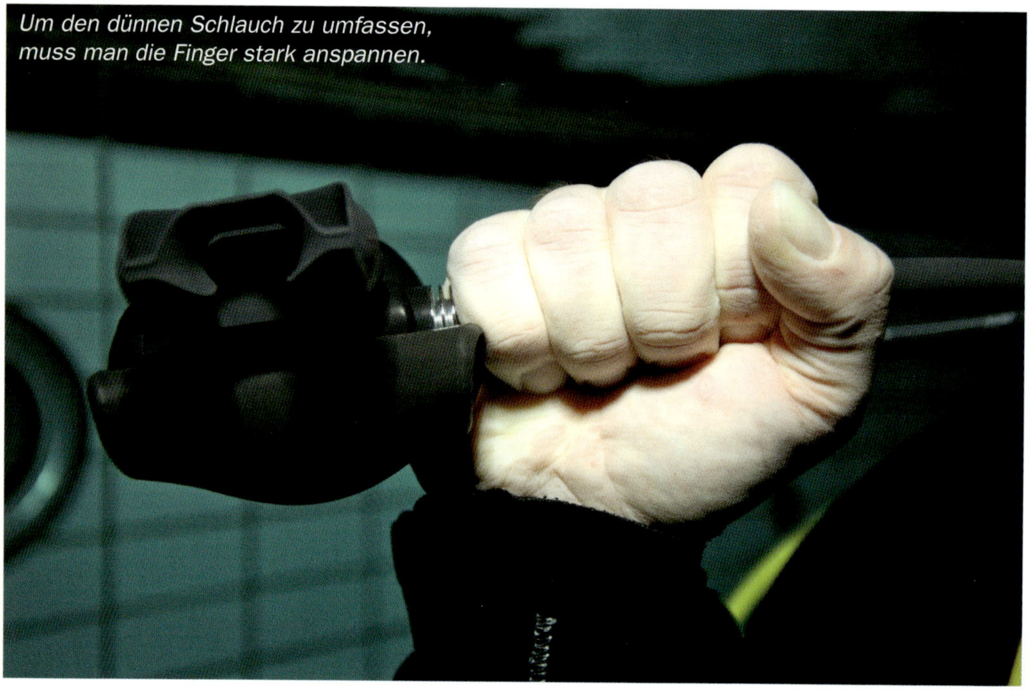

Um den dünnen Schlauch zu umfassen, muss man die Finger stark anspannen.

festen Griff um den Schlauch vermehrt angespannt sind. Außerdem behindert dich der Griff deines Buddys um dein Handgelenk. Denn wenn er wirklich in Luftnot ist, wird er wohl etwas angespannt sein.

Hinzu kommt, dass du bei einem Griff um den Schlauch weniger Kontrolle über die zweite Stufe hast. Auch deinem Partner wird es schwerer fallen, das Mundstück präzise in seinen Mund zu platzieren, wenn er dich am Handgelenk festhält. Die Wechselatmung wird mit dem Griff um den Schlauch tatsächlich zu einer einigermaßen komplizierten motorischen Fertigkeit.

Test: *Stelle dich vor den Spiegel. Nun stelle dir vor, du hättest einen Automaten im Mund. Greife mit der rechten Hand den imaginären Schlauch und führe das Mundstück zum Mund deines Spiegelbildes. Halte den Schlauch aber gut fest. Beachte, welche Muskel du anspannst und wie fest.*

Nun greife mit Daumen und Zeigefinger die (nicht vorhandene) Kapsel und streck sie deinem Gegenüber entgegen.

Merkst du, dass du bei der zweiten Variante weniger Kraft brauchst und lockerer bist?

Und hier Schritt für Schritt die motorisch unkomplizierte Wechselatmung. Dazu brauchen wir zwei Taucher. Nennen wir sie *Luftknapp* und *Atemreich*.

1. *Luftknapp* hat vermeintlich keine Luft mehr. Er nimmt das Mundstück aus dem Mund, schwimmt zu *Atemreich* und zeigt ihm mit deutlichen (!) Handzeichen: „Ich habe keine Luft."

Beachte!
Das Handzeichen muss klar und eindringlich gegeben werden, auch wenn es sich nur um eine Übung im flachen Wasser handelt. Ein wesentlicher Faktor bei der Wechselatmungsübung ist das korrekte Geben und Erkennen des Unterwassersignals und die richtige Reaktion darauf. Das darf nicht nur mit dem bewussten Verstand begriffen, sondern muss so oft wiederholt werden, bis es in das Unterbewusstsein dringt. Auf das wichtigste Unterwasserzeichen: „Keine Luft" muss jeder Taucher mit dem Reflex reagieren, seinem Partner Luft zu geben.

2. Taucher *Atemreich* zieht noch einmal Luft, reicht dann seinen Automaten Taucher *Luftknapp*, wobei er allerdings seinen Automaten festhält.

Beachte!
Der Taucher, der Luft spendet, gibt seinen Automaten niemals aus der Hand. Denn ein Taucher, dem plötzlich die Luft ausgeht und der dann vielleicht noch einige Meter hinter seinen Partner herpaddeln und sich verständlich machen muss, könnte schon etwas nervös sein. Ob man von diesem Taucher seinen Automaten zurückbekommt ist fraglich.

3. *Luftknapp* legt seine Hand auf die den Automaten umfassende Hand von *Atemreich*.

Beachte!
Der Luftspender muss die zweite Stufe seines Automaten so umfassen, dass die Luftdusche frei bleibt. Das ist aus zwei Gründen äußerst wichtig. Zum einen könnte der Taucher, der um Luft bittet, nicht mehr genügend Luft haben, um den Automaten auszublasen und deshalb auf die Luftdusche angewiesen sein. Zum anderen gibt es Automaten, die keine Luft mehr geben, wenn die Hand flach über der Luftdusche liegt, da zwischen der Hand und der Membrane der zweiten Stufe ein Unterdruck entsteht.

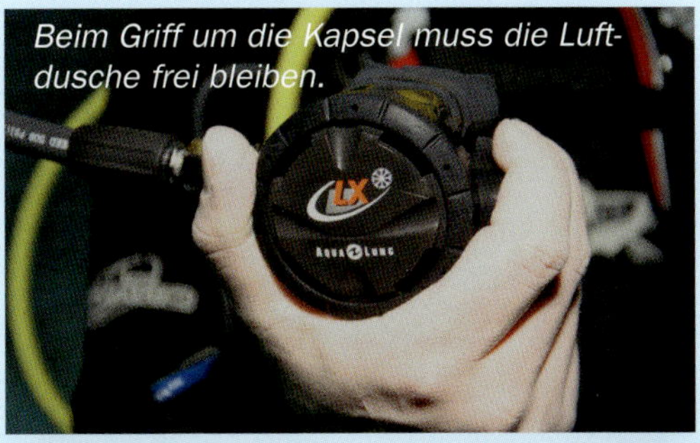
Beim Griff um die Kapsel muss die Luftdusche frei bleiben.

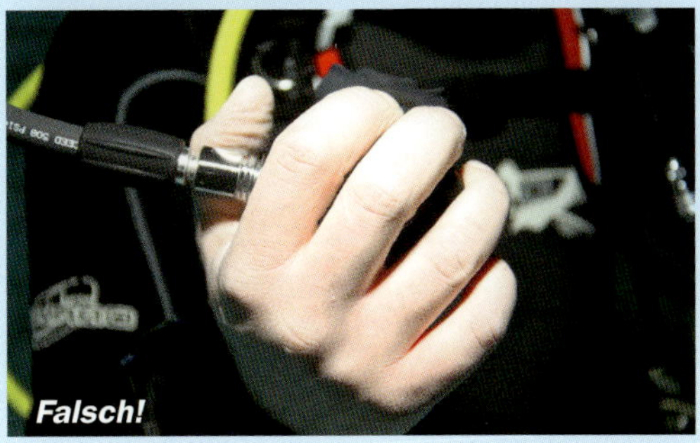
Falsch!

Der Taucher, der keine Luft mehr hat, lässt seine Hand während der gesamten Wechselatmung auf der Hand seines Partners ruhen. Unter Wasser ist das Gesichtsfeld durch die Maske stark eingeschränkt. Nur wenn du den Automaten, bzw. die Hand deines Partners, der den Automaten hält, umfasst, weißt du jederzeit sicher, wo die Luftquelle zu finden ist.

4. *Luftknapp* nimmt das Mundstück in den Mund. Jetzt muss er erst einmal ausatmen, bzw. die Luftdusche drücken, sonst würde er Wasser ziehen.

Beachte!
Jedes Mal, wenn du einen Automaten in den Mund nimmst, solltest du erst einmal ausatmen. Unter Wasser hat das einen praktischen Zweck. Sowie du den Automaten aus dem Mund nimmst, dringt Wasser in den inneren Teil der zweiten Stufe. Indem du ausatmest, presst du das Wasser durch das Ausatemventil wieder hinaus. Ich empfehle dir aber, auch im Trockenen den Automaten immer erst auszublasen. Erstens kann noch Restwasser in der zweiten Stufe sein. Zweitens, was du dir an Land angewöhnst, vergisst du im Wasser seltener.

Hast du im Notfall wirklich keine Luft mehr, um deinen Automaten auszublasen, kannst du die Luftdusche betätigen. Benutze die Luftdusche aber nur im Notfall oder zu Übungszwecken. Manche Taucher haben die Unart, bei der Wechselatmung vor jedem Atemzug die Luftdusche zu drücken. Das ist reine Luftverschwendung. Wenn zwei Taucher im Notfall mit der Restluft aus nur einem Gerät auskommen müssen, ist Luftsparen angesagt!

5. *Luftknapp* nimmt ein oder zwei Atemzüge – im Bedarfsfall mehr.

Beachte!
Kommt ein Taucher zu dir und zeigt das Zeichen „Keine Luft“, musst du davon ausgehen, dass er unter akutem Luftmangel leidet. Vielleicht steht er schon am Rande einer Panik. Bevor du deinen Automaten deinem Tauchpartner reichst, nimm selbst noch einen Atemzug. Das gibt dir Zeit, ihm die Luftquelle für ein paar Atemzüge zu überlassen, bis er sich wieder einigermaßen beruhigt hat.

6. *Luftknapp* überlässt den Automaten wieder *Atemreich*. Dieser bläst natürlich zunächst das Wasser aus der zweiten Stufe. *Atemreich* nimmt nun einen Atemzug und reicht dann den Automaten wieder *Luftknapp*. Von nun an nimmt jeder Taucher abwechselnd einen Atemzug.

7. Der Taucher, der gerade nicht das Mundstück im Mund hat, atmet ein wenig aus. Natürlich nicht ganz, denn er braucht ja noch Luft, um das Wasser aus der zweiten Stufe zu blasen.

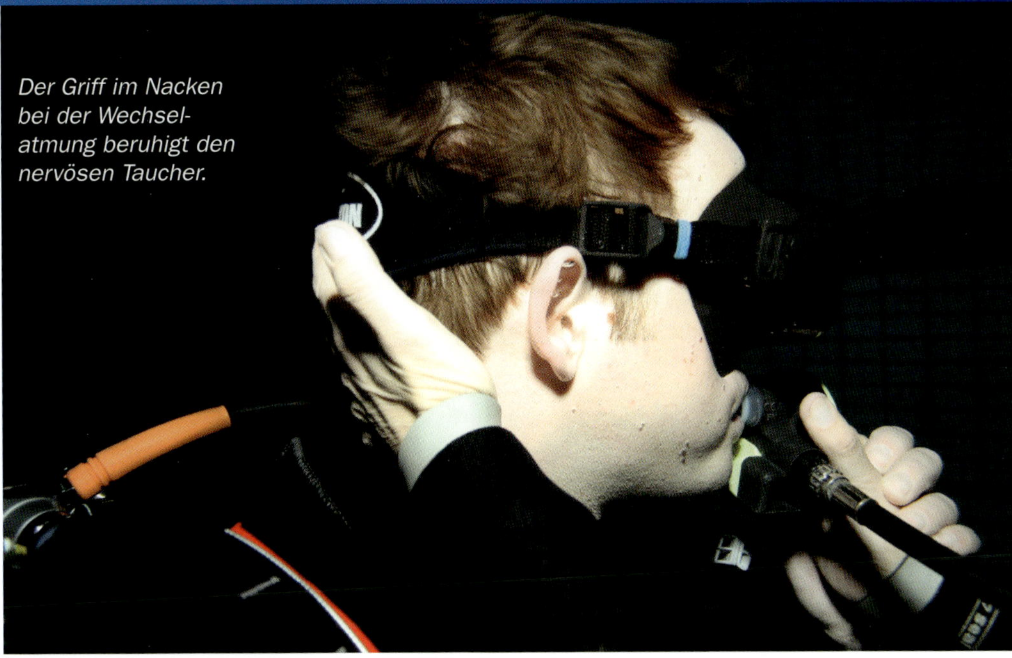

Der Griff im Nacken bei der Wechselatmung beruhigt den nervösen Taucher.

Beachte!
Sind im Ernstfall zwei Taucher gezwungen, eine Wechselatmung durchzuführen, werden die beiden kaum auf gleicher Tiefe verweilen, um zu warten, bis die zweite Flasche leer ist, sondern sie werden langsam unter Wechselatmung aufsteigen. Beim Aufstieg dehnt sich die Luft in der Lunge aus. Um eine Überdehnung der Lunge zu vermeiden, muss die überschüssige Luft ausgeatmet werden. Auch wenn du nur im flachen Wasser übst und deine Tiefe nicht veränderst, solltest du dich frühzeitig daran gewöhnen, immer etwas Luft abzulassen, wenn du keinen Automaten in dem Mund hast.

8. *Luftknapp* hält sich während der Wechselatmung mit der rechten Hand an *Atemreichs* Arm, Jackett oder der Gerätebänderung fest.

Beachte!
Es ist günstiger, wenn sich der Taucher, der keine Luft mehr hat, bei seinen Partner festhält. So hat der Luftspender seinen linken Arm frei, um bei einem Aufstieg den Tiefenmesser bzw. den Computer zu überwachen. Das gilt nicht, sollte der an Luftmangel leidende Taucher sehr nervös sein oder gar auf eine Panik zusteuern. In diesem Fall muss der Luftspender seinen Partner festhalten. Packt der Luftspender dabei sein Gegenüber mit der linken Hand am Nacken, hat er festen Halt, um ihm das Mundstück richtig in den Mund zu schieben. Außerdem wirkt der Griff in den Nacken beruhigend auf den ängstlichen Taucher.

Nun wollen wir vor lauter Wechselatmung nicht die letzte Option bei Luftknappheit vergessen.

8. Zitat: „Führe einen Notaufstieg unter Einsatz von Auftrieb durch ... genau wie einen kontrollierten, schwimmenden Notaufstieg, nur, dass du nun auch noch deinen Bleigurt abwirfst ...“

Mein Kommentar: Ein Notaufstieg ist nichts Erstrebenswertes, jedoch auch aus größerer Tiefe machbar. Stelle dir ein normales Schwimmbecken vor. Das ist 25 Meter lang. Mit etwas Übung ist diese Strecke mühelos in Apnoe zu durchtauchen. Beim Streckentauchen brauchst du zusätzliche Energie, um gegen den Auftrieb anzuschwimmen. Ein Aufstieg von unten nach oben ist also leichter. Zudem dehnt sich die Pressluft in der Lunge aus. Das ist zwar gefährlich und du musst unbedingt darauf achten, kontinuierlich Luft abzublasen, es mildert aber auch das Gefühl des Sauerstoffmangels. Wenn du ruhig und einigermaßen entspannt bleibst, ist ein Notaufstieg aus 25 oder gar 30 Metern kein großes Ding. Warum du tunlichst darauf verzichten solltest, liegt an den Folgen, die durch zu rasches Auftauchen entstehen könnten, wie Dekompressionsunfall oder Barotrauma.

Das Abwerfen des Bleigurts sollte nur unter extremsten Bedingungen in Betracht gezogen werden. Etwa dann, wenn du aus einer Abwärtsströmung nicht mit eigener Kraft herauskommst. Auch wenn du keinen Neoprenanzug trägst und dementsprechend wenig Gewicht mit dir herumschleppst, ist das zu akzeptieren. Trägst du Neopren, wirst du in einer gewissen Tiefe dein Jackett bereits gut gefüllt haben. Setzt du jetzt zum Spurt nach oben an, dehnt sich die Luft in deinem Jackett aus und du bekommst raschen Auftrieb, den du sogar noch kontrollieren kannst. Wirfst du zusätzlich den Bleigurt ab, wird der Aufstieg so rasch, dass er eine ernste Gefahr für deine Gesundheit darstellt.

Der Checktauchgang

Da soll einer nicht an das wohlwollende Schicksal und den Weihnachtsmann glauben! Kurz vor Weihnachten, gerade als ich darüber nachgrübelte, wie ich den Artikel über das Checktauchen gestalten sollte, bekam ich den Newsletter eines Betreibers, der weltweit mehrere gutgehende Tauchbasen führt. Und siehe da, eine bessere Einleitung hätte ich mir nicht wünschen können:

*„**Hier nun unser Weihnachtsgeschenk an sehr viele unserer Taucher:** Ab sofort wird der bisherige obligatorische Check-Tauchgang in einen reinen Akklimatisierungstauchgang mit Tauchlehrerbegleitung umgewandelt ... Keiner muss ab sofort mehr irgendeine Übung machen. Klartext: **Lungenautomat bleibt drin und die Maske bleibt auf!** Damit dürfte für viele*

Taucher und Taucherinnen die Angst vor dem „Check"-Tauchgang der Vergangenheit angehören. Ich kann mich an viele Taucher erinnern, die schon Monate vor Antritt ihres Urlaubs ein mulmiges Gefühl vor dem Check hatten. Wieder einen Liter Meerwasser beim Maskeabnehmen schlucken ...

Das entfällt jetzt! Wer will, kann gerne nach dem Tauchgang im Flachwasser die Übung für sich selbst machen. Wir bestehen nicht mehr darauf. Ich bin schon auf den Aufschrei einiger Fundamentalisten gespannt. Wir sind jedenfalls der Meinung, dass diese Uraltangewohnheit die Tauchsicherheit in den letzten 30 Jahren nicht erhöht hat."

Wenn eine Tauchlehrerin, die diesen Text kritisch betrachtet, als Fundamentalistin gilt, dann bin ich gerne eine. Wer kann sich anmaßen, über die Tauchsicherheit der letzten 30 Jahre Bescheid zu wissen? Es gibt keine offiziellen Statistiken über Tauchunfälle mit einer genauen Analyse, wie sie zustande gekommen sind. Und: Wann gilt ein Unfall als Unfall? Ein Panikaufstieg, der glimpflich verläuft, bei dem der Taucher mit einem Schock, einem Schluck Salzwasser in der Lunge und Kopfschmerzen davonkommt, wird doch nicht registriert. Für den Betroffenen ist es trotzdem eine üble Erfahrung. Glücklicherweise enden die meisten Paniken nicht mit einem Lungenbarotrauma oder einer Dekompressionskrankheit. Einige tun es doch.

„Ich kann mich an viele Taucher erinnern, die schon Monate vor Antritt ihres Urlaubs ein mulmiges Gefühl vor dem Check hatten. Wieder einen Liter Meerwasser beim Maske abnehmen schlucken ..."

Was unser großzügiger „Weihnachtsmann" hier beschreibt, ist eine pathologische Angststörung, die in der IDC-10 (Internationale Klassifikation psychischer Störungen) unter F40 als phobische Störung beschrieben wird. Kriterien hierfür sind Ängste vor, im allgemeinen, ungefährlichen Situationen, die charakteristischerweise gemieden oder voller Angst ertragen werden. Diese Angstform reicht von leichtem Unbehagen zu panischer Angst. Herzklopfen und Schwächegefühl treten häufig mit sekundären Ängsten vor dem Sterben oder Kontrollverlust auf. Allein die Vorstellung, dass die phobische Situation auftreten könnte, erzeugt gewöhnlich schon Erwartungsangst.

Wir haben es hier also nicht nur mit ein bisschen Angst zu tun. Man hilft keinem Menschen, der unter einer Phobie leidet, indem man seine Vermeidungshaltung unterstützt. Denn trotz aller Verniedlichung ist Tauchen eben nicht nur „Fun and Happiness", sondern birgt auch lebensbedrohliche Gefahren.

„Die Silikonmasken heutzutage passen so gut auf das Gesicht, da kommt kein Tröpfchen Wasser rein." „Automaten versagen so gut wie nie." Auch wenn diese Aussagen der Wahrheit entsprächen – was sie nicht tun –, gewährleisten sie nicht die Sicherheit eines Taucher, der an einer Wasser-Nase-Mund-Phobie leidet. Denn schon der Gedanke an die Situation löst Angst aus. Sonst würde der Taucher nicht schon Monate vor Antritt seines Urlaubs ein mulmiges Gefühl vor dem Check verspüren. Viel Fantasie gehört nicht dazu, sich vorzustellen, dass ein Mensch, der zu einer wasserbedingten Phobie neigt, beim Tauchen in eine brenzlige Lage geraten kann.

Woher kommen diese Phobien?

Nur wenige dieser übertriebenen spezifischen Ängste stammen aus frühkindlichen Erfahrungen. Denn wer schon frühzeitig eine Wasserphobie aufbaut, lernt meist nur mangelhaft oder gar nicht schwimmen; und nur äußerst selten würde dann wohl der Wunsch erwachen, tauchen zu lernen. Somit breitet sich der Verdacht aus, dass Phobien während der Tauchausbildung entstehen, denn konkrete Ängste entwickeln sich oft durch Lernprozesse.

Nicht jeder Tauchanfänger ist ein Naturtalent, das alle Lektionen gleich auf Anhieb „drauf hat“. Etwa die Hälfte der Tauchanfänger haben zunächst Schwierigkeiten, ohne Maske zu atmen und die Maske auszublasen. Die Aufgabe eines Tauchlehrers besteht darin, den Neulingen die notwendigen Fähigkeiten so zu vermitteln, dass diese sie am Ende des Kurses beherrschen. Ist ein Neuling schließlich im Stande, das Maskeausblasen auch auf einigen Metern Tiefe entspannt durchzuführen, wird er das bisschen Wasser, das er zu Beginn in der Nase hatte, bald vergessen haben.

Hat ein Anfänger jedoch während der ersten Lektionen eine regelrechte Phobie entwickelt, wird er kaum in der Lage sein, auf wenigen Metern Tiefe stressfrei die Maske abzunehmen, ohne Maske zu atmen, sie wieder aufzusetzen und auszublasen. Das Höchste, was er zustande bringen wird, ist ein verkrampftes Leerschnäuzen der Maske mit Ach und Krach. Das entspricht nicht den Anforderungen eines Open-Water-Kurses. Eigentlich dürfte er dann auch kein Brevet erhalten. Meist bekommt er es trotzdem.

Nicht selten wird dem „Open-Water-Kurs-geschädigten“ Taucher auch noch nahegelegt, am Besten doch gleich den Advanced-Kurs zu absolvieren, denn: „Tauchsicherheit kommt beim Tauchen“. Nur wird beim Advanced-Kurs zwar nacht-, tief-, strömungs-, orientierung- und sonst was getaucht, aber Übungen werden keine mehr gemacht.

Nach einem Jahr Tauchabstinenz findet sich unser „Advanced“ – sprich „fortgeschrittener“ – Taucher auf der nächsten Tauchbasis ein. Sein Brevet berechtigt ihn in vielen Tauchgebieten ohne Begleitung eines Tauchlehrers – also zusammen mit einem ebenso „fortgeschrittenen“ Taucher – bis auf 30 Meter Tiefe zu tauchen. Da ein Leitsymptom der phobischen Störung die Vermeidungshaltung ist, wird unser „fortgeschrittener“ Taucher kaum freiwillig die einst so verhasste Lektion wiederholen, bevor er sich in die Fluten stürzt.

Sorry, liebe Kollegen, aber ich sehe in diesem – gar nicht utopischen –Szenarium eine grobe Gefährdung der Tauchsicherheit.

Wenn es nach Meinung der Kollegen nicht der Tauchsicherheit dient, als „fertiger“ Taucher das Maskeausblasen und die Reaktion auf das Zeichen „keine Luft“ zu beherrschen, dann frage ich mich, warum in deren Tauchschulen diese Grundübungen im Anfängerkurs überhaupt gelehrt werden? Weg mit den Uraltangewohnheiten! Zumindest bliebe dann dem einem oder anderem Taucher die Phobie erspart. Wäre das nicht Fortschritt? Dumm nur, dass es da die Fundamentalisten gibt.

Bleiben wir bei den Fakten. Fakt ist: Ein Tauchkurs dient nicht nur dazu, Tauchlehrern eine Existenzberechtigung zu verschaffen und das Bruttosozialprodukt durch den Verkauf bunter Plastikkarten zu steigern. Übungen wie „Ohne Maske atmen“, „Maske ausblasen“ und „Seinem Partner Luft geben, wenn dieser welche braucht“, sind wichtige Voraussetzungen, um beim Tauchen zu überleben – auch wenn sie in der Praxis nicht ständig benötigt werden.

Fakt ist: Wenn man eine erlernte Fertigkeit nicht ständig anwendet, kommt man aus der Übung. Um nach längerer Zeit eine Fertigkeit wieder zu aktivieren, muss man sie durchführen. Manchmal funktioniert das auf Anhieb, manchmal braucht man ein paar Wiederholungen.

Fakt ist: Gerade ein Taucher, der sich vor einem Checktauchgang fürchtet, hat ihn am allernötigsten. Die Aussage: „Freiwillig mache ich keine Übung. Im Notfall werde ich schon richtig reagieren“, ist gelinde gesagt naiv. Da diese Ansicht jeder Logik entbehrt, lässt sie den Verdacht auf eine Phobie mit Vermeidungshaltung aufkommen.

Fakt ist: Leider bilden die Tauchbasen unseres „Weihnachtsmannes“ keine Ausnahme, im Gegenteil, es gibt nur noch wenige Tauchbasen, die auf einen Check bestehen. Der Grund hierfür liegt auf der Hand. Der Check ist mit Arbeitsaufwand und gegebenenfalls mit Umsatzverlusten verbunden – zum Beispiel, wenn ein Taucher lieber gar nicht taucht, als die Maske abzunehmen. Hier wird also der Wirtschaftskrise entgegengesteuert!

Fakt ist: Dass leider viele Taucher die elementarsten Voraussetzungen ihres Sportes nicht beherrschen, und damit sich selbst und ihre Tauchpartner einer unnötigen Gefahr aussetzen.

Das „großzügige Geschenk“, auf einen Checktauchgang zu verzichten, ist also eine Mogelpackung. Es dient nicht dazu einem Taucher seine Angst zu nehmen, sondern verhindert, dass ein Taucher seine Fähigkeiten verbessert.

Ich kann nur jedem Taucher raten, auf einen Check zu bestehen oder zumindest selbst mit dem Tauchpartner die wichtigsten Übungen zu wiederholen.

Wie kann ein Taucher seine Phobie besiegen?

Nun brauchen Taucher, die an einer Phobie leiden, nicht gleich mit dem Gedanken zu spielen, das Tauchen aufzugeben. Denn eine Phobie lässt sich auch wieder loswerden.

Eine Methode in der kognitiven Verhaltenstherapie, um Phobien abzubauen, ist die systematische Desensibilisierung. Das heißt, sich schrittweise an die gefürchtete Situation heranzutasten. Am besten geeignet ist hierfür ein Schwimmbecken. Ich empfehle jedem unsicheren Taucher vor dem geplanten Tauchurlaub einige Übungslektionen im Hallenbad. Wie das im einzelnen geht, habe ich in dem Kapitel „Die Grundübungen“ beschrieben.

Das Zauberwort mit zwei „T“: Aber flott!

Begin With Review And Friend

Lisa und Tom stehen sich am Strand gegenüber und ich komme mir vor wie im Cockpit eines Düsenjets kurz vor dem Start. Das Gewicht der Ausrüstung lastet auf den Schultern und der Schweiß spritzt aus allen Poren. Ich sehne mich danach, endlich gemeinsam ins kühlende Wasser zu waten. Doch die beiden sind mit „**B**egin **W**ith **R**eview **A**nd **F**riend“ beschäftigt, dem Merksatz des Fischleins, das nie die Luft anhält. B steht für BCD (Bouyancy Control Device): Und so fummelt Lisa an Toms Jackett herum; lässt Luft rein und wieder raus; prüft die Gurte, ob alles richtig sitzt. Dann kommt das W für Weight Belt: Lisa zupft an Toms Schnalle, muss sich dann aber erst einmal um die eigene Achse drehen, um zu analysieren, ob Tom den Bleigurt wirklich mit der rechten Hand öffnen kann, wie viele Frauen hat sie Schwierigkeiten mit rechts und links. R bedeutet Releases, und da außer am Jackett und am Bleigurt keine weiteren Verschlüsse vorhanden sind, wird eben alles noch einmal gecheckt. Dann folgt A wie Air Supply. Das ist natürlich wichtig. Nur hatte ich beobachtet, dass Tom bereits mehrfach seine Luftzufuhr überprüft hatte. Und schließlich F, das Final-Okay-Zeichen, als ob man am Land nicht miteinander reden könnte. Jetzt ist Tom an der Reihe, der die ganze Prozedur bei Lisa wiederholt. Zumindest bleibt mir die Pirouette beim W erspart, da Tom auf Anhieb weiß, wo rechts ist. Nach verstrichenen drei Minuten kann es dann endlich ins Wasser gehen.

Nicht dass ich dagegen wäre, die Ausrüstung vor dem Tauchen zu checken und auch einen Blick auf den Partner zu werfen. Im Gegenteil, das halte ich für äußerst wichtig. Aber muss das denn so theatralisch und zeitraubend durchgeführt werden? Am Strand, im sicheren Stand, kann bei dieser Vorführung höchstens die Tauchlehrerin an den Rand eines Kreislaufkollapses geführt werden. Das macht allerdings nichts, sie wird dafür bezahlt. Auf einem schaukelnden Boot allerdings besteht bei dieser Prozedur ernste Verletzungsgefahr.

Ich prüfe meine Ausrüstung systematisch, während ich diese vorbereite und nachdem ich sie angelegt habe. Dann spähe ich noch kurz in meine Kiste oder Tauchtasche, ob sich nicht doch ein Utensil versteckt hat. So bringe ich das auch meinen Schülern bei. Wenn meine Tauchpartner bereit sind, schweift mein prüfen-

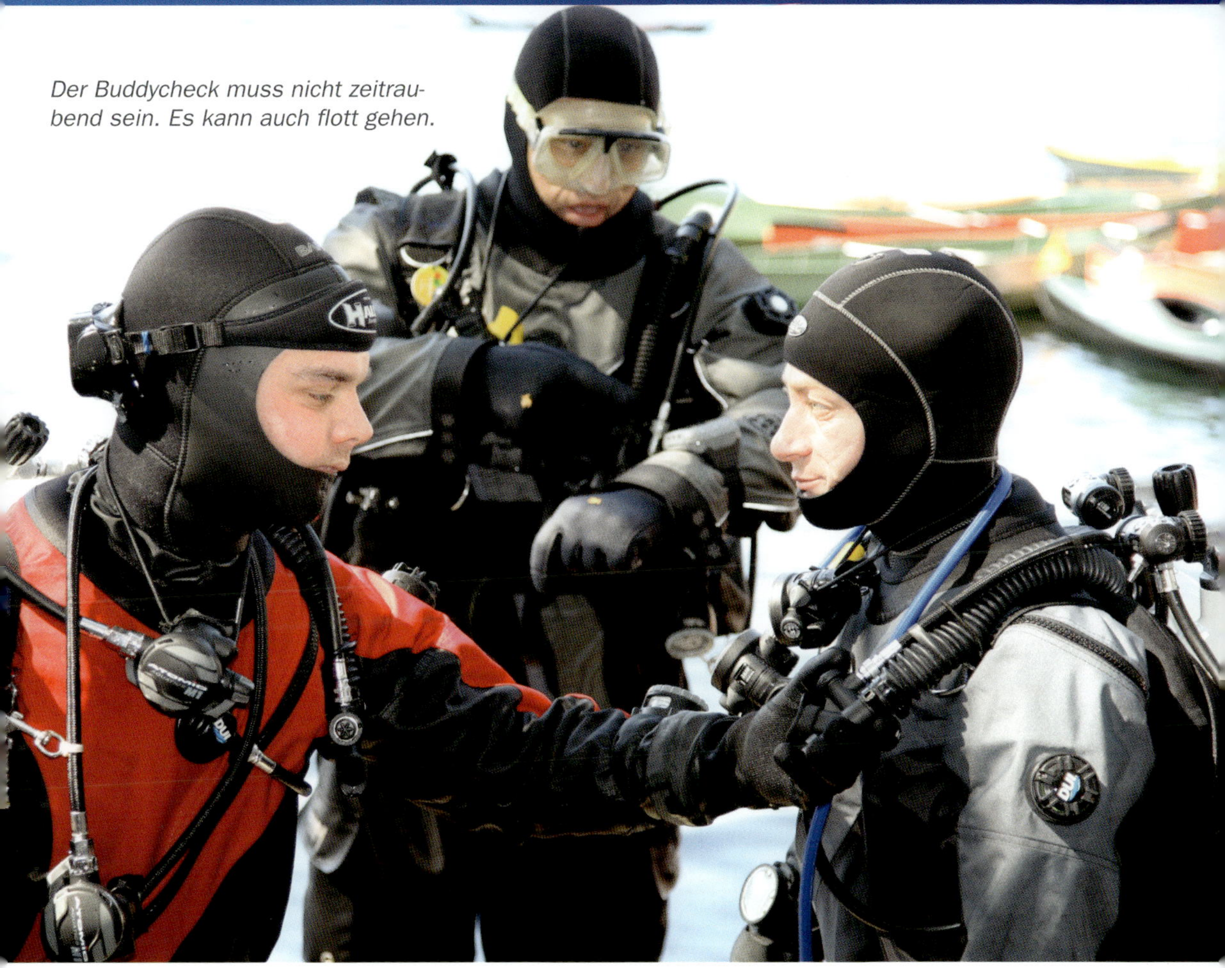

Der Buddycheck muss nicht zeitraubend sein. Es kann auch flott gehen.

der Blick über sie. Sehe ich etwas hängen, wo nichts hängen sollte, weise ich den Taucher darauf hin. Dann meine Frage – bevor alle aufstehen und auf dem schwankenden Deck herumstolpern: „Habt ihr die Flasche offen, Bleigurt an, Maske und Flossen parat?“ Das Ganze dauert keine halbe Minute, auch wenn ich eine Gruppe mit zehn Tauchern unter meinen Fittichen habe.

Ich danke dem selektiven Gedächtnis, das den meisten Tauchern dabei hilft, die übertriebene Prozedur des Buddy-Checks zu vergessen. Tatsache ist, dass die wenigsten Taucher den Check so akribisch durchführen, wie sie es gelernt haben. Die Frage ist, warum lehrt unser kleines Fischlein, das nie die Luft anhält, dieses Theater und nicht gleich eine effektive und rasche Methode, um die Ausrüstung zu überprüfen?

In der Ruhe liegt die Kraft

Während des Tauchkurses weise ich meine Anfänger an, sich nicht aus der Ruhe bringen zu lassen. Nur nicht „hudeln“, wie der Bayer sagt. Stress sollte so gut wie möglich vor und beim Tauchen vermieden werde.

Das ist auch die Überzeugung vieler erfahrener Taucher. Richtig so! Nur wird ruhiges, stressfreies Vorgehen zuweilen mit Trödelei verwechselt. Sitzen mehrere Taucher im gleichen Boot ist es nervig und schweißtreibend, permanent auf den Ewigletzten zu warten, der noch nicht einmal im Neopren steckt, während alle anderen sprungbereit an der Bordwand stehen. Bei hohen Wellen und Strömung, wenn der Bootskapitän die Taucher zielgenau am Riff absetzen muss, kann die Warterei sogar kritisch werden.

Um also seine Mittaucher nicht zu beeinträchtigen und trotzdem nicht in Stress zu geraten, ist Zeitmanagement angesagt. Wer weiß, dass es bei ihm etwas länger dauert, bis der allzu figurbetonende Anzug über die Hüften flutscht, der sollte einfach früher anfangen sich anzuziehen. Die Tauchausrüstung kann auch schon während der Bootsfahrt zurechtgelegt werden. Überhaupt ist so eine Bootsfahrt zum Tauchplatz eine gute Gelegenheit, sich mental auf die Vorbereitungen und den Tauchgang einzustimmen.

Bei Strömung sollte es flott zugehen

Auf Gemütlichkeit und Ruhe sollte man vor allem bei einem Tauchgang mit starker Strömung verzichten, wenn man eine bestimmte Stelle anvisiert. Das bedeutet aber nicht, sich hektisch und unbedacht in die Fluten zu stürzen. Hier ist mal wieder Bewusstheit das Schlüsselwort. Zunächst ist darauf zu achten, dass Taucher eines Buddyteams auf einem kleineren Boot bereits nebeneinander sitzen und so auch hintereinander ins Wasser springen können.

Bei einem Tauchgang in ruhigen Gewässern ist es angenehmer, sich mit aufgeblasenem Jackett ins Wasser zu begeben. Man kann dann in aller Ruhe seine Maske nochmals putzen, sich vergewissern, dass der Partner auch bereit ist und langsam Füße voran in die Tiefe gleiten.

Bei einem Strömungstauchgang muss oft schnell abgetaucht werden, deshalb sollte die Maske vor dem Sprung ins Wasser bereits blickklar sein und die Luft soweit wie möglich aus dem Jackett gepresst werden. Oft bleibt aber noch Restluft im Jackett, deshalb muss das Jackett im Wasser nochmals entlüftet werden. Wer ein Auslassventil am unteren Rand des Jacketts hat, sollte danach greifen, sobald er im Wasser ist und kann es zeitgleich zum Abtauchen betätigen. Wer den Faltenschlauch benutzt, muss im „Stand“ die Luft rauslassen, bevor er kopfüber in die Tiefe paddelt.

„Das ist doch selbstverständlich, das braucht man nun wirklich nicht zu beschreiben!“, höre ich meine Leser stöhnen. Klar doch, sie haben recht, solange sie gemütlich auf der Couch sitzt und das Buch lesen.

In der Praxis sind mir über die Jahre jedoch Dutzende von Tauchern begegnet, die versucht haben, mit Luft im Jackett flott abzutauchen. Deshalb vor dem Absprung schon einmal bewusst über die Luft im Jackett nachdenken.

Die Tiefe

Die Tiefe hat unbestreitbar einen großen Einfluss auf das Tauchen und die Tauchsicherheit. Je tiefer du tauchst, desto kürzer sind deine Nullzeiten; du verbrauchst mehr Luft; bei Überanstrengung kommt es schneller zum Überatmen (siehe das Kapitel über Panik); der Weg an die Oberfläche ist weiter und ab zirka 35 Meter kann ein Tiefenrausch auftreten. Das sind alles Faktoren, die man berücksichtigen muss.

Aber die Tiefe allein – wenn man es nicht übertreibt – ist nicht die allgemeine Gefahrenquelle schlechthin, als die sie abgestempelt wird. In fast allen Tauchorganisationen sind Tiefenbegrenzungen vorgegeben. Solange diese Einschränkungen als Richtlinien gelten und flexibel den gegebenen Bedingungen angepasst werden, ist das auch gut.

Nur wird oft die Tiefenbegrenzung als starres Gesetz vermarktet und damit zur Farce. So darf zum Beispiel ein Open-Water-Taucher offiziell maximal 18 Meter tief tauchen, ungeachtet der Zahl seiner Tauchgänge. Ein Advanced-Taucher hingegen darf 30 Meter tief tauchen. Den Advanced-Kurs kann man gleich im Anschluss an den Open-Water-Kurs ablegen. Der Advanced-Kurs besteht aus fünf verschiedenen Tauchgängen, wie Nacht-, Strömungs-, Orientierungs-, Wrack-, Fischbestimmungs-, Tieftauchen und anderen Abenteuertauchgängen. Wenn die Tauchgründe in einer Tauchschule nicht mehr hergeben, kann der „Tieftauchgang" in einer Tiefe von 19 Metern abgelegt werden.

So darf ein Taucher mit gerade mal neun Tauchgängen in offenen Gewässern, darunter einen 19 Meter Tauchgang, offiziell – mit einem ebenso „erfahrenen" Partner – ohne Aufsicht eines Tauchlehrers bis 30 Meter tauchen.

Ein Taucher, der vor 15 Jahren tauchen gelernt hat, etliche hundert Male unter Wasser war, aber nie die Notwendigkeit verspürt hat, in eine Advanced-Plastikkarte Geld zu investieren, darf neuerdings nur noch unter Aufsicht auf 18 Meter tauchen.

Diese Regelungen entbehren jeder Logik im Sinne der Tauchsicherheit. Eine andere Logik steht natürlich dahinter – der Advanced-Kurs kostet Geld.

„Warum willst du so tief tauchen? Die meisten Fische und die schönsten Korallen findet man doch auf den ersten paar Metern." „Diese ‚Tiefengeier' wollen doch nur angeben." „Wer tiefer als 40 Meter tauchen will, muss unbedingt einen Tech-Tauchkurs belegen. Mit Pressluft ist das viel zu gefährlich." Mit solchen Aussagen versucht man, die Taucher vom Tieftauchen mit Pressluft abzuhalten. Auch ich muss zugeben, dass mir als Tauchlehrerin auf den Malediven das Tieftauchverbot gelegen kam. Es ersparte mir heiße Diskussionen mit so manchem Taucher und senkte das Risiko im Tauchbetrieb.

Trotzdem ist es eher gefährlich, das Thema Tieftauchen – und damit meine ich über die 40-Metermarke hinaus – zu tabuisieren. Tatsache ist nun mal: Tieftauchen reizt den einen oder anderen Taucher eben doch.

Es gibt Tauchgebiete, in denen auch mit Pressluft über 40 Meter getaucht wird – zum Beispiel am „Blue Hole“ in Belize, weltweit an verschiedenen Wracks oder an Tauchplätzen, an denen man die Haie nur weit unten beobachten kann. Deshalb ist es besser, über das Tieftauchen aufzuklären und brauchbare Tipps zu geben, statt es schlichtweg zu verdammen.

Die Gefahr beim Tauchen in einer Tiefe bis zu 30 Metern außerhalb der Dekompressionszeiten bei nicht allzu heftiger Strömung ist vergleichbar mit einem Spaziergang durch den Harz. Vorausgesetzt, du bist gut ausgebildet und beherrschst deine Grundübungen.

Die Bedrohung für Leib und Leben bei einem Abstieg jenseits der 40 Meter und außerhalb der Nullzeit gleicht dem Risiko einer Besteigung des Mount Everest. Das ist nicht übertrieben, wenn man sich die Zahl der tödlichen Unfälle beim Tieftauchen vor Augen führt – welche die Versicherungsgesellschaften dereinst veranlasste, Tauchen als eine der gefährlichsten Sportarten einzustufen. Die Tücke ist, dass man für das Tauchen weniger Vorbereitung braucht, als wenn man einen Achttausender besteigen möchte. Um sich in die Tiefe zu stürzen, muss man nicht unbedingt fit sein. Außerdem werden die Gefahren oft nicht realisiert, da sie innerhalb des Körpers stattfinden. Die Vorstellung eines Sturzes in eine Gletscherspalte kann unser Gehirn eher als Gefahr identifizieren als den Gedanken an die Aufnahme einer Überdosis Stickstoff.

Wie tief kann man überhaupt tauchen?

Heutzutage liegen die Bestimmungen vielerorts bei 18 bis 20 Meter für den Open-Water-Taucher und 30 Meter für den Advanced-Taucher. Früher einmal galten 40 Meter als offizielle Tiefengrenze für den Sporttaucher. Das galt nicht für Tauchlehrer, „Assis“ oder einige Auserwählte, denen man zutraute, bei einem „Lusttauchgang“ kein Klotz am Bein zu sein. Nicht verheimlichen sollte man, dass bei diesen Freizeittauchgängen etliche „Profis“ ihr Leben gelassen haben.

Soweit zu den willkürlichen Verordnungen. Nun zu den physikalischen Grenzen:

Ab 40 Meter, in Extremfällen auch vorher, kann ein Tiefenrausch auftreten und die Nullzeiten sind so gering, dass man schnell in die Dekompressionszeit rutschen kann. Ab zirka 74 Metern besteht die akute Gefahr einer Sauerstoffvergiftung. Einen Aufenthalt auf 100 Meter kann man kurzfristig überleben. Das Risiko dabei fällt unter die Rubrik: in Kauf genommener Suizid.

Tiefenrausch

Der Tiefenrausch wird auch als Stickstoffvergiftung oder -narkose bezeichnet. Die Ursache wäre damit geklärt: Unter hohem Umgebungsdruck wirkt der Stickstoff ähnlich wie eine „Tüte Gras“. Das kann ein ganz tolles Gefühl sein. Konzentration und kognitives Denkvermögen werden noch weiter herabgesetzt, als es ohnehin schon der Fall ist, sobald man den Kopf unter Wasser steckt. Die Wahrnehmung verändert sich. Farben und Formen erscheinen

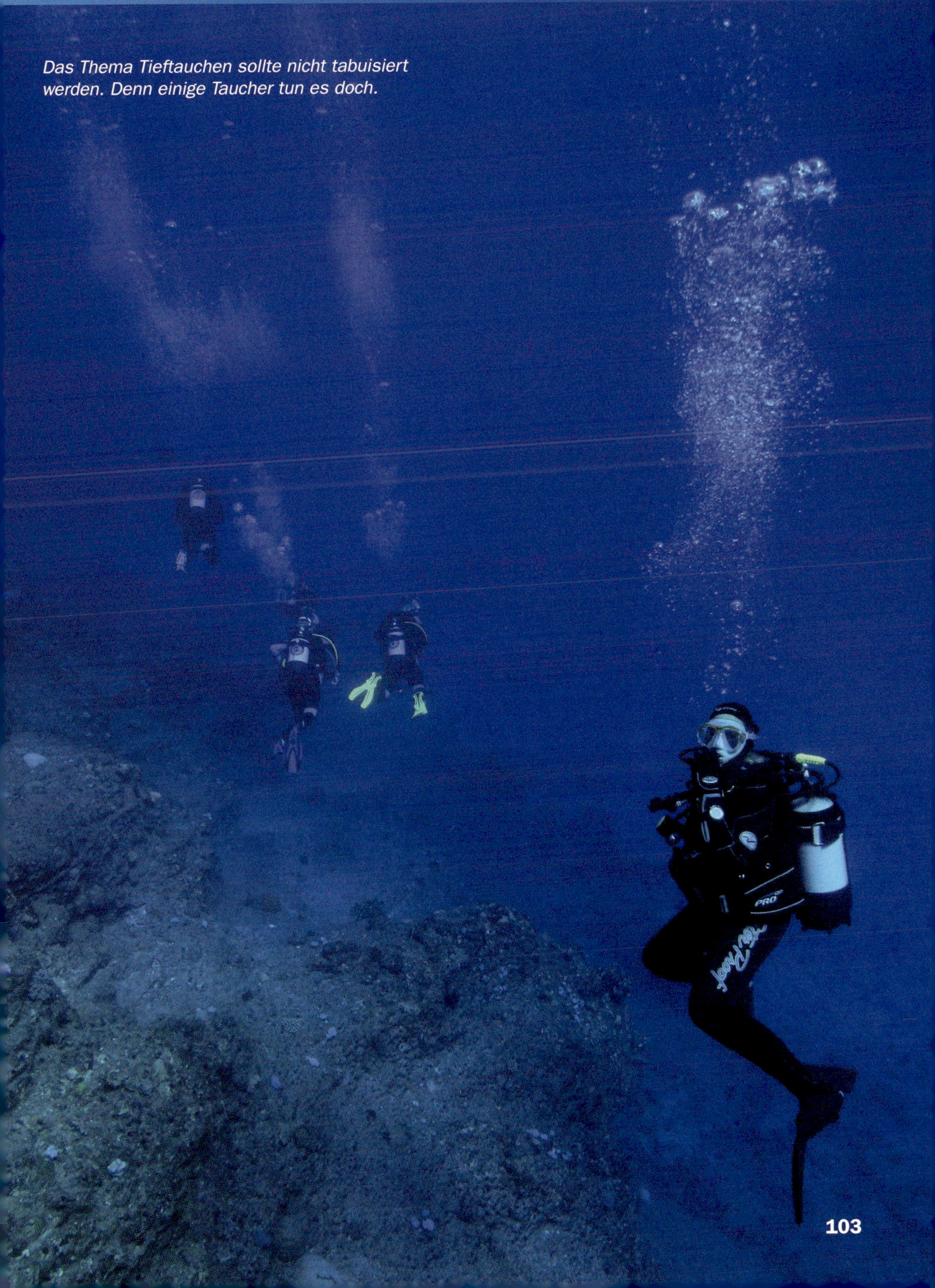

Das Thema Tieftauchen sollte nicht tabuisiert werden. Denn einige Taucher tun es doch.

intensiver. Es kann zu optischen oder geschmacklichen Wahrnehmungsstörungen kommen. Etwa kann man im Tauchpartner den Weißen Hai erkennen oder die Tauchkameraden, die am Grund Sand aufwirbeln, sehen aus wie Engelchen auf einer Wolke. Manche Taucher berichten von Tunnelblick und metallischem Geschmack im Mund.

Oft ist die Orientierung gestört. Auch das Bewusstsein ist beeinträchtigt. Ein Taucher kann in einem schlafartigen Zustand hinter seinen Kameraden herflosseln und sich später an nichts mehr erinnern – zu schade, wenn gerade dann der Walhai vorbeischwimmt!

Wenn man bedenkt, dass der Rausch verschwindet, sobald man einige Meter höher steigt, keine Nebenwirkungen hinterlässt und man auch keinen „Kater" ausheilen muss, wäre es der ideale Rauschzustand.

Ja, Tiefenrausch kann eine ganz lustige Angelegenheit sein. Der einzige Nachteil ist, dass du dich damit umbringen kannst. Gerade weil es meist ein nettes Gefühl ist und man sich dabei so wohl fühlt, besteht die Gefahr, den einzig vernünftigen Schritt – nämlich etwas höher zu gehen – soweit hinaus zu zögern, bis es zu spät ist und man die Kontrolle über sein Handeln verliert.

Es kann jedoch auch zum Horrortrip kommen. Angst und Beklemmung machen sich breit. Da der Taucher dann eher zum Aufwärtstrend neigt, zeigt es sich, dass Ängste zuweilen doch recht sinnvoll sein können.

Kann man sich vor einem Tiefenrausch schützen?

Der Tiefenrausch ist ein multikausaler Vorgang. Individuelle körperliche Voraussetzungen, Tagesform, Atemfrequenz, psychische Verfassung, Trainingszustand und äußere Einwirkungen wie Kälte, Strömung oder Dunkelheit, all diese Faktoren bestimmen, wann die Stickstoffvergiftung einsetzt und wie sie sich äußert.

Ein Taucher kann also durchaus zu einer – allerdings begrenzten – Resistenz gegen den Tiefenrausch beitragen: gesunde Lebensweise; genügend Schlaf vor dem Tieftauchgang; Verzicht auf Alkohol, Drogen oder Medikamente mindestens zwölf Stunden vor dem Tauchgang; genügend Erfahrung; Angstabbau und Steigerung des Selbstvertrauens durch effektives Training; Angewöhnen einer vernünftigen Atemtechnik; systematisches Herantasten an größere Tiefen.

Allerdings, eine hundertprozentige Garantie, dass der Tiefenrausch nicht auftritt, gibt es auch unter den besten Bedingungen nicht. Auch dann nicht, wenn man schon etliche Male auf einer bestimmten Tiefe war, ohne die Kontrolle zu verlieren.

Wer das erste Mal vorhat, die umstrittenen Grenzen zu überschreiten, sollte dies am besten mit einem erfahrenen, tiefenerprobten Partner tun. Wichtig ist, sich keinem Leistungszwang auszusetzen. Auch sollten die Ziele zunächst nicht zu tief gesteckt werden. Ein schrittweises Herantasten an die ungewohnten – und irgendwo im Hinterkopf doch bedrohlichen – Abgründe ist äußerst ratsam.

Ein Fehler wird oft beim Tieftauchen begangen: Um nicht zu tief in die Dekozeiten zu geraten, stürzen sich viele Taucher rasant in die Tiefe, damit sie schnellstmöglich das anvisierte Ziel erreichen. Das mag zwar ein paar Minuten beim Dekostopp einsparen, jedoch begünstigt ein schneller Abstieg die Stickstoffvergiftung. Es ist sicherer, mit klarem Kopf die Dekostufen einzuhalten, als stickstoffberauscht in der Nullzeit zu bleiben.

Der effektivste Schutz gegen einen Kontrollverlust ist es, fortwährend zu denken sowie sich selbst, die Instrumente und den Partner zu überwachen. „Wie tief bin ich? Wie tief wollen wir maximal hinunter? Wie viel Luft habe ich noch? Was meint mein Computer? Ist mein Buddy noch dicht genug bei mir? Verhält sich mein Partner noch normal? Wie fühle ich mich? Kann ich noch klar denken? Weiß ich noch, wo wir sind?“ Mit diesen Fragen sollten wir uns ständig beschäftigen. Natürlich sollten wir auch nicht versäumen, uns an der Unterwasserwelt zu erfreuen und das „Feeling“ zu genießen. Aber Achtung! Dabei auf keinen Fall das Denken vergessen!

Ein weiterer Sicherheitsfaktor ist dein Tauchpartner. Bei einem Tieftauchgang, heißt es, extrem nahe beim Partner zu bleiben. Wenn es dazu noch dunkel ist oder ein Taucher in der Tiefe noch keine Erfahrung hat, ist es am sichersten, Hand in Hand zu tauchen. Wenn das für zwei Männer zu peinlich ist, kann man den Partner auch am Unterarm packen.

Du solltest auch öfters die Reaktion deines Buddys checken. Antwortet er auf dein Okay-Zeichen schon etwas zögerlich? Wie schätzt du seine Bewegungen ein? Wirkt sein Blick noch aufmerksam? Bei der ersten Unsicherheit solltet ihr höher steigen. Das gilt natürlich auch, wenn du merkst, dass deine Reaktionen nachlassen.

Dekompression

Wenn man beim Tieftauchen nicht nur kurz unten aufschlägt und gleich wieder den Rückweg antritt, kommt man unvermeidlich in die Dekompressionszeiten. Im Grunde ist ein Dekotauchgang nicht gesundheitsschädlicher als ein Nullzeittauchgang, sofern man die Dekostopps einhält. Voraussetzung dazu sind zum einem das Beherrschen einer präzisen Tarierung, zum anderen genügend Luft.

Anders als ein Nullzeittauchgang muss ein Dekompressionstauchgang unbedingt geplant werden. Der Einsatz einer Reserveflasche, etwa am Dekoseil oder am Riff, sollte nur dann in Betracht gezogen werden, wenn sichergestellt ist, dass man die Flasche auch wirklich wiederfindet.

Außerdem rate ich jedem Taucher, sich nicht voll und ganz auf den Computer zu verlassen, sondern zu den angegebenen Stopps stets noch ein paar Minuten dranzuhängen. Die folgenden Faktoren erhöhen das Risiko, dass die vom Computer angegebene Dekozeiten nicht ausreichen:

- eine Minderdurchblutung der Kapillaren durch das Rauchen
- Fettleibigkeit
- Dehydrierung

- körperliche Anstrengung während des Tauchgangs
- Stress
- Kälte
- schneller Aufstieg
- vorangegangene Dekompressionsunfälle
- kurze Oberflächenpausen
- häufiges Tauchen an den Tagen zuvor

Achtung!
Eine andere Gefahr – die jedoch auch bei Nullzeittauchgängen besteht – bildet ein Loch in der Herzscheidewand (Foramen ovale). Diese Anomalie tritt etwa bei 25 Prozent aller Menschen auf. Da ein Foramen ovale gewöhnlich keine Beeinträchtigung im normalem Leben nach sich zieht, bleibt es oft unerkannt. Auch bei einer gewöhnlichen Tauchtauglichkeitsuntersuchung wird es oft übersehen. Ein Loch in der Herzscheidewand ist die Ursache für eine große Anzahl von Tauchunfällen.

Sauerstoffvergiftung

Ab einer Tiefe von zirka 74 Meter besteht die Gefahr der Sauerstoffvergiftung. Hierbei unterscheidet man die Vergiftung des zentralen Nervensystems von der pulmonalen Sauerstoffvergiftung.

Eine Beeinträchtigung des zentralen Nervensystems tritt zuerst auf. Die Symptome sind Tunnelblick, Ohrenklingeln oder -pfeifen, Muskelzuckungen und schließlich Muskelkrämpfe – besonders im Gesicht – und Ohnmacht.

Wird Sauerstoff über längere Zeit unter hohem Partialdruck eingeatmet, kommt es zu einer pulmonalen Vergiftung. Das Lungengewebe verändert sich. Lungenversagen und Tod sind die Folgen.

Äußere Bedingungen

In einem dunklen, kalten See kann man einen 30-Meter-Tauchgang schon als Extremtauchgang werten, von dem ein unerfahrener Taucher besser die Flossen lassen sollte. Gewiss, die physikalischen Bedingungen verändern sich nur geringfügig zu Ungunsten, jedoch fallen unter diesen Bedingungen die psychologischen Aspekte schwer ins Gewicht. Der Tiefenrausch kann wesentlich früher auftreten und Angst kann bei Dunkelheit und Kälte viel schneller zu Panik führen.

Auch starke Strömung ist ein Argument, um auf einen Tieftauchgang doch lieber zu verzichten.

Fazit
Nur sehr erfahrene Taucher, die sich des Risikos voll bewusst sind, sollten sich an extreme Tieftauchgänge wagen. Ich habe hier nur knapp über die Gefahren aufgeklärt. Wer sich trotzdem auf das Risiko einlassen will, sollte sich auch näher mit der Physik und Physiologie auseinandersetzen. Literatur, die über das Open-Water-Manual hinausgeht, wäre da angebracht. Empfehlen kann ich auch folgende Webseite: *www.peter-rachow.de/tief.htm*

Ausrüstung

Dieses Kapitel ist nicht dazu gedacht, dir eine Liste mit Ausrüstungsgegenständen zu nennen, die du unbedingt haben musst, oder irgendwelche Schleichwerbung zu betreiben. Ich will dir lediglich ein paar Details vor Augen führen, die mir so im Laufe der Jahre an der Ausrüstung meiner Tauchschüler aufgefallen sind. Welches Teil ist sinnvoll? Was ist unnütz oder unpraktisch, was hinderlich oder gar gefährlich? Ich vertrete hier meine ganz persönliche Meinung. Sei also nicht gleich beleidigt, wenn ich dein futuristisches Jackett mit integriertem Düsenantrieb und eingebauter Videoüberwachung nicht lobpreise.

Maske

Zur Maske gibt es nicht viel zu sagen. Wichtig ist, dass deine Maske auf dein Gesicht passt.

Ein poppiger Gag ist ein buntes Maskenband aus Neopren. Obwohl nicht nützlich, ist dagegen nichts zu sagen. Nur solltest du wissen, dass diese Maskenbänder leicht verrutschen, wenn du ins Wasser springst. Es ist also ratsam, nach jedem Sprung den Sitz deiner Maske zu prüfen.

Bei einer neuen Silikonmaske kannst du noch so oft spucken, sie wird immer wieder beschlagen. Der Grund ist ein unsichtbarer Film, der erst einmal entfernt werden muss. Als Geheimmittel für diese Säuberungsaktion gelten Zahnpasta oder Scheuermittel. Allerdings musst du diese Prozeduren öfters wiederholen, bevor du den richtigen Durchblick hast. Am schnellsten geht das Ausbrennen. Nimm eine Kerze und halte die Flamme kurz ans Glas. Gib aber Acht, dass du nicht die ganze Maske abfackelst. Den Ruß hinterher auswaschen.

Flossen

Es gibt nur zwei Situationen, in denen Flossen mit Fersenband und Füßlingen (Taucherflossen) sogenannten „Schnorchelflossen“ mit geschlossenem Fußteil vorzuziehen sind: in kalten Gewässern oder wenn du vom Ufer aus über scharfkantigen Untergrund ins Wasser steigen musst.

Ansonsten bieten die „echten Taucherflossen“ eher Nachteile. Im Fluggepäck sind sie sperrig und schwer, und die Füßlinge brauchen extra Platz. Füßlinge haben Auftrieb. Du verbrauchst also zusätzliche Energie, um diesem entgegenzuwirken. Bei vielen Tauchern in dicken Füßlingen treiben die Füße nach oben und sie haben Mühe, in der Waagerechten still zu verweilen.

Viele Flossenmodelle mit Fersenband sind starr und schwer. Sie belasten die Fußgelenke stark. Hat ein Taucher nicht die nötige Kraft und Technik, eine große Flosse zu bewegen, weicht er in einen „schlampigen“ Schwimmstil aus. Der „Radfahrstil“ ist zwar weniger anstrengend, man kommt aber auch schlecht voran.

Tauchausrüstungen werden meistens von erfahrenen, guttrainierten Tauchern getestet. Es heißt also nicht, dass die vielgepriesene Superdynamikflosse, mit der ein „Superfroschmann" beste Ergebnisse erzielt, für einen Hobbytaucher, der einmal im Jahr taucht, das Optimale ist.

Besonders wenn du gegen eine Strömung tauchst, wo präzise, aber lockere Bewegungen das Geheimrezept sind, wirst du mit einer guten „Schnorchelflosse" am Besten vorankommen. Das Gefühl ist vergleichbar damit, ob du beim Joggen ein paar leichte Laufschuhe oder Wanderstiefel an den Füßen hast.

Ich habe auch etliche Fabrikate von Split-Fins ausprobiert, muss aber gestehen, dass mich kein Modell überzeugen konnte. Sie lassen sich sehr leicht bewegen, gewährleisten aber bei starker Strömung nicht genügend Vortrieb. Am besten kommt man bei diesen Flossen mit kurzen, schnellen Schlägen voran, was auf die Dauer recht ermüdend ist.

Fazit
In warmen Gewässern sind gute „Schnorchelflossen" nicht nur die beste, sondern auch die preiswerteste Option.

Automat

Wenn du im Kaltwasser tauchen möchtest, ist es unumgänglich, einen vereisungssicheren Automaten zu benutzen, besser gesagt zwei. Im Kaltwasser und beim Höhlentauchen solltest du immer mit zwei getrennten ersten Stufen tauchen. Du kannst dich dementsprechend bei deinem Tauchausrüstungsgeschäft beraten lassen.

In subtropischen und tropischen Gebieten tut es der „Volkswagen" unter den Automaten genauso gut wie der „Mercedes". Es gibt keine Automaten mit zu geringer Luftliefermenge mehr auf dem Markt. Ich persönlich bevorzuge den „Volkswagen", denn je simpler ein Automat aufgebaut ist, desto weniger kann kaputt gehen.

Vorsicht ist geboten bei Automaten, bei denen das Ausatemventil nicht unten, sondern seitlich angebracht ist. Wenn man im Notfall einem anderen Taucher den Automaten anbietet, muss man unbedingt darauf achten, dass das Ausatemventil nach unten zeigt oder man die Luftdusche drückt. Hält man die zweite Stufe gerade oder gar nach oben, lässt sich durch Ausatmen das Wasser nicht entfernen.

Jackett

Die gängigste und praktischste Vorrichtung, um das Jackett an die Flasche zu montieren, ist der Gurt, der durch einen Schließmechanismus gezogen wird und somit einen geschlossenen Ring bildet. Einmal richtig eingefädelt, lässt sich diese Vorrichtung auf jeden Flaschenumfang mit einem Zug einstellen und festspannen. Ich frage mich, warum einige wenige Firmen eine Ausnahme auf den Markt bringen, bei der man bei jeder Umfangsveränderung umständlich an einem Klettband herumfummeln muss, um den Gurt schließlich millimetergenau einzustellen? Gut, das ist eine Kleinigkeit, kann aber nerven, wenn alle Taucher in der prallen Sonne warten müssen, bis der Kollege endlich sein Jackett befestigt hat.

Ernster ist die Sache, wenn eines dieser Ausnahmefabrikate zusätzlich den Lufteinlassknopf genau neben dem Luftauslassknopf haben und die Knöpfe relativ schwer zu drücken sind. Besonders unerfahrene Taucher jagen sich mit diesem System gern nach oben. Allgemein bewährt hat sich der Einlassknopf an der Seite und der Auslass oben, dann ist eine Verwechslung zu vermeiden.

Der letzte Schrei sind Jacketts ohne Faltenschlauch. Inflatorverbindung sowie Luftein- und -auslass sitzen ziemlich unten am Jackett. Der Vorteil ist, dass man nicht mehr den linken Arm zu heben und in die Senkrechte zu gehen braucht, um Luft auszulassen. Ist das so ein großer Vorteil? Jeder Taucher ohne körperliche Behinderung sollte so viel Können aufweisen, ein konventionelles Jackett zu leeren. Hat er damit Schwierigkeiten, muss er noch viel üben. Eine Gefahrenquelle birgt dieses Jackett: Es lässt sich zwar theoretisch durch ein Röhrchen an der Seite mit dem Mund aufblasen, allerdings geht das sehr schwer. Muss der Inflator während eines Tauchganges entfernt werden, weil er kontinuierlich Luft ins Jackett bläst, sind die wenigsten Taucher in der Lage dieses Jackett mit dem Mund aufzublasen. Der Widerstand ist erstens zu hoch, zweitens fehlt ein Mundstück, um die Röhre beim Pusten luftdicht abzuschließen.

Die sogenannten Wing-Jacketts, also Jacketts mit dem Auftriebskörper am Rücken, sind für das Höhlentauchen entwickelt worden. Da sind sie nützlich, denn in einer Höhle muss man die Beine oben halten, um keine Sedimente aufzuwirbeln. Doch auch in der Open-Water-Tauchszene sind die Wings in Mode gekommen, haftet ihnen doch ein Flair von High-Tech-Diving an. Außer der Bewunderung einiger Unwissender bergen diese Jacketts für den Freiwassertaucher keine Vorteile. Die Schwimmlage mit den Beinen leicht über dem Körper schränkt die Bewegungsfähigkeit ein. Eine Drehung um die eigene Achse, um nach dem Tauchpartner zu sehen, oder das Aufrichten zur Senkrechten, um Luft abzulassen, dauern beispielsweise länger, weil man erst die Beine unter den Körper bekommen muss. Oft verfängt sich auch die Luft in einer Ecke des „Schlabbersackes“. Ich habe nicht nur bei Anfängern beobachtet, dass

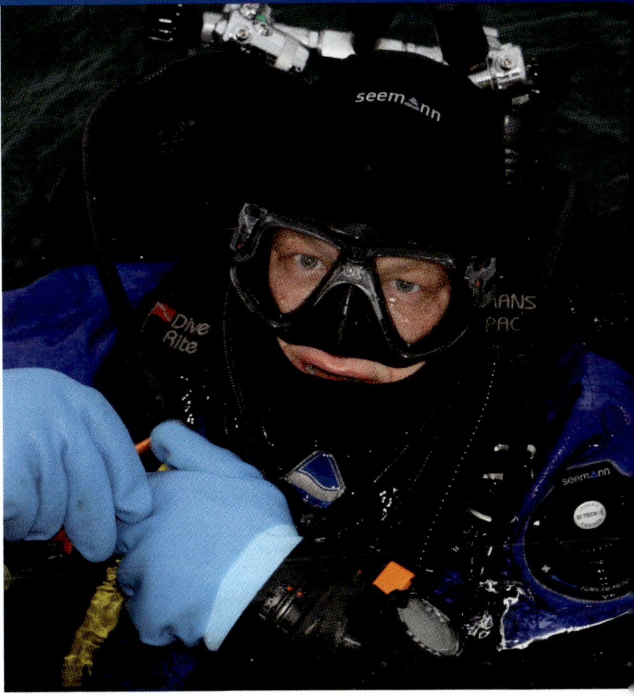

Im Kaltwasser und beim Höhlentauchen sollte mit zwei getrennten ersten Stufen getaucht werden.

Taucher Schwierigkeiten hatten, ihr Wing-Jackett zu leeren. Außerdem ist es unbequem, mit dem Wing-Jackett rücklings an der Oberfläche zu treiben, da es den Oberkörper nach vorn drückt.

Das ideale Jackett für Tauchgänge in strömungsreichen Gebieten ist leicht und aquadynamisch, mit anliegenden Taschen und ohne unnützes Zubehör. Ein Faltenschlauch und ein Ablassventil hinten am unteren Rand reichen völlig. Jedes zusätzliche Ventil ist lediglich eine Schadensquelle. Der Faltenschlauch muss oben auf der Schulter sitzen und die Schlauchhalterung darf nicht verhindern, dass der Schlauch beim Luftablassen an der höchsten Stelle gehalten wird. Ein Rückenpolster erzeugt unnötigen Auftrieb und Strömungswiderstand ohne großen praktischen Wert. Eine Aluflasche liegt beim Tauchen ohnehin nicht schwer auf dem Rücken auf, es sei denn du hast integriertes Blei. Aber auch dann ist der Druck nicht so groß, dass du ein Sofakissen im Rücken brauchst.

Bleigurt oder lieber Taschen?

Mein Blei ist seit Beginn meines Taucherdaseins auf einen Gurt gefädelt. Jahrelang konnte ich die Diskussionen nicht verstehen, die um diesen simplen, wenn auch wichtigen Gegenstand kreisten: Ob nun Softblei, Taschengurt, Hosenträgergurt oder schließlich im Jackett integriert. Mir fiel auf, dass hauptsächlich Männer diese Debatten führten. Das erschien mir zunächst merkwürdig, denn bei einem Bleigurt handelt es sich ja nicht um eine komplizierte technische Spielerei. Schließlich kam mir die Erkenntnis, es liegt an der Anatomie. Den Männern fehlen die praktischen Kurven, die den tatenlosen Sitz des Bleigurtes garantieren. Deshalb die Jubelschreie, als die ersten bleiintegrierten Jacketts aufkamen. Das zweite Argument für Blei im Jackett ist die Rückenfreundlichkeit. Das mit der Rückenfreundlichkeit ist allerdings relativ. Das Gewicht, das du während des Tauchgangs mitführst, bleibt gleich. Der Druck des Bleigurtes auf die Wirbelsäule ist etwas anders verteilt, aber nicht viel größer als der der Tauchflasche, die von den Bleitaschen ins Kreuz gezogen wird. Bei sehr schlanken Personen drückt das Blei am Gürtel zuweilen unangenehm auf die Hüftknochen. Äußerst rückenschädlich ist es jedoch, eine Tauchflasche samt den integrierten Gewichten zum Anziehen auf eine Bank zu hieven. Gut, viele Taucher lassen das von der einheimischen Bootscrew erledigen, dann ist es ja ein anderer Rücken, der zu leiden hat. Befestigt also bitte das Blei erst am Jackett, wenn die Flasche den höchsten Punkt erreicht hat oder helft mit, die schwere Last aufzuheben. Auch wenn ihr die Flasche im Wasser auszieht und aufs Boot reicht, gebt zuerst die Gewichtstaschen extra ab.

Rückenschmerzen beim Tauchen kommen meistens nicht vom Bleigurt, sondern von der ungewohnten Haltung mit leichtem Hohlkreuz. Diese Bananenhaltung tritt oft im Extrem auf, wenn ein Taucher einen 5- oder 7-mm-Anzug und dicke Füßlinge trägt und obendrein integriertes Blei benutzt. Anzug und Füßlinge treiben auf, das Gegengewicht hängt aber unterm Bauch, kann also den Lendenbereich nicht nach unten drücken. Die Beine schweben nach oben. Beim Fallschirmspringen im freien Fall gibt es dafür eine gute Stilnote. Beim Tauchen ist das nicht besonders aquadynamisch und geht aufs Kreuz.

Gegen die Verspannung im Lendenwirbelbereich hilft es, öfters mal während des Tauchgangs innezuhalten und die Knie zur Brust zu ziehen, um den Rücken in die andere Richtung zu dehnen.

Es ist auch schwierig, mit integriertem Blei das Gerät abzulegen. Wenn du nicht schnell genug deine Flasche vor die Brust bekommst und umarmst, hängst du bald mit den Füßen nach oben. Zugegeben, es kommt nicht allzu oft vor, dass man das Gerät ablegen muss. Trotzdem, es gibt Situationen, zum Beispiel wenn du dich in eine Angelschnur verhedderst oder wenn du hörst, dass am Ventil etwas zischt und du nachsehen willst, wie viel Luft du verlierst.

Bleitaschen, die nur mit einem Klettverschluss am Jackett angebracht sind, lösen sich zu leicht, besonders wenn man viel Blei hineinsteckt. Hier besteht ernsthafte Gefahr!

Ihr merkt schon, ich bin kein großer Freund des Integrierten. Die Alternative: das Blei aufteilen, zwei Drittel an den Gurt, ein Drittel in die Taschen.

Für Gurtträger ein kleiner Tipp: Verteilt die Gewichte möglichst gleichmäßig seitlich und lasst hinten, wo die Flasche sitzt, eine Lücke. Bei ungerader Gewichtszahl rückt ein Bleistück nach vorn vor den Bauch.

Zwei in einem

„Zwei in einem“ liegt voll im Trend. Bei Shampoo und Spülung ist das auch eine ganz tolle Sache. Bei Tauchausrüstungen sehe ich das etwas anders.

Das Jackett mit eingebauten Lungenautomat ist nicht mehr der allerletzte Schrei und hat sich zum Glück auch nicht durchsetzen können. Mag sein, dass man gerade deshalb so ein Zwitterwesen günstig im Internet ersteigern kann. Es gibt keinen ersichtlichen Vorteil für diese Konstruktion. Sollte aber ein Teil kaputt gehen, haut man das andere gleich mit in die Tonne. Geht im Urlaub ein Teil kaputt, bist du gezwungen, für teures Geld gleich zwei Ausrüstungsteile zu leihen.

Ein Lieblingsspielzeug in der Taucherwelt, das viele Anhänger hat, ist der luftintegrierte Computer. Das schlaue Kerlchen zeigt nicht nur den Flaschendruck an, sondern auch noch etliche fiktive Daten. Aber was nützt es mir, wenn ich weiß, dass mein Luftvorrat noch 20 Minuten reicht, vorausgesetzt, meine Atmung bleibt unverändert und ich verharre in der gleichen Tiefe, was wohl nicht der Fall sein wird. Niedlich ist auch die kleine schwarze Raucherlunge, die mir anzeigt, dass ich aus der Puste bin. Als ob ich das nicht fühlen könnte. Und manchmal piepst das Teil auch ohne ersichtlichen Grund, wahrscheinlich aus reiner Lebensfreude. Doch was soll's, ich will kein Spielverderber sein. Gegen ein bisschen technische Spielerei ist nichts einzuwenden.

Nur: Je komplizierter die Technik, desto mehr Fehlerquellen sind möglich. Wenn also der luftintegrierte Computer einmal aussetzt, ist der Taucher gezwungen, seinen Tauchgang sofort abzubrechen, denn er weiß ja nicht, wie viel Luft er noch hat. Mit einem getrennten System kann ein

Tauchgang noch fortgesetzt oder sogar noch andere Tauchgänge durchgeführt werden, wenn der Taucher in Höhe seines Tauchpartners taucht und sich nach dessen Computer richtet. Bei einer Tauchkreuzfahrt, wo gewöhnlich keine Leihausrüstung verfügbar ist, kann zu viel Technik den Urlaubsspaß verderben. Falls am Automaten ein zweiter Hochdruckanschluss vorhanden ist, empfehle ich, zusätzlich ein Finimeter mitzuführen.

Noch ein Tipp beim Ausrüstungskauf. Ein Computer am Handgelenk hat eine höhere Lebenserwartung als einer in der Konsole. Es ist nicht immer zu vermeiden, dass ein Computer an der Konsole beim Transport oder beim Gerät an- und ausziehen Erschütterungen ausgesetzt wird, die ihm nicht gut bekommen.

Handschuhe

Handschuhe schützen gegen Kälte, nicht gegen Korallen. Es sind die Korallen, die den Schutz benötigen. In den Tropen existiert bei mir Handschuhverbot. Wenn ein Taucher das Riff berührt, sollte er zumindest genau hinsehen, was er anfasst (auf keinen Fall lebende Korallen). Gegen Seeigel und Giftfische helfen auch keine Handschuhe. Mit nackten Fingern reagierst du instinktiv, falls du etwas Verdächtiges berührst. Auch hast du mit Handschuhen weniger Gefühl für deine Ausrüstung, zum Beispiel wenn du versuchst, den Luftauslass am Jackett zu finden.

Sicherheitsausrüstung

Eine *aufblasbare Signalboje* sollte bei jedem Tauchgang im Meer mitgeführt werden. In manchen Tauchgebieten ist es sinnvoll, bereits während des Sicherheitsstopps in etwa fünf Metern die Boje aufzublasen und an einer Schnur aufsteigen zu lassen. Denn in drei Minuten legst du bei starker Strömung eine weite Strecke zurück. Allerdings solltest du das Aufsteigen einer Boje zunächst einmal üben. Ich habe schon etliche Taucher gesehen, die ihre Boje ungewollt als Lift missbrauchten.

Eine schrille *Pressluftpfeife*, die am Inflator angebracht wird, ist an der Oberfläche am besten zu hören. Der sogenannte „Hammerhead“, eine Signalpfeife, die auch unter Wasser funktioniert, hat über Wasser einen dumpfen Ton, der nicht weit trägt. Um beim Tauchen deinen Partner auf die vielen Fischchen hinzuweisen, ist der „Hammerhead“ total fehl am Platz. Er ist schlichtweg eine Lärmbelästigung und verscheucht sämtliche Großfische. Trotzdem bin ich der Meinung, jeder Taucher sollte sich einen „Hammerhead“ anschaffen. Allerdings sollte vereinbart werden, ihn nur einmal kurz zu Beginn des ersten Tauchgangs mit einem neuen Buddy zu betätigen, um sich den Ton einzuprägen. Danach sollte er nur in Notsituationen verwendet werden. Eindringlich empfehle ich dieses akustische Notsignal allen Tauchpartnern von Unterwasserfotografen oder -filmern. Denn mit der Kamera in der Hand zeigen viele Taucher wenig Interesse am Wohl ihres Buddys, wenn er nicht gerade als Model dient. Wer auf Nummer Sicher gehen will, steckt die schrille Pfeife auf den „Hammerhead“. Dann ist man für über und unter Wasser gerüstet.

Druckausgleich und Ohrenpflege

Was stellt die größte Herausforderung für einen Tauchlehrer dar? Ist es dem Anfänger den Ablauf der Übungen zu erläutern, ihm seine Ängste zu nehmen oder ihm beim ersten tieferen Tauchgang Sicherheit zu vermitteln?

Für mich war zuweilen das Schwierigste, einem Tauchanfänger den Druckausgleich zu erklären. Gewiss, ich kann ihm eine simple Erläuterung bieten: „Wenn du abtauchst, drückt der Wasserdruck deine Trommelfelle nach innen. Zunächst verspürst du ein leichtes Druckgefühl. Gehst du tiefer, ohne diesen Druck auszugleichen, wird der Druck stärker, du bekommst Schmerzen. Ignorierst du den Schmerz und gehst immer weiter hinunter, macht es irgendwann mal ‚paff', der Druck ist weg, aber du hast ein Loch im Trommelfell.

Um das zu vermeiden, musst du den Druckausgleich durchführen. Die gebräuchlichste Art ist: Nase zuhalten und versuchen, durch die geschlossene Nase auszuatmen. Dadurch pustest du durch die Eustachische Röhre – also die Verbindung zwischen Mund-Nasen-Rachenraum und Mittelohr – Luft, die dem Außendruck entspricht, ins Mittelohr. Außen und Innen herrscht nun der gleiche Druck und nichts tut mehr weh."

Na, so schwer ist das doch nicht! Bei den meisten Tauchschülern klappt das ja auch auf Anhieb. Dann gibt es aber noch die seltenen Fälle, bei denen wirklich eine anatomische Fehlbildung oder einfach nur eine Erkältung vorliegt, und die weniger seltenen Fälle der Druckausgleichs-Hypochonder.

Und da stoße ich an meine Grenzen. Wenn der Tauchanfänger nicht gerade die Wangen aufbläht wie eine Kröte bei der Paarung – was eindeutig ein Fehler ist – kann ich nicht erkennen, ob da etwas falsch gemacht wird.

Mir hat ein Taucher nach einem 20-Meter-Tauchgang schon versichert, sein Druckausgleich habe gar nicht funktioniert. Auf meine Frage: „Hat das weh getan?", bekam ich die Antwort: „Nö, aber es hat gar nicht geknackt." Muss es immer knacken, knirschen oder pfeifen? Ich weiß es nicht! Ich habe nur meine eigenen Ohren und kann mir nicht vorstellen, wie sich andere Ohren anfühlen.

Fazit

Beim Druckausgleich ist jeder Tauchschüler von Anfang an auf sich selbst gestellt. Ich kann euch aber ein paar praktische Tipps mit auf den Weg geben. Regeln für den Druckausgleich in den Ohren:

- Der Druck auf den Trommelfellen darf nie so stark werden, dass es schmerzt. Mach den ersten Druckausgleich bereits an der Wasseroberfläche.
- Wiederhole den Druckausgleich laufend beim Abtauchen, sobald du einen leichten Druck verspürst. Du brauchst den Druckausgleich nicht zu

machen, wenn du auf gleicher Höhe tauchst oder aufsteigst.

- Lässt der Druck nicht nach, tauche auf keinen Fall tiefer! Steig ein bis zwei Meter höher, probiere es dort erneut.
- Zeige deinem Partner oder Tauchlehrer an, wenn du Probleme mit dem Druckausgleich hast.
- Klappt es auch nach mehreren Versuchen nicht, musst du auf den Tauchgang verzichten.
- Nimm keine Nasentropfen oder -sprays vor dem Tauchen. Lässt nämlich die Wirkung des Medikamentes nach, kann die Eustachische Röhre stärker zuschwellen als zuvor. Beim Auftauchen kann dann der Druck nicht mehr aus dem Mittelohr entweichen.
- Der Druckausgleich lässt sich einfacher durchführen, wenn man mit den Füßen zuerst abtaucht, anstatt kopfüber.
- Vermutest du vor dem Abtauchen, du könntest Probleme mit dem Druckausgleich bekommen, zieh etwas Salzwasser durch die Nase ein und schnäuze dich kräftig.
- Auch unter Wasser hilft oft kräftiges Schnäuzen, ohne dass du die Maske absetzen musst. Halt dir ein Nasenloch zu, blase kräftig durch das andere aus. Dann andersherum. Danach versuche erneut den Druckausgleich.
- Oft drücken Anfänger beim Druckausgleich das Kinn zur Brust und bekommen dicke Backen. Das ist verkehrt. Strecke den Kopf nach hinten. Blase nur leicht bis mäßig.
- Wenn die übliche Methode mit Nasezuhalten nicht funktioniert, versuche es mit Schlucken oder einer seitlichen Bewegung des Kiefers. Ich habe aber auch schon Taucher erlebt, die das Mundstück herausnahmen und gähnten oder ohne Automaten mit geschlossenen Mund und zugehaltener Nase den Druckausgleich durchführten.
- Bist du bereits einige Meter tief getaucht, bevor deine Ohren streiken, tauche einfach in der erreichten Tiefe ein Stück. Entspann dich. Probiere nach einer Weile erneut, tiefer zu gehen. Es ist nicht ungewöhnlich, wenn sich ein Ohr eher öffnet als das andere. Natürlich musst du darauf achten, dass beide Ohren offen sind, bevor du weiter absinkst.

Druckausgleichsprobleme beim Aufstieg

Gelegentlich verspürst du auch einen Druck auf dem Trommelfell, wenn du höher steigst. Das bedeutet, die Eustachische Röhre hat sich während des Tauchgangs geschlossen. Der Druck kann beim Aufstieg nicht schnell genug entweichen. Da hilft kein Druckausgleich, denn wir wollen ja nicht noch mehr Luft ins Mittelohr pressen, sondern du musst den Druck loswerden. Das einzige, was in diesem Fall hilft, ist ganz langsames, schrittweises Auftauchen. Du musst soweit aufsteigen, bis du einen mäßigen Druck aber noch keine Schmerzen verspürst. Meist hörst du dann, wie die Luft pfeifend oder quietschend entweicht. Danach steige wieder ein wenig höher.

Manchmal kommt es vor, dass du dabei ein leichtes Schwindelgefühl wahrnimmst. Das ist kein Grund zur Panik. Das kommt von dem Druck, der auf die Bogengänge – Gleichgewichtsorgan – im Innenohr einwirkt. Sowie der Druck das Mittelohr verlässt, ist auch das Schwindelgefühl verschwunden. Hast du vorher keine Nasentropfen oder -sprays verwendet, ist die Eustachische Röhre nie so fest zugeschwollen, dass der Druck überhaupt nicht entweichen kann.

Trommelfellverletzungen beim Freitauchen

Ein Trommelfellriss bei einem einigermaßen vernünftigen Gerätetaucher kommt sehr selten vor. Beim Tauchen mit Gerät haben wir genügend Zeit, den Druckausgleich durchzuführen. Der Druck steigt langsam an, sodass der Schmerz – der kurz vor einem Trommelfellriss die Regel ist – bewusst wahrgenommen wird, und Abhilfe geleistet werden kann.

Häufiger kommen Trommelfellverletzungen beim Freitauchen vor, vor allem, wenn ein Taucher bei einer Prüfung oder einem Wettkampf unter Leistungsdruck steht. Oft quält sich der Freitaucher die paar Meter zum Ziel, obwohl es ihm bereits in den Ohren sticht. Zeit, über das Risiko nachzudenken, bleibt ihm nicht. Deshalb sollte jeder Freitaucher seine Aufmerksamkeit schon vor dem Abtauchen auf seine Ohren richten, und auch während des schnellen Abstiegs bewusst die Empfindungen an seinen Trommelfellen nicht außer Acht lassen.

Druckausgleich im Maskeninnenraum

Beim Tauchen musst du aber nicht nur auf deine Ohren achten, sondern auch den Druckausgleich in der Maske herstellen. Das ist einfach: Man bläst einfach ein wenig Luft durch die Nase in die Maske, am besten immer dann, nachdem man den Druckausgleich in den Ohren durchgeführt hast.

Warum ich das Thema überhaupt erwähne? Probleme können bei dieser Kleinigkeit doch nicht auftreten. Durch die Nase ausatmen kann jeder.

Tatsache ist aber: Maskenbarotraumen kommen in der Praxis häufiger vor als Trommelfellrisse. Das passiert weniger dem Anfänger – schließlich weist jeder Tauchlehrer seine Schüler auf den Maskendruckausgleich hin – als dem „fertigen“ Taucher.

Eine längere Tauchpause; ein fremdes Tauchrevier; ein Tauchlehrer, den man noch nicht einschätzen kann; eine ungewohnte Ausrüstung; den Kopf unter Wasser, wo das Denkvermögen bekanntlich eingeschränkt ist: Unter diesen Umständen kann man durchaus etwas vergessen. Den Druckausgleich in den Ohren vergisst kaum jemand: Schmerzende Trommelfelle erinnern rechtzeitig daran. Der Unterdruck im Maskeninnenraum tut aber nicht weh. Hat sich dann die Maske erst einmal soweit an das Gesicht gesaugt, dass der Taucher es bemerkt, ist es oft schon zu spät. Die Blutgefäße der Bindehaut sind geplatzt. Die hässlichen roten Flecken im Weiß des Auges heilen erst nach mehreren Tagen ab. Deshalb ist es wichtig, sich schon vor dem ersten Tauchgang nach längerer Pause ganz bewusst auf den Maskenausgleich zu besinnen.

Lass dir außerdem die Handlungsfolge „Druckausgleich in den Ohren – Finger weg von der Maske – durch die Nase ausatmen“ zur Gewohnheit werden.

Ohrenpflege

Die Ohren sind nun einmal die Schwachstelle eines jeden Tauchers. Leider erinnern sich viele Taucher erst daran, wenn es schon zu spät ist. Besonders in den Tropen, im warmen Wasser kommt es oft zu äußeren Gehörgangentzündungen. Das erste Anzeichen hierfür ist ein Jucken im Ohr. Die schädlichste Maßnahme dagegen wäre, mit dem kleinen Finger kräftig kratzen oder – noch schlimmer – der Gebrauch von Wattestäbchen. Bei diesen Aktionen wird das im Ohr getrocknete Salz zur Schmirgelmasse. Die empfindliche Haut des Gehörgangs wird aufgescheuert und die einherwandernden Bakterien veranstalten einen Freudentanz.

Verhindern kann man eine Ohrenentzündung oft mit vorbeugenden Maßnahmen: Immer wenn man aus dem Salzwasser kommt, Ohren mit Süßwasser spülen und trocknen. Es gibt auch eine Anzahl von Ohrentropfen, die man prophylaktisch anwenden kann. Mein Geheimrezept ist Betaisodona-Lösung, ein allgemeingebräuchliches Desinfektionsmittel. Allerdings ist diese Tinktur nicht geeignet, wenn man gegen Jod allergisch ist.

Meist ist eine äußere Gehöhrgangentzündung keine dramatische Angelegenheit, etwa so schlimm wie ein Mückenstich, der sich entzündet hat. Allerdings ist der Bereich im Ohr so sensibel, dass es höllisch weh tut. Oft erinnert man sich dann an Omas gute Ratschläge, die Ohren schön warm zu halten. Aber genau das ist falsch. Die Wärme lässt den Gehörgang noch mehr anschwellen. Das erzeugt Druck und noch mehr Schmerzen. Bei einer Entzündung heißt es kühlen! Ein nasser, kalter Lappen auf dem Ohr verringert den Schmerz sofort. Auch bei einer bestehenden Ohreninfektion hat sich Betaisodona stets bewährt, wo so manche Ohrentropfen versagt haben.

Sollte die Infektion nicht nach ein paar Tagen abklingen, ist ein Besuch beim Arzt ratsam – besonders wenn Fieber auftritt. Das könnte ein Anzeichen für eine Mittelohrentzündung sein.

Eine andere Ursache für Ohrenschmerzen kann eine Überdehnung des Trommelfells sein. In diesem Fall sind einige tauchfreie Tage zu empfehlen. Aber dann nicht ständig den Druckausgleich üben, um festzustellen, ob es noch weh tut.

Wasserhaushalt

Die einen tun es, die anderen geben es nicht zu. Es ist ein angenehm wohlig-warmes Gefühl. Wer es einmal getan hat, wird es immer wieder tun. Obwohl in Taucherkreisen viel darüber gewitzelt wird, und der eine oder andere sich „outet“, scheint in der Tauchausbildung das Thema tabu zu sein. Dabei ist es eine wichtige Angelegenheit. Die Rede ist vom Pinkeln in den Tauchanzug.

Besonders Tauchanfänger finden den Gedanken in den Anzug zu „püschern“ eklig. Da sie meistens in basiseigenen Leihanzügen stecken, wird auch kaum ein Tauchlehrer seine Neulinge dazu ermuntern, ihrem Drang freien Lauf zu lassen. Solange sie im flachen Wasser planschen, ist das auch kein großes Problem. Kurz vor dem Tauchen wird eben nichts mehr getrunken und nach der Tauchstunde kommt der Sprint um die Ecke.

Risikoreicher wird es bei den Tauchausfahrten. Zum Frühstück verkneift man sich die zweite Tasse Kaffee und den O-Saft. Das mitgenommene Wasser wird lieber aufgespart für nach dem Tauchgang, damit es unter Wasser nicht auf die Blase drückt. Bis man sich dann in der prallen Sonne die gesamte Ausrüstung aufgebürdet hat, fließt der Schweiß in Strömen.

Hierbei kann es leicht zu einem Flüssigkeitsmangel kommen. Beim Aufstieg nach einem tieferen Tauchgang begünstigt eine Dehydratation sogar die Dekompressionserkrankung. Es kann also zu einem Dekounfall kommen, obwohl in den Nullzeiten getaucht und die Aufstiegspausen eingehalten worden sind.

Je nach Klima sollte jeder Taucher unmittelbar vor dem Tauchgang einen halben bis einen Liter Flüssigkeit trinken – insgesamt mindestens zwei Liter pro Tag. Kaffee, schwarzer Tee oder Alkohol zählen hierbei nicht. Um einer hypotonen Dehydratation vorzubeugen, muss auch noch genügend Salz in die Suppe.

Die Kälte und der Wasserdruck auf den Körper regen den Stoffwechsel an. Wer vorher brav getrunken hat, wird sich das Wasserlassen kaum einen Tauchgang lang verkneifen können. Also raus damit! Ansonsten verkrampft man sich nur und kann den Tauchgang nicht mehr genießen. Um der Geruchsbelästigung nach dem Tauchgang entgegenzuwirken, hier ein kleiner Tipp: Vor dem Auftauchen Kopfstand machen, den Octopus in den Halsausschnitt stecken und mit Luft den Anzug spülen.

Außerdem, so ekelhaft ist Urin nun auch wieder nicht. Jahrtausendelang wurde Urin als Reinigungsmittel eingesetzt. Im alten Rom wurden an belebten Straßen Urinale aufgestellt, um den von den Wäschern benötigten Urin einzusammeln. Kaiser Vespasian erhob darauf eine spezielle Urinsteuer. Als sein Sohn Titus ihm Vorwürfe machte, aus einer derartig stinkenden Angelegenheit Nutzen zu ziehen, hielt er ihm eine Münze unter die Nase und formte den auch heute noch gebrauchten Ausspruch „Pecunia non olet“ – „Geld stinkt nicht!“

Trotzdem empfehle ich meinen Tauchanfängern, sich als erstes Ausrüstungsstück einen eigenen Anzug zuzulegen. Ideal ist auch ein Lycra-Anzug zum Unterziehen unter den Leihanzug. Das ist nicht nur hygienischer, man flutscht auch besser in den Neoprenanzug hinein.

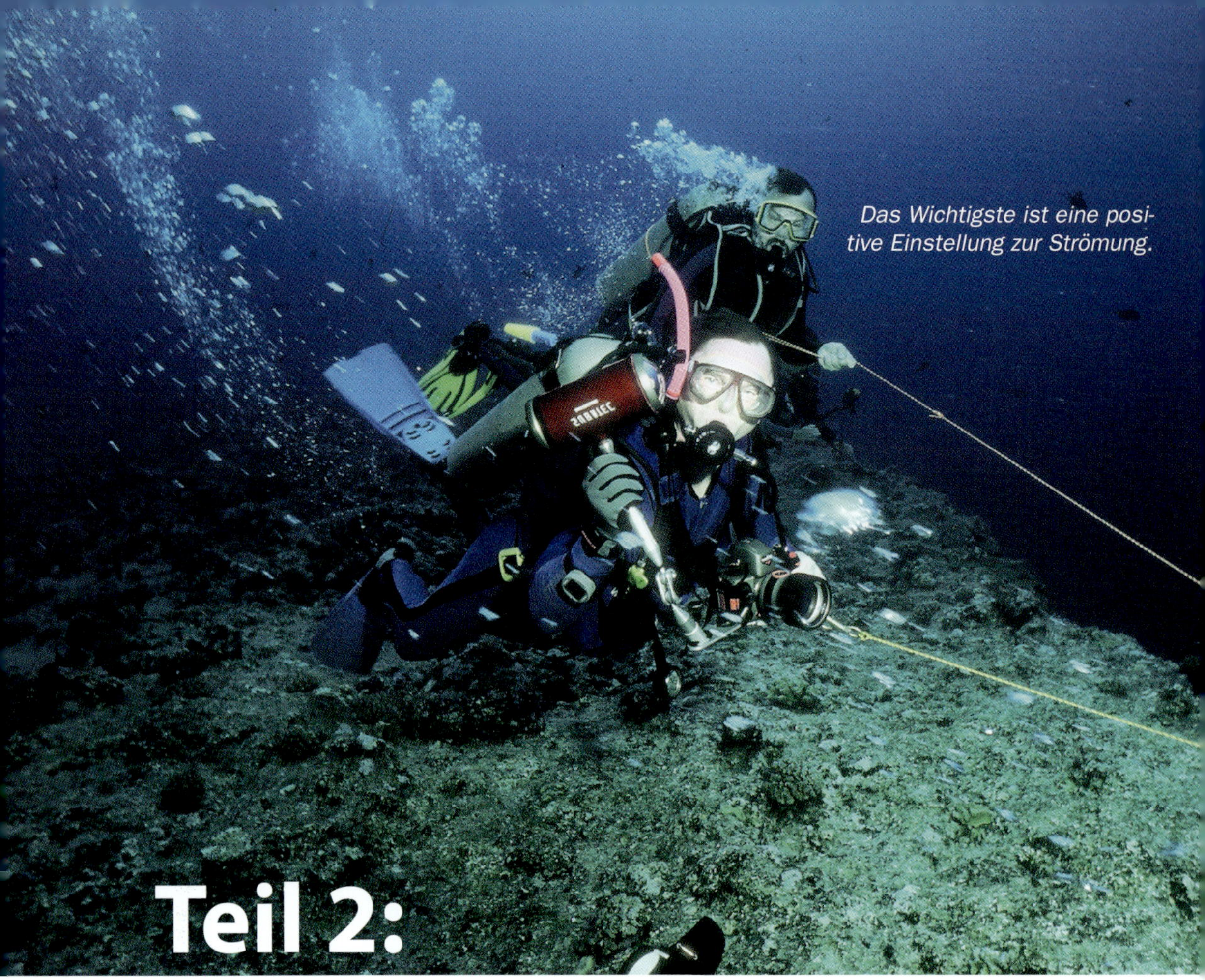

Das Wichtigste ist eine positive Einstellung zur Strömung.

Teil 2: Die Strömung lieben lernen

Strömungstauchen beginnt im Kopf

Warum tauchst du? Warum musst du dich unbedingt in eine reißende Strömung stürzen? Warum setzt du dich all diesen realen und vermeintlichen Gefahren aus? Wenn du nicht gerade ein Tauchlehrer bist, der sich die Butter auf die Brötchen verdienen muss, tust du das alles nur aus einem einzigen Grund: Weil du es willst!

Tauchen ist dein Hobby, deine wohlverdiente Freizeitgestaltung, deine Ambition. Kurzum: Es ist eine Tätigkeit, die Spaß machen soll! Also, räume alles aus dem Weg, was dir den Spaß vermasselt! Am besten fangen wir mit den hinderlichen Gedanken an: Die meisten Taucher haben zur Strömung eine sehr negative Haltung.

So manchen Taucher kann man wenigstens noch für einen Drift-Tauchgang begeistern. Aber auch das oft nur, wenn die Strömung mittelmäßig ist und gerade verläuft, also weder Strudel bildet noch uns hoch oder runter zieht. Geht es aber einmal gegen den Strom, sind fast alle gleicher Meinung: „Verdammt! Die ganze Zeit gegen die Strömung zu rackern ... Das nächste Mal tauchen wir woanders."

„Gut, dass ich regelmäßig ins Training gehe. So konnte ich gerade noch gegen die Strömung ankämpfen. Aber im Grunde war der Tauchgang ätzend."

„Die paar Haie waren ganz nett, auch die Mantas und die Schildkröte. Aber Spaß hat der Tauchgang nicht gemacht. Das war ja verflucht anstrengend."

„Ich hasse es, gegen die Strömung anzubrettern!"

Auch ich mag nicht gegen eine Strömung ankämpfen, mich abrackern oder gegen sie anbrettern. Aber ich genieße es, gegen eine Strömung voranzugleiten, mit ihr zu spielen, sie auszutricksen.

Wer glaubt, das sei unmöglich und wenn, dann höchstens mit jahrelanger Erfahrung und hartem Training, der befindet sich im Irrtum. Natürlich braucht man ein wenig Übung, wie wohl bei allem, was man erlernen will. Man muss es versuchen, und man wird Erfolgserlebnisse haben, genau wie Misserfolge.

Die Einstellung macht's

Das Wichtigste ist, sich voll bewusst zu werden, was man tut, und eine positive Einstellung zur Strömung zu gewinnen.

Strömung ist eine Naturgewalt. Sie ist weder gut noch böse. Sie ist einfach da. Doch anders als bei Erdbeben, Stürmen oder Blitzschlag können wir selbst entscheiden, ob wir uns auf eine Strömung einlassen wollen oder nicht. Wer jedoch Tauchen als sein Freizeitvergnügen gewählt hat, dieses auch im Meer durchführen möchte und dabei die schönsten und fischreichsten Unterwassergebiete kennen lernen will, der wird wohl kaum darum herumkommen, mit einer Strömung Bekanntschaft zu machen.

Zwei Punkte sind dir jetzt also bewusst: Erstens, es ist deine freie Wahl, in eine Strömung zu springen. Zweitens, du tust es, weil es dein Freizeitvergnügen ist, also sollst du es konsequenterweise auch voll und ganz genießen. Der Unterschied zwischen Frust und Lust liegt meist nur in der inneren Einstellung.

Als „Thila" wird auf den Malediven ein Riff bezeichnet, das nicht bis zur Oberfläche reicht, und „kuda" heißt „klein". Wir tauchten also bei einer mittelstarken Strömung am Kuda Thila. Meine unmittelbare Tauchpartnerin war Miriam, eine junge Frau mit kaum einem Dutzend Tauchgängen im Logbuch. Auf Miriam musste ich ganz besonders acht geben. Sie war so fasziniert von der Unterwasserwelt, dass sie bei der Betrachtung der bunten Kreaturen oft alles andere um sich herum vergaß. Klaus und Lydia waren sehr erfahrene Taucher. Klaus war sogar Übungsleiter in einem Tauchverein. Eigentlich hätten die beiden ohne Tauchlehrerbegleitung tauchen dürfen, doch sie

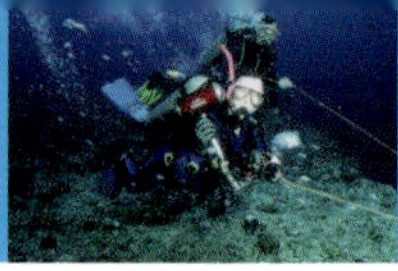

schlossen sich uns an. Zunächst ging es zügig mit der Strömung voran. Doch da das Riff eben recht klein ist, mussten wir bald gegen die Strömung vorankommen. Wir nutzten die Strömungsschatten der Überhänge und verweilten geraume Zeit, um an der Strömungsseite das Treiben der Haie und Makrelenschwärme zu beobachten. Dann umrundeten wir das Riff, bis wir die strömungsfreie Seite erreichten. Nun wurde es Zeit, bis zur Riffplatte aufzusteigen, um unseren Sicherheitsstopp einzuhalten. Hier ließ uns die Strömung ihre volle Kraft spüren. Um bequemer voranzukommen, hangelte ich mich an abgestorbenen Korallen vor und wies Miriam an, es mir gleich zu tun. Schließlich verweilte wir an einer Stelle. Da auf der Riffplatte pralles Leben herrschte, dehnten wir unseren Sicherheitsstopp aus. Klaus und Lydia waren dicht neben uns. Besonders Klaus klammerte sich mit festem Griff ans Riff. Seine Körperhaltung war starr wie ein Brett. Es schien ihn viel Kraft zu kosten, und der Schwall seiner Luftblasen nahm kein Ende. Ich beobachtete Klaus eine Weile, beurteilte die Lage aber als unproblematisch. Als ich mich wieder Miriam zuwandte, war sie nicht mehr neben mir. Sie hatte einen jungen Kaiserfisch entdeckt. Das Fischlein bewegte sich gegen den Strom, und das tat auch Miriam. Sie flosselte, ohne das Riff zu berühren. Ihre Aufmerksamkeit galt einzig und allein dem eigenartig gemusterten Tierchen. Miriam hatte total vergessen, dass eine Naturgewalt sich gegen sie stellte.

Zurück auf unserer Dhoni (maledivisches Boot), musste ich mir von Klaus – dem durchtrainierten Übungsleiter – eine Litanei anhören: „Die ganze Zeit gegen die Strömung ankämpfen! Hättest du nicht im Strömungsschatten bleiben können. Und auf der Riffplatte hast du auch noch so lange herumgehangen. Das hat doch wirklich keinen Spaß mehr gemacht."

Miriams Kommentar fiel anders aus: „Och, die Haie waren toll! Was war das für ein Schwarm, diese silbernen Fische? Und zum Schluss, der kleine blau-weiße Fisch, was war denn das für einer? Und ... und ... und!"

So unterschiedlich können Taucher ein und den selben Tauchgang erleben.

Der Tauchgang mit Miriam und Klaus – der tatsächlich so abgelaufen ist – zeigt, wie sehr sich die innere Einstellung nicht nur auf das Wohlbefinden, sondern auch auf das Vorwärtskommen in einer Strömung auswirkt. Klaus, der erfahrene Übungsleiter, war der festen Überzeugung: Gegen eine Strömung muss man ankämpfen. Genau das tat er. Den Kampf hatte er allerdings verloren, denn der Tauchgang, für den er gutes Geld bezahlt hatte, hatte ihm keinen Spaß gemacht. Die unerfahrene Miriam hingegen hatte regelrecht die Strömung vergessen, deshalb hat sie auch ihren Körper nicht unnötig angespannt und fühlte sich wohl.

Ängste erkennen

Eine negative Einstellung zum Strömungstauchen basiert auf Angst. Auch wenn das noch so sehr abgestritten wird. Jedoch fürchten die wenigsten Taucher die realen Gefahren. Meistens wird von Tauchbasen aus getaucht, die sich in den Gebieten gut auskennen und denen die Taucher mehr oder weniger vertrauen. Bei einem Strömungstauchgang herrscht eher die abstrakte Angst vor, die Kontrolle über sich selbst zu verlieren, sich von einer höheren Gewalt treiben zu lassen, keine Macht ausüben zu können, den Kampf mit dem Element zu verlieren. Hinzu kommt – bei „Kampfhandlungen" mit unkontrollierter Atmung – die altbekannte Furcht, nicht genügend Luft zu bekommen.

Das Rezept zum angstfreien, genussvollen Strömungstauchen besteht aus vier Zutaten. Man nehme:

- das Wissen über die Möglichkeiten, trotz der Naturgewalt Einfluss auf das Geschehen zu nehmen,
- bewusste Atmung,
- kontrollierte Bewegungen,
- die Freude über das Spiel mit der Naturgewalt.

Und schon schmeckt unser Strömungssüppchen um einiges besser.

Reale Gefahren überdenken

Strömungstauchen ist lebensgefährlich, daran besteht kein Zweifel. Es ist genauso lebensbedrohlich wie Rad zu fahren, auf einen Stuhl zu steigen, um Gardinen anzubringen oder sich in einen Zug zu setzen. Bei all diesen Tätigkeiten hat es schon tödliche Unfälle gegeben. Bei nichts, was wir tun, können wir eine Gefahr für unsere Gesundheit oder unser Leben völlig ausschließen. Dessen sollten wir uns voll bewusst sein. Wir können allerdings das Risiko durch Voraussicht und vernünftiges Handeln drastisch herabsetzen.

Vor jedem Tauchgang sollten wir die realen Gefahren überdenken und uns für etwaige Pannen Lösungswege überlegen. Folgende **Fragen zur Gefahrenprävention** könnten aufkommen:

- Wo treibt die Strömung hin, ins offene Meer oder dem Land zu?
- Ist der Wellengang so hoch, dass die Bootscrew die Taucher schlecht orten kann?
- Kann ein plötzlicher Tropenregen die Sicht über Wasser beeinträchtigen?
- Gibt es noch genug Sonnenlicht nach Beendigung des Tauchgangs?
- Habe ich eine Boje und ein akustisches Signal dabei?
- Vertraue ich meinem Tauchpartner genügend?
- Hat der Tauchgruppenführer auch wirklich ausreichend Erfahrung in diesem Gebiet?
- Ist auf die Bootscrew Verlass?

Lösungswege für Pannen könnten etwa so aussehen:

- Wir tauchen generell in der Nullzeit. Dann können wir jederzeit auftauchen, wenn wir uns nicht mehr wohl fühlen.
- Wenn wir es nicht auf Anhieb schaffen, ans Riff oder in den Strömungsschat-

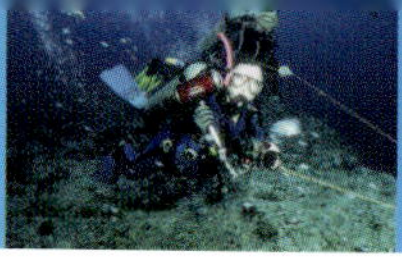

ten zu kommen, tauchen wir sofort wieder auf.

- Wenn der Partner Angst bekommt oder mit der Strömung nicht zurecht kommt, nimmt man ihn an die Hand.
- Wenn wir unseren Partner verlieren, gestatten wir uns einige Minuten zu suchen. Ist die Suche vergebens, tauchen wir auf. Diese Regel sollte vor dem Tauchgang mit dem Tauchpartner abgesprochen werden.
- Am Tauchplatz sind noch andere Boote. Notfalls können wir diese auf uns aufmerksam machen.
- Wie weit ist es zum Land? Wenn wir es „relaxed“ angehen, schaffen wir es in ein paar Stunden.
- Wenn wir in Ufernähe tauchen, haben wir vielleicht die Möglichkeit, eine andere Ausstiegsstelle zu finden und zu Fuß zum Ausgangspunkt zurück zukommen.

Haben wir vor einem Tauchgang unsere Lage gründlich analysiert, brauchen wir uns während des Tauchgangs weniger Gedanken machen. Wir können uns besser entspannen und das Abenteuer genießen. Ganz sollten wir allerdings unseren Verstand unter Wasser nicht abschalten und nur vorgefertigten Mustern folgen. Wir müssen flexibel bleiben, um unser Verhalten stets den tatsächlichen Gegebenheiten anzupassen. Scheint uns ein Tauchgang zu gefährlich – und das gilt nicht nur für Strömungstauchgänge –, haben wir die freie Wahl, darauf zu verzichten.

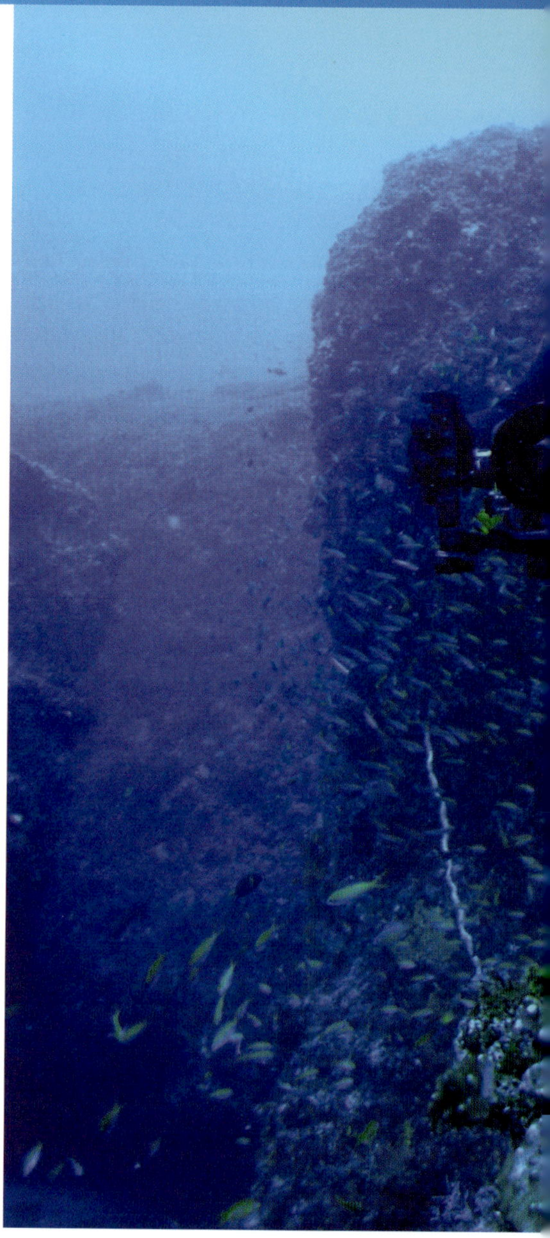

Die Strömung austricksen

Jedes Hindernis erzeugt einen Strömungsschatten. An den Rändern der Strömungsschatten entstehen oft Wirbel. Tauchen wir gegen den Strom, heißt das, dass die Strömung wenn auch nur auf kurzer Distanz in die Richtung fließt, in die wir wol-

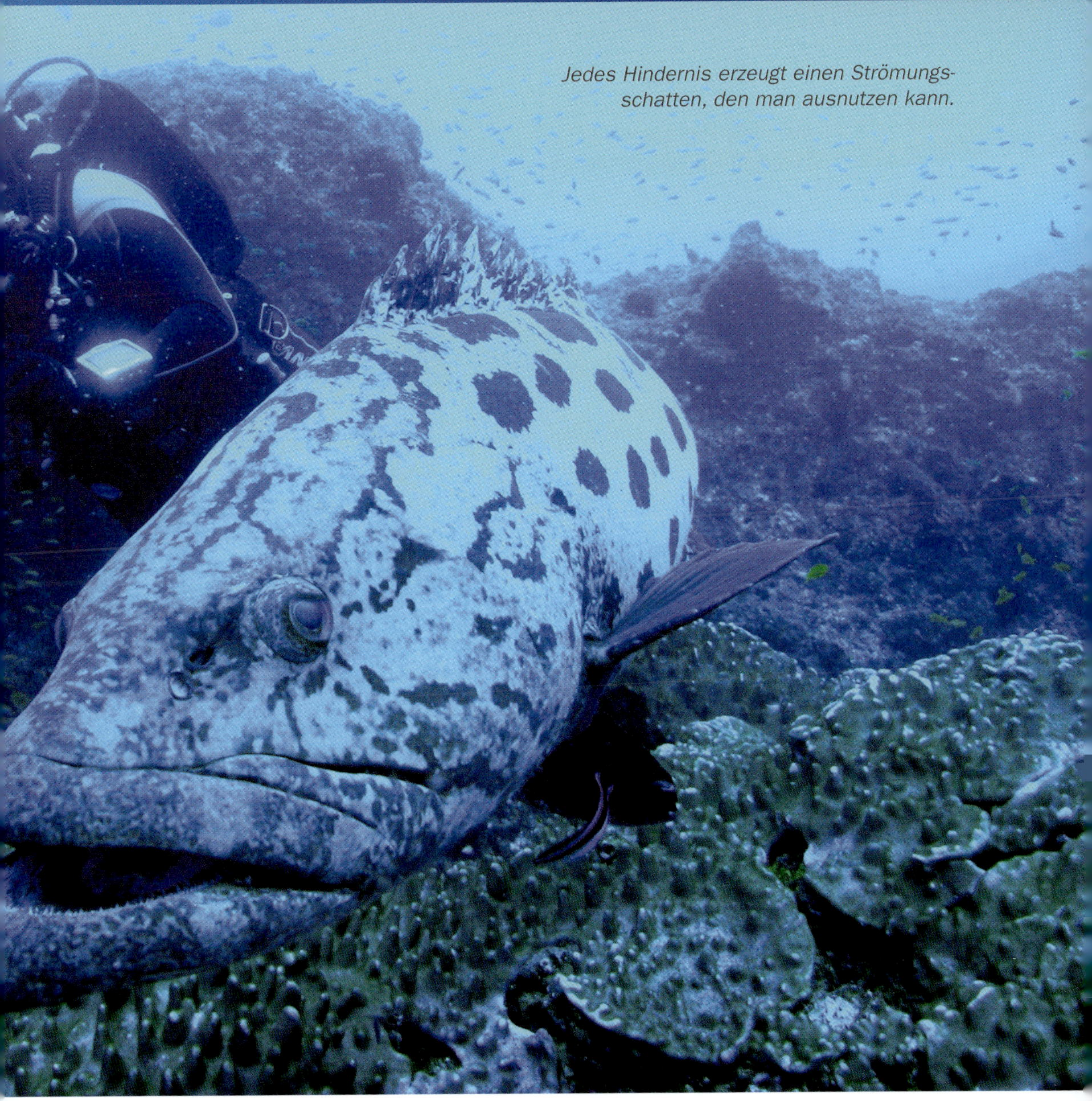

Jedes Hindernis erzeugt einen Strömungsschatten, den man ausnutzen kann.

len. Das können wir ausnützen, um uns etwas auszuruhen.

Von jedem Strömungsschatten, und mag er noch so klein sein, kann der Taucher profitieren. Deshalb ist es wichtig, so nah wie möglich am Riff oder am Grund zu tauchen. Natürlich nur so nah, dass man weder Korallen beschädigt, noch sich selbst weh tut.

Strömungen können auf verschiedenen Tiefen unterschiedlich verlaufen. In welche Richtung die Strömung über uns treibt, können wir an unseren Luftblasen erkennen. Wir können uns der gegenläufi-

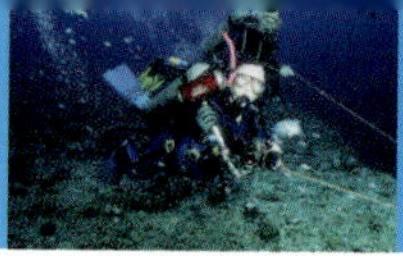

gen Strömungen bedienen. Oft ist die Strömung in der Tiefe auch geringer. Ein Test lohnt sich – natürlich im vernünftigen Rahmen.

Unsere Körperhaltung ist ein wichtiger Faktor. Stehen wir senkrecht im Wasser, Brust oder Rücken der Strömung zugewandt, bieten wir den größten Widerstand. In der waagerechten Lage kommen wir mit weniger Energieaufwand voran.

Abwärtsströmung können wir mit dem Jackett austarieren. Am besten behalten wir den Luftablass gleich in der Hand, um schnell reagieren zu können. Bei Aufwärtsströmung heißt es, Kopf nach unten und mit den Flossen paddeln.

Schleppt ein Taucher zu viel Gewichte mit sich und schwimmt deshalb mit prall gefülltem Jackett gegen eine Strömung, muss er gegen mehr Widerstand ankämpfen. Jeder unnütze Ausrüstungsgegenstand hemmt das Vorwärtskommen.

Zuweilen kann die Strömung so stark sein, dass wir uns am Riff oder am Grund vorwärtshangeln müssen. Das geht auch ohne Flurschäden, wenn man es richtig anstellt. Schau genau hin, wo du hinfasst! Es geht dabei nicht nur um deine Sicherheit, sondern auch um den Schutz der Natur. Berühre keine lebenden Korallen. Das gilt auch für die robusten Steinkorallen, die nicht abbrechen können, denn du schädigst durch deine Berührung die kleinen Korallenpolypen. Such dir also einen Stein oder ein abgestorbenes Korallenskelett.

Auch bei starker Strömung brauchst du dich nicht festzukrallen. Ein lockeres Einhängen mit zwei oder drei Fingern reicht meistens, solange du deinen Körper locker in der Strömung wehen lässt. Halte Ausschau nach der nächsten „Ankermöglichkeit“ in deiner Reichweite, zieh dich vor. Bei dieser Aktion werden die Flossen still und etwas in die Höhe gehalten. Verweilst du an einer Stelle, um die vorbeischwimmenden Fische zu betrachten, achte darauf, dass dein Kopf in die Richtung zeigt, aus der die Strömung kommt. Die Flossenspitzen kannst du eventuell behutsam aufstellen. Achte aber erst einmal darauf, ob sich unter dir kein giftiges Fischlein niedergelassen hat. Knie dich aber keinesfalls in einer Seepferdchenstellung aufs Riff. Das tut weder dir noch dem Riff gut.

Atmung

Helga tauchte seit etwa zehn Jahren und hatte einige hundert Tauchgänge im Logbuch stehen. Ich hatte mit Helga über die natürliche Atemtechnik diskutiert. Sie war offen für dieses Thema und der Meinung, es klänge alles ganz logisch. Sie hatte sogar hin und wieder versucht, ihren Atemrhythmus umzustellen, fand aber, dass sie sich dann viel zu sehr auf die Atmung konzentrieren müsse.

„Warum soll ich eigentlich versuchen, anders zu atmen. Ich fühle mich doch

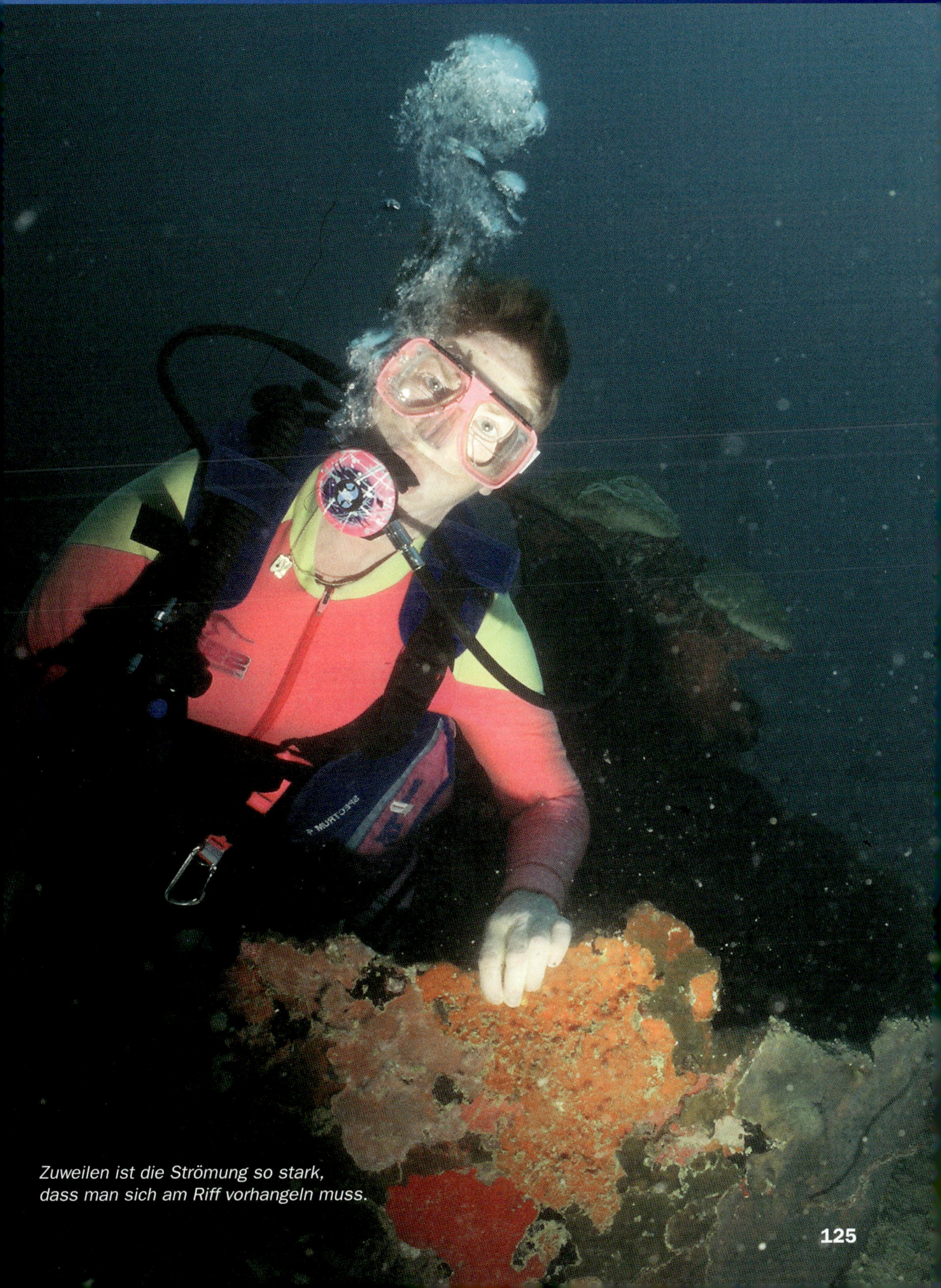

Zuweilen ist die Strömung so stark, dass man sich am Riff vorhangeln muss.

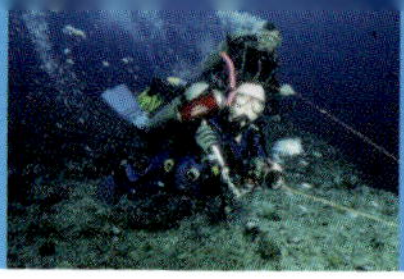

wohl unter Wasser und verbrauche wenig Luft", fragte sie mich, als ich mich mal wieder über dieses Thema ereiferte.

Helga hatte Recht. Einem erfahrenen Taucher fällt es wesentlich schwerer, seine festen Gewohnheiten umzustellen. So habe ich es aufgegeben, erfahrene Taucher zu belehren, solange ihr Luftverbrauch im angemessenen Rahmen liegt.

Bei den ersten, ruhigen Tauchgängen, die wir gemeinsam unternahmen, verbrauchte Helga etwa gleich wenig Luft wie ich. Das hieß, wir hatten nach einer Stunde meistens noch über 100 bar in den Flaschen. Dann kam der erste Strömungstauchgang. Wir tauchten an einem kleinen Riff, mussten somit eine Seite gegen die Strömung schwimmen, um dorthin zu gelangen, wo die meisten Fische standen. Helga bewegte sich aquadynamisch und hatte keine Schwierigkeiten, bei der mittleren Strömung voran zu kommen. Allerdings signalisierte sie mir bereits nach 45 Minuten das Reserve-Zeichen. Mein Finimeter hingegen zeigte noch etwas über 100 bar an. „Wie kommt es, dass du noch so viel Luft hast? Sonst liegen wir doch fast gleich", fragte Helga, als wir wieder auf dem Boot waren. Auf Anhieb konnte ich Helga diese Frage nicht beantworten. Wir hatten einen unterschiedlichen Atemrhythmus. Ich machte meist nach dem Ausatmen einen Stopp mit fast leerer Lunge. Helga hingegen hielt mehr oder weniger instinktiv die Luft im eingeatmeten Zustand an, wie es viele erfahrene Taucher tun. Hätte sie fortwährend geatmet – wie es oft gelehrt wird –, hätte sie auch bei ruhigen Tauchgängen wesentlich mehr Luft verbraucht. Dies erklärte aber nicht, warum mein Luftverbrauch bei einer Anstrengung im Vergleich mit Helgas nur geringfügig anstieg.

Beim nächsten Strömungstauchgang konzentrierte ich mich auf meine Atmung und beobachtete meinen Bewegungsablauf. Plötzlich kam mir die Erkenntnis, die eigentlich ganz einfach und offensichtlich war.

„Warst du schon einmal in einem Fitness-Center?", fragte ich Helga, die wieder meine Tauchpartnerin war. Helga schien meine Frage etwas zu irritieren. „Ja, früher einmal. Warum?" „Wenn du Gewichte gestemmt hast, wie hast du da geatmet?" „Nun, unser Trainer hat uns beigebracht, bei Anstrengung auszuatmen und bei der Entspannung einzuatmen." „Aber wie atmest du beim Tauchen, wenn du dich bewegst?"

Helga überlegte: „Nun, ich weiß auch nicht, darüber habe ich nie nachgedacht".

Bei vielen Sportarten wird Wert darauf gelegt, bei der Anstrengung auszuatmen. Sehr deutlich hört man das beim Schrei eines Karatekämpfers während des Schlages oder an dem Stöhnen mancher Tennisspieler, das an eine heiße Liebesnacht erinnert. Beim Tauchen achtet jedoch kaum jemand auf die Koordination von Bewegung und Atmung.

Auch ich hatte bislang nicht bewusst darüber nachgedacht. Erst Helgas Frage nach unserem unterschiedlichen Luftverbrauch bei Strömung regte mich zum Nachdenken an. Wahrscheinlich ließ mich mein Training im Fitness-Center gepaart mit der natürlichen Atemtechnik automatisch etwas richtig machen.

Bei geringfügiger Anstrengung behielt Helga die eingeatmete Luft eine Weile in der Lunge, bevor sie ausatmete und dann gleich wieder Luft einzog. Ihre Atemfrequenz war dadurch verlängert. Sie machte also im Verhältnis zu Tauchern, die fortwährend atmen, weniger Atemzüge und sparte dadurch Luft. Der erhöhte Kraftaufwand bei Strömung erzeugte jedoch bei gefüllter Lunge ein unangenehmes Druckgefühl im Brustbereich. Dadurch atmete sie früher aus als sonst und, wie gewohnt, gleich wieder ein. Ihre Atemfrequenz hatte sich verkürzt.

Bei Helga, einer erfahrenen Taucherin, die sich effektiv bewegte, sich unter Wasser wohl fühlte und einen geringen Grundluftverbrauch hatte, führte der schnellere Atemrhythmus lediglich zu einem gesteigerten Luftverbrauch. Taucher, die ohnehin eine hohe Atemfrequenz haben, können sich, wenn sie gegen eine Strömung ankämpfen jedoch leicht überatmen. (Siehe Kapitel „Panik und Angst“).

Wie man gegen eine Strömung paddelt, wenig Luft verbraucht und sich dabei wohl fühlt

Atme soviel Luft ein, wie dir angenehm ist. Halte die Luft aber nicht an, denn sowie sich Druck im Brustbereich aufbaut, wirst du dazu tendieren, schnell wieder auszuatmen.

Lass die Luft langsam entweichen. Die Ausatemphase sollte drei- bis viermal länger sein als die Einatemphase. Zähle ruhig mit, bis du dich an den Rhythmus gewöhnt hast. Eine kurze Pause mit relativ leerer Lunge wäre gut, denn dann könnte sich auch die Muskulatur um den Brustkorb erholen. Wenn das zunächst nicht funktioniert, ist das aber auch nicht so schlimm.

Während du ausatmest, zieh deine Flossen langsam und locker durchs Wasser. Brauchst du mehr Vortrieb, werde nicht schneller, sondern mache weitere „Schritte“.

Halte beim Einatmen in der Bewegung kurz inne. Das Einatmen, besonders, wenn ein enger Tauchanzug mit zusätzlichem Druck auf den Brustkorb einwirkt, ist wesentlich anstrengender als das Ausatmen. Zusätzliche Beinarbeit raubt dir dabei mehr Energie, als der Vorschub dir nützen würde.

Meistens besteht beim Tauchen nicht die Notwendigkeit, weite Strecken zurückzulegen. Doch statt gemächlich gegen eine Strömung voranzugleiten, wird so mancher Taucher zum Sprinter. Lass dich nicht hetzen! Vor allem nicht von deinem Unterbewusstsein. Druck erzeugt oft unsinnigen Gegendruck. Ursache dieser Gegenwehr ist die unbewusste Angst, die Kontrolle zu verlieren.

Die einfache Variante

Wenn du gemütlich in deinem Sessel sitzt und diese Zeilen ließt, klingt das alles ganz logisch und einfach. Pfeift dir dann aber im fremden Element die Strömung um die Ohren, bist du schnell überfordert

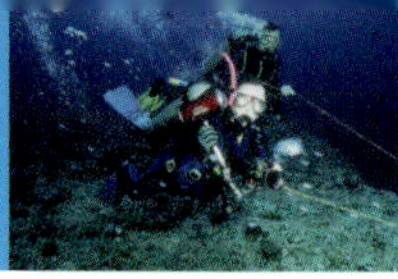

mit den vielen Details, auf die du achten müsstest.

Bevor du aber aufgibst und in deine instinktive Atmung und Bewegung zurückfällst, versuche es mit der einfachen Variante. Konzentriere dich lediglich darauf, dass du langsam ausatmest. Spiele mit der Luft beim Ausatmen oder sing ein Lied. Auf diese Weise verhinderst du eine kurze Atemfrequenz, die leicht zum Überatmen führt, und du sparst Luft. Hast du dich nach ein paar Tauchgängen daran gewöhnt, kannst du auf die Koordination von Atmung und Bewegung achten.

Bewegung

Wenn Maaga Thila auf dem Programm stand, verzichtete ich sogar auf meinen freien Nachmittag. Bei starker Oстströmung herrschte hier „Hai-Life“. Manchmal konnten wir 20 oder mehr Graue Riffhaie und Weißspitzenhaie beobachten. Zu diesem Tauchplatz nahmen wir auch nur erfahrene Taucher mit. Gewöhnlich setzte unsere Tauch-Dhoni uns an der flachsten Stelle ab. Wir ließen uns dann an dem langen Riff entlangtreiben, bis wir den „Shark-Point“ erreichten. Auf etwa 28 Metern krallten wir uns am Riff fest, und da ging der Film ab. Allzu lange konnten wir leider nicht verweilen, da uns in dieser Tiefe schnell die Nullzeit ausging. Wir stiegen im Freiwasser auf. Die Tauchgänge waren gewöhnlich kurz, aber ereignisreich.

Diesmal waren meine Tauchpartner Dirk und Martin, zwei sportliche, junge Männer mit über 100 Tauchgängen. An den Tagen zuvor hatten sie sich bei Drifttauchgängen in starker Strömung bewährt. Nun jedoch pfiff uns die Strömung nicht um die Ohren, sie säuselte lediglich dahin. Obwohl ich bei dieser leichten Strömung wenig Hoffnung hegte, Haie zu sichten, schwamm ich bis zum „Shark-Point“. Außer ein paar müden Weißspitzenhaien, die es sich auf einer Sandfläche bequem gemacht hatten, war kein Großfisch zu sichten. Doch so schlimm war das nicht. Maaga Thila besitzt eine wunderschöne Riffplatte, die bei Strömungstauchgängen kaum Beachtung findet. Deshalb beschloss ich, gegen die leichte Strömung auf dem immer flacher werdenden Riff zurückzuschwimmen. Es war ein weites Stück und wir mussten kontinuierlich paddeln, wenn wir nicht in die Dekozeiten geraten wollten. Das Tempo war aber gemächlich, sodass wir auf dem Weg viele Unterwasserbewohner eingehend betrachten konnten. Ich fühlte mich wohl und fand es keineswegs ermüdend. Wieder an Bord meinte Dirk: „Das war aber schon ziemlich anstrengend.“ Martin pflichtete ihm bei.

Das machte mich stutzig. Beide waren zirka 20 Jahre jünger als ich, sportlich aktiv und auch recht gute Taucher, die sich nicht unnötig verkrampften oder extrem viel atmeten. Bei einem Dauerlauf

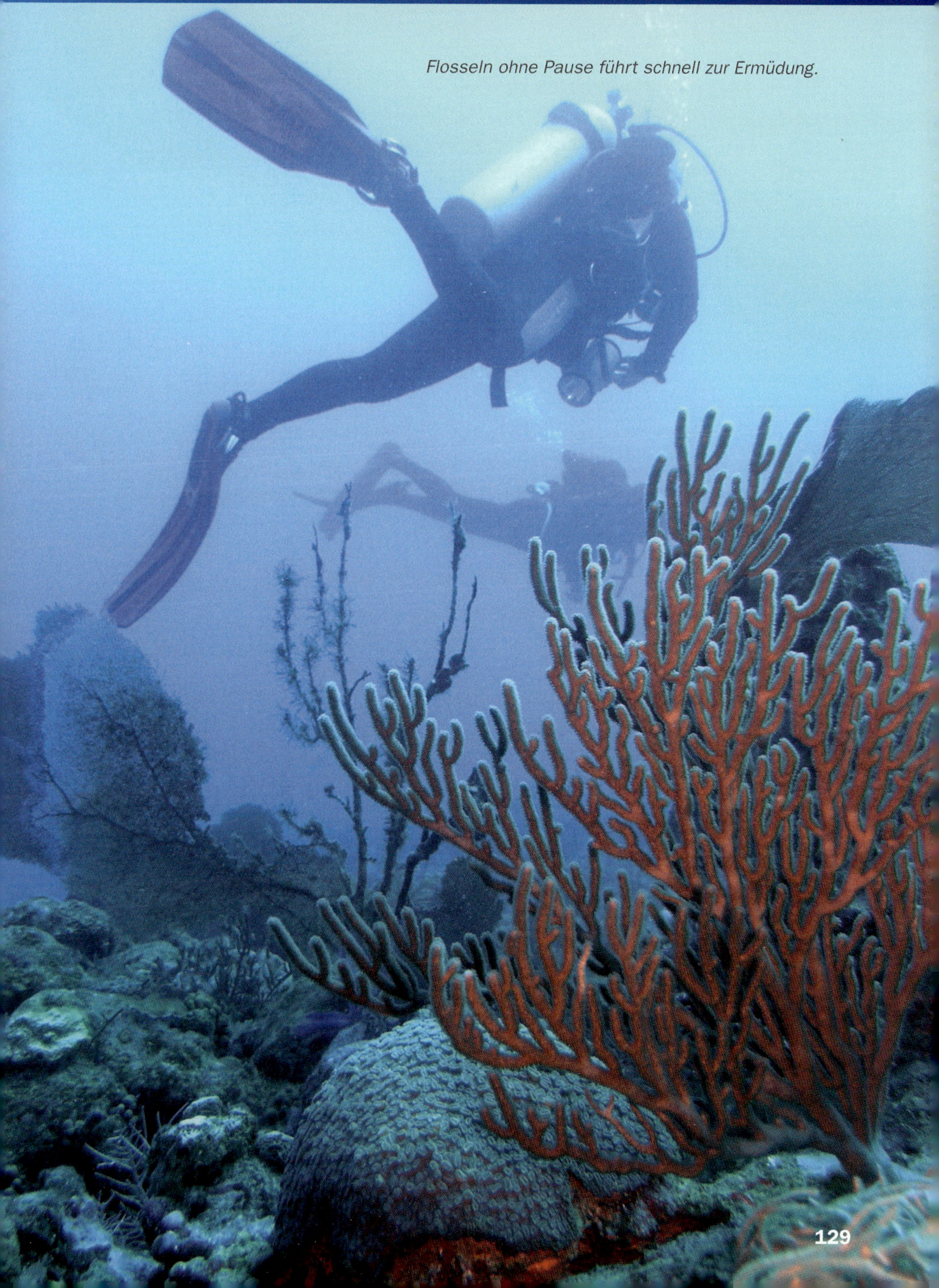

Flosseln ohne Pause führt schnell zur Ermüdung.

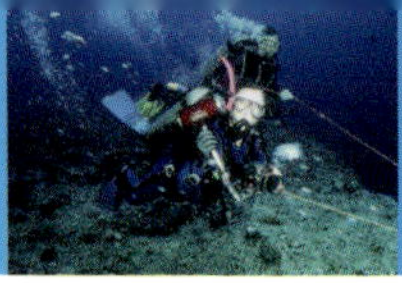

um die Insel würden die beiden mich um Längen schlagen. Was machten die beiden falsch?

Bei unserem nächsten gemeinsamen Tauchgang ließ ich die beiden voranschwimmen und beobachtete ihre Bewegungen. Ihr Schwimmstil war einwandfrei. Ich imitierte ihre Bewegungen, um einen Unterschied zu meinem Vorwärtskommen zu entdecken. Und schließlich wurde mir ein klitzekleiner Unterschied bewusst, der jedoch große Auswirkung hatte.

Die beiden flosselten ohne Pause. Ich hingegen hielt – mehr oder weniger unbewusst – jeden dritten oder vierten Flossenschlag kurz in der Bewegung inne. Natürlich konnten sich meine Muskel dadurch immer wieder erholen.

Solche winzigen Faktoren, die weder im Tauchunterricht gelehrt werden, noch in der Tauchliteratur zu finden sind, können entscheidend für das Wohlbefinden eines Tauchers sein.

Also achtet beim nächsten Tauchgang einmal auf euren Flossenschlag. Gehört ihr auch zu den Dauerbrennern? Versucht es mit einem Stopp, eure Beinmuskeln werden es euch danken.

Außerdem, wie schon erwähnt, versucht auch oder gerade wenn ihr gegen eine Strömung taucht, eure Muskeln nicht zu verkrampfen.

Die Strömung fühlen

„Was fühlt ihr bei einem Strömungstauchgang?" Wenn ich diese Frage stelle, bekomme ich als Antwort zu hören: „Es geht rasant vorwärts." Oder, wenn es gegen die Strömung geht: „Ich spüre, dass ich kaum vorwärts komme." Manch ein Taucher traut sich auch, ein mulmiges Gefühl einzugestehen. Aber das meine ich nicht.

Als ich mir zu dieser Kapitelüberschrift Gedanken machte, tauchte eine Szene aus einem uralten Film vor meinem geistigen Auge auf: „Singin' in the Rain": Passanten eilen vorbei mit grimmigen Gesichtern und hochgezogenen Schultern, aber Gene Kelly tanzt und singt ausgelassen, während der Regen auf ihn niederprasselt – zumindest habe ich die Szene so in Erinnerung. Was die griesgrämigen Passanten als garstiges Schmuddelwetter empfinden, erfüllt Gene Kelly mit übersprudelnder Lebensfreude. Ja, so ähnlich wie Gene Kelly es in diesem Streifen darstellt, fühle ich mich, wenn ich mit der Strömung meine Spielchen treibe. Es ist ein Vereintsein mit der Naturgewalt; ein euphorisches Kräftemessen, aber kein Kampf.

Wer so fühlen möchte, braucht keine jahrelange Taucherfahrung, sondern nur die richtige Einstellung und etwas Übung.

Ideal zum Üben ist eine Stelle am Riff im Strömungsschatten, wo man hinaus in die Strömung schwimmen, aber immer wieder zu dem sicheren Ausgangspunkt zurückkehren kann. Aber auch ein Drifttauchgang an einem langen Riff, das einem Zeit lässt zu experimentieren, eignet sich zum Üben.

Da müsst ihr euch nur umdrehen und gegen die Strömung paddeln.

Wichtig ist die innere Einstellung. Mach dir bewusst: Ich werde gegen die Strömung schwimmen, weil es mir Spaß macht; ich lasse mich nicht hetzen; ich bin vollkommen sicher, ich kann mich jederzeit zurück in den Strömungsschatten treiben lassen, oder das Boot fischt mich am Ende des Riffs auf.

Nun geht es ab, gegen den Strom! Versuche zunächst einmal, auf einer Stelle zu verweilen, auch wenn du es leicht schaffen könntest voranzupreschen. Das lehrt dich Geduld und durchbricht den unbewussten Drang, sich gegen einen Widerstand aufzulehnen. Achte auf deinen Atemrhythmus, er muss ruhig und kontrolliert bleiben. Überprüfe deine Körperhaltung und Anspannung. Lockere die Muskeln soweit wie möglich – was mehr ist, als du glaubst. Tariere dich so aus, dass du in der Horizontale nicht absinkst. Spüre nun das Wasser, das an deinem Körper entlang fließt, die Kraft; stell dir vor, du bist ein Teil dieser Kraft. Hole nun mit deinen Flossen weiter aus, gleite vorwärts – kämpfe dich nicht voran. Lege eine Pause ein, bevor du ermüdest. Halte dich notfalls am Riff fest – aber nicht an einer lebenden Koralle!

Pirsche dich auf diese Weise immer weiter voran. Hast du eine gute Strecke geschafft, lass dich zurück zum Ausgangspunkt treiben. Breite dabei die Arme aus wie ein Vogel die Flügel; probiere verschiedene Körperhaltungen aus und beobachte den Einfluss, den die Haltung auf dein Vorankommen nimmt. Tauche wieder in den Strömungsschatten ein, sammle dich und beginne das Spiel von Neuem. Versuche diesmal etwas weiter zu kommen, oder auf kurzen Strecken ein wenig schneller zu schwimmen, aber ohne dabei aus der Puste zu geraten und deine Muskeln zu verspannen. Vergiss dabei nicht, das „Feeling" zu genießen. Am Besten gehst du bei diesem Spiel nicht zu tief. Ideal ist eine Tiefe zwischen 10–15 Metern. Entferne dich auch nicht zu weit vom Riff, denn das Riff gibt dir Sicherheit.

Wenn du bei solch einem Spiel lernst, deinen eigenen Fähigkeiten zu vertrauen und erkennst, dass man gegen eine Strömung nicht ankämpfen muss, wirst du bei jedem Strömungstauchgang deinen Spaß haben, egal ob es mit oder gegen den Strom geht.

Ein paar Worte zum Schluss – und dann geht's weiter

Mir ist bewusst, dass ich mit diesem Buch nicht nur Beifall ernten werde. Einige Taucher werden mir vorwerfen, den alten Brei von der natürlichen Atemtechnik wieder aufzuwärmen. Dieses Thema wurde doch schon vor Jahrzehnten diskutiert. Richtig! Diskutiert wurde es, aber nur in wenigen Tauchschulen wird die natürliche Atemtechnik gelehrt. Nicht etwa, weil sie nicht funktioniert – denn die Tauchlehrer und

Taucher, die sie anwenden, sind davon überzeugt – sondern, weil natürliches Atmen einfach nicht in das Konzept großer Tauchorganisationen passt.

Andere werden abwertend feststellen, dass in dem ganzen Buch keine weltbewegenden Neuheiten zu finden sind. Auch das ist richtig! Aber wird die eine oder andere Taucherwelt nicht dadurch bewegt, wenn man nach jahrelangen Befürchtungen feststellen muss, dass das Maskeausblasen gar nicht der blanke Horror ist, ja, sogar Spaß macht; dass man durch die Koordination von Atmung und Bewegung mehr Energie freisetzen kann und ein kurzer Stopp beim Flossenschlag eine schnelle Ermüdung vermeidet; oder, dass allein die mentale Einstellung aus einem Frust- einen Lusttauchgang machen kann. Es ist nicht neu und ist es doch! Denn im allgemeinen wird es in der Tauchausbildung nicht erwähnt.

Zuweilen fühlen sich Tauchlehrer auch persönlich angegriffen, wenn ich über die Richtlinien einer Tauchorganisation kontrovers diskutiere oder gar ein Witzchen darüber reiße. Da kommt es mir manchmal vor, als ob Tauchen zur Religion erhoben wurde und man die Glaubensbekenntnisse nicht mehr in Frage stellen darf. Versteht mich nicht falsch: Ich finde viele Aspekte, die die großen Organisationen weitergeben, gut und habe mir auch so manches bei dem Fischchen, das nie die Luft anhält, abgeschaut. Ich kann aber eben nicht alles gutgläubig und kritiklos hinunterschlucken.

Ich erhebe mit diesem Buch nicht den Anspruch, die alleingültige Wahrheit zu verkünden. Hier sind lediglich Erfahrungen und Erkenntnisse aus meiner dreißigjährigen Praxis als Tauchlehrerin wiedergegeben. Ich hoffe, dass viele Taucher, vor allem aber Tauchlehrer, dieses Buch lesen, meine Behauptungen in Frage stellen, das eine oder andere trotzdem ausprobieren und zu eigenen Erkenntnissen gelangen. Vielleicht entkommen einige Taucher so dem faden Geschmack der Einheitssuppe und Tauchen kann zur Delikatesse werden.

Das war das Schlusswort. Es geht aber trotzdem noch weiter. Wer nicht vor dem nächsten Tauchurlaub das gesamte Buch abermals lesen möchte, dem habe ich hier die wichtigsten Fragen und Antworten über das Strömungstauchen zusammengefasst und im Anhang die wichtigsten Themen der Tauchtheorie aufgeführt: das Boyle-Mariottesche-Gesetz, Barotraumen und Dekompression.

Und falls Ihr spannende Urlaubslektüre benötigt, kann ich Euch meinen autobiografischen Roman „Kuba – Liebe zwischen den Fronten“ empfehlen. (ISBN 978399003116 - 2) Wer das Buch direkt bei mir bestellt, bekommt, auf Wunsch, auch eine Widmung:

monika.rahimi@gmx.de

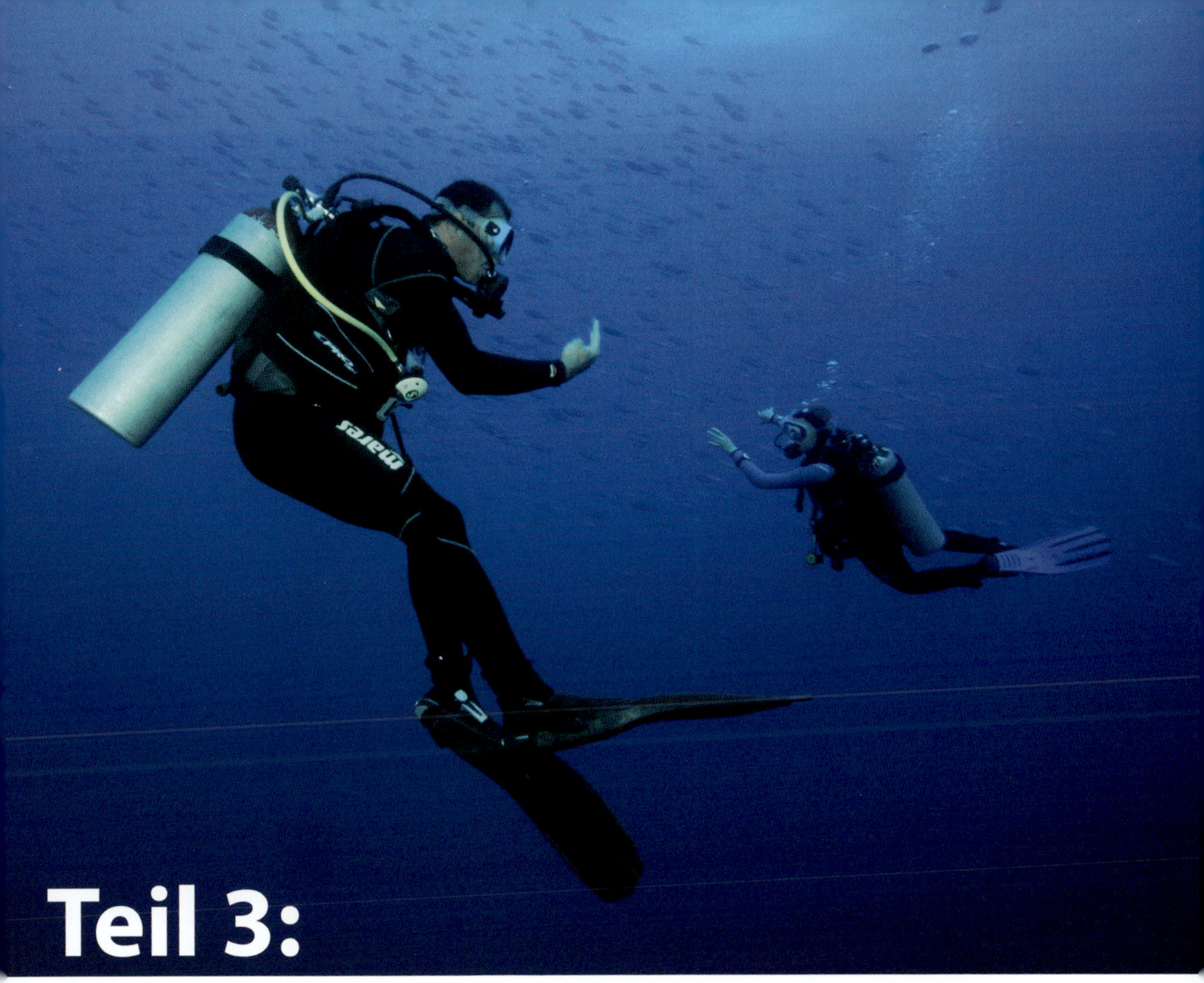

Teil 3:
Fragen und Antworten zum Strömungstauchen

Entstehung von Strömungen

Was ist eine Strömung?

Strömung ist eine in stetiger Richtung verlaufende Bewegung eines Elementes. Wir kennen zum Beispiel den Luftstrom, elektrischen Strom, Lavaströme und eben Wasserströmungen.

Wodurch entsteht eine Wasserströmung?

Neben den durch die Erddrehung erzeugten permanenten großen Meeresströmungen gibt es im Meer noch drei weitere Ursachen: Gezeitenwechsel, Wind und Dichteänderung. Eine Strömung im Fluss entsteht durch Niveauabfall.

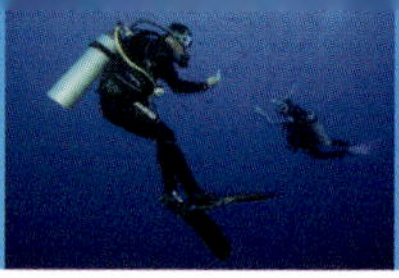

Was sind Gezeiten?

Flut und Ebbe sind das rhythmische Heben und Senken des Meeresspiegels. Die Ursachen dieses Naturereignisses sind die Anziehungskräfte zwischen Erde, Mond und Sonne, sowie die Fliehkräfte, die durch die Umdrehungen der Erde entstehen.

Auf der Seite der Erde, die dem Mond zugewandt ist, steigen die Wassermassen durch die Anziehungskräfte von Mond und Sonne an. Auf der gegenüberliegenden Erdseite erhebt sich ebenfalls eine Flutwelle, aufgrund der Fliehkräfte der Erde. An beiden seitlichen Flanken herrscht dann Ebbe.

Warum ist nicht jeden Tag zur gleichen Zeit Hochwasser?

Die Erde dreht sich in 24 Stunden einmal um ihre eigene Achse. Der Mond braucht jedoch 24 Stunden und 50 Minuten, um die Erde zu umrunden. Dadurch entsteht eine Verschiebung der Gezeiten um täglich 50 Minuten.

Warum ist bei Voll- und Neumond die Flut am höchsten und die Ebbe am niedrigsten?

Bei Voll- und Neumond befinden sich Erde, Mond und Sonne in einer geraden Linie. So werden die Anziehungskräfte von Mond und Sonne auf die Wassermassen der Erde addiert. Diese extremen Unterschieden zwischen Hochwasser und Niedrigwasser bezeichnen wir als *Springtide*.

Bei Halbmond hebt die Anziehungskraft der Sonne, die ungestört auf die Erde trifft, die Anziehungskraft des Mondes teilweise auf. Der Wasserspiegel hebt und senkt sich dann nur geringfügig. Das nennen wir *Nipptide*.

Kann ich nachts erkennen ob Ebbe oder Flut ist – ohne mir die Füße nass zu machen?

Ja, solange der Mond zu sehen ist. Steht der Mond an seinem höchsten Punkt ist Flut.

Ist der Tidenhub im Meer überall gleich?

Nein. Mitten im Ozean ist er gewöhnlich am geringsten. Überall dort, wo das Wasser flach ist und auf Widerstände trifft, ist die Wellenbewegung am größten. Sehr gut nachvollziehen kann man das mit einer Schüssel voll Wasser. Schwenkt man den Behälter etwas, steht das Wasser im Mittelpunkt fast still, wohingegen die Flüssigkeit an den Rändern deutlich höher schwappt.

Kann man die Gezeiten vorausberechnen?

Ja. Die Zeit und der Tidenhub für viele Orte auf der ganzen Welt lassen sich in Gezeitentabellen ablesen. Allerdings kann es durch Windeinflüsse zu Abweichungen kommen.

Wie wirkt sich der Wind auf die Strömung aus?

Starker Wind kann zu einer Oberflächenströmung führen, die selten tiefer als fünf Meter reicht.

Kann es bei starkem Wind auch strömungsfrei sein?

Ja. Denn windbedingte Oberflächenströmungen treten meist erst dann auf, wenn der Wind über mehrere Stunden aus der gleichen Richtung bläst. Das liegt an der Massenträgheit des Wassers.

Ist dann also ein plötzlich aufgetretener Wind für den Taucher völlig ohne Einfluss?
Nein. Denn die Wellen bauen sich relativ schnell auf. Und auch ohne Strömung kann das Schwimmen gegen hohen Seegang beschwerlich sein.

Was versteht man unter Dichteveränderung?
Dichteveränderungen im Meer werden entweder durch die Temperatur oder durch den Salzgehalt bewirkt.

Durch das Absinken von schwererem Wasser (salzhaltiger oder kälter) und Aufsteigen von leichterem Wasser (salzärmer oder wärmer) kommt es zu mehr oder weniger starken Bewegungen. Diese Strömungen fließen nicht an der Oberfläche, sondern in tieferen Bereichen.

Ist Brandung auch so etwas wie eine Strömung?
Eigentlich nicht. Brandung ist das Auflaufen von Wellen auf Strand oder das Ufer. Allerdings erzeugen die Wassermassen beim Abfließen eine Rückströmung und manchmal gefährliche Unterströmungen, die schon einigen Schwimmern das Leben gekostet haben.

Und was ist der Unterschied zwischen Brandung und Dünung?
Dünung ist die Wellenbewegung im offenen Meer. Es ist keine Strömung. Von der Dünung wird der Taucher hin- und hergeschaukelt, aber nicht abgetrieben.

Kann man nur im Meer Strömungstauchen?
Nein. Tauchen kann man auch in Flüssen. Die Strömung im Fluss entsteht bekanntlich durch den Höhenunterschied in dem das Wasser abläuft. Je steiler das Gelände, je enger das Flussbett und je mehr Wasser der Fluss führt, desto stärker ist die Strömung.

Gibt es auch in Seen Strömungen?
Ja. Genau wie im Meer kann es zu Oberflächenströmungen durch Windeinfluss kommen. Außerdem erzeugen durchfließende Flüsse Strömungen.

Hat jede Strömung eine natürliche Ursache?
Nein. Fahrende Schiffe erzeugen einen Sog und das nicht nur im Bereich der rotierenden Schraube. Aber auch verankerte Schiffe können durch das Ansaugen von

Verlauf von Strömungen

Wann ist die Strömung am stärksten?
Gezeitenbedingte Strömungen sind am stärksten bei Voll- und Neumond (Springtide). Und zwar in der Zeit des ab- oder zu-

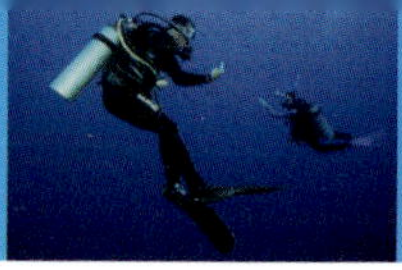

laufenden Wassers. Bei absoluten Höchst- oder Niedrigstand gib es eine strömungsfreie Phase.

Wann ist die Strömung am schwächsten?
Bei Halbmond. Denn da ändert sich der Wasserstand nur geringfügig (Nipptide).

Kann man sich auf diese Regeln hundertprozentig verlassen?
Nein. Nicht immer wird die Strömung allein durch die Gezeiten bestimmt. Wie schon erwähnt, spielen auch die permanenten Strömungen, Wind und Dichteveränderung eine wichtige Rolle. So kann zum Beispiel eine starke Gezeitenströmung eine durch Dichteveränderung entstandene Strömung aufheben, je nach Richtung allerdings auch verstärken. Es kommt darauf an, wie die verschiedenen Strömungen im Verhältnis zueinander stehen.

Wo ist die Strömung am stärksten?
Überall dort, wo die Wassermassen gezwungen sind, sich zu verdichten. Also in Engpässen und Kanälen.

Welche Arten von Strömungshindernissen gibt es?
Natürliche oder künstliche Kanäle, Inseln, Riffe, Sandbänke, Felsen, Wracks.

Wo ist die Strömung am schwächsten oder wo kann ich ihr gar entfliehen?
Im Strömungsschatten hinter dem Hindernis, natürlich. Aber auch direkt vor dem Hindernis, wo das Wasser aufläuft und sich staut, entsteht eine relativ ruhige Zone.

Schwimmt man in der Strömung, ist sie dicht am Grund oder nahe am Hindernis am schwächsten.

Warum ist die Strömung am Grund oder nahe am Riff schwächer?
Zum einem verliert die Strömung durch die Reibung an dem Widerstand etwas an Kraft. Zum anderen ist das Gelände oft unregelmäßig, so dass Strömungsschatten entstehen.

Treibt eine Strömung nur in eine Richtung?
Nein. Es kann in verschiedenen Tiefen zu gegenläufigen Strömungen kommen. Zum Beispiel wenn die Oberflächenströmung vom Wind bestimmt wird.

Fließen Strömungen nur horizontal und geradeaus?
Nein. Die erhöhte Strömungsgeschwindigkeit an den Seiten und Kanten von Hindernissen zieht langsameres Wasser mit. Dadurch entstehen an den Rändern der Strömungsschatten Wirbel.

Aufwärtsströmungen treten meist dort auf, wo das Wasser über ein Hindernis hinwegfließt.

Ablaufendes Wasser bei Ebbe kann zu starken Abwärtsbewegungen führen. Doch können Auf- und Abwärtsströmungen und Wirbel auch auf Dichteveränderungen und andere Ursachen zurückzuführen sein.

Kann man einer Strömung entkommen?
Es gibt unter gewissen Umständen Rettungswege.

Hinter Engstellen entstehen Wirbel, die zurück zur Engstelle fließen. Wird man also von der Strömung durch einen Kanal ins offene Meer gerissen, muss man quer aus der Strömung schwimmen, um mit dem Wirbel in den Strömungsschatten seitlich des Kanalausganges zurückzugelangen.

Bei Abwärtsströmungen gilt es, zurück zur Riffwand zu schwimmen, oder besser, von Anfang an dicht bei der Wand zu tauchen.

Tauchen von einem festen Punkt oder Drifttauchen

Welche Arten von Strömungstauchgängen unterscheiden wir?

Grob können wir unterteilen in: Tauchen von einem festen Punkt oder Drifttauchen.

Tauchen von einem festen Punkt

Der feste Punkt kann ein verankertes Boot sein oder eine Einstiegsstelle an Land, an die wir zurückfinden müssen.

Drifttauchen

Beim Drifttauchen folgt meist das Boot den Tauchern und sammelt sie nach Beendigung des Tauchgangs an der Oberfläche wieder ein. Aber man kann auch einen Drifttauchgang vom Land aus unternehmen. Dazu sollte man das Gelände gut kennen, um eine geeignete Ausstiegsstelle zu finden. Zurück geht es dann entweder zu Fuß oder eine gute Seele holt einen mit dem Auto ab. Beim Tauchen in Flüssen sollte man sich vorher um seinen Rücktransport kümmern.

Was ist beim Tauchen von einem festen Punkt besonders zu beachten?

Gewöhnlich tauchen wir erst einmal gegen die Strömung und dann mit der Strömung zurück zum Ausgangspunkt. Nur so können wir unseren Luft- und Energievorrat richtig einschätzen.

Gibt es Ausnahmen von der Regel?

Ja. Eine Ausnahme ist, wenn das Boot auf einem kleinen Riff verankert ist, das man umrunden kann. Entweder lässt man sich gleich in den Strömungsschatten treiben und verweilt während des Tauchgangs dort, oder man umrundet das Riff, wobei man die Strömung mal von vorn und mal im Rücken hat, je nachdem, auf welcher Seite man sich befindet. Zum Aufstieg muss dann genügend Luft eingeplant werden, um auf der Riffplatte eventuell auch gegen die Strömung zum Anker zu kommen.

Was tut man, wenn auf größerer Tiefe die Strömung in einer anderen Richtung verläuft?

Wir tauchen erst gegen die Oberflächenströmung. Auch wenn das heißt, sich mit der Unterströmung treiben zu lassen.

Wir sollten aber darauf achten, ob sich nicht die Strömung generell gedreht hat. Unter diesen Umständen muss man sofort die Richtung ändern.

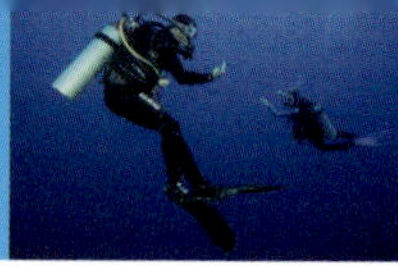

Wie die Oberflächenströmung verläuft können wir an unseren Luftblasen beobachten.

Was muss man beim Sprung von einem verankerten Boot beachten?

Bei sehr starker Strömung ist es am besten, mit dem Strömungsseil in der Hand von Bord zu springen. Zumindest sollte man das Strömungsseil anpeilen und sofort beim Aufprall auf das Wasser das Seil fassen.

Das Strömungsseil muss am Ankerseil befestigt sein. Die Taucher ziehen sich einer nach dem anderen zur Ankerleine und warten dort in drei bis fünf Metern, bis die Gruppe vollständig ist. Danach geht es Hand über Hand am Ankerseil runter. Eine Hand ist bei dieser Aktion immer am Seil.

Das Jackett oder die Tarierweste sollte beim Hineinspringen leer sein, der Atemregler steckt im Mund. Die Maske wird natürlich festgehalten.

Frei abtauchen sollte man bei Strömung nur, wenn die Sicht gut ist und der Grund nicht zu tief.

Was gilt es beim Ausstieg zu beachten?

Es ist äußerst günstig, bei Strömung den Anker wiederzufinden. Am Ankerseil kann man dann gemütlich den Sicherheitsstopp einhalten. Danach lässt sich der erste Taucher am Strömungsseil zur Leiter treiben. Der Rest der Gruppe wartet an der Ankerleine, bis der Taucher an Bord ist. Dann kann der nächste aussteigen. Für Taucher im Wasser gilt unbedingt: Weg von der Leiter, solange ein anderer aussteigt!

Was gilt es bei einem Drifttauchgang besonders zu beachten?

Auch wenn es bequemer ist, sich einfach von der Strömung treiben zu lassen, birgt der Drifttauchgang mehr Risiken als das Tauchen von einem festen Punkt. Wir liefern uns nicht nur der Macht des Elementes aus, sondern sind vor allem auf eine gewissenhafte und ortserfahrene Bootscrew angewiesen. Deshalb sollten vor jedem Drifttauchgang folgende Fragen überdacht werden:

- Wo treibt die Strömung hin, ins offene Meer oder dem Land zu?
- Ist der Wellengang so hoch, dass die Bootscrew die Taucher schlecht orten kann?
- Kann ein plötzlicher Tropenregen die Sicht über Wasser beeinträchtigen?
- Gibt es noch genug Sonnenlicht nach Beendigung des Tauchgangs?
- Habe ich eine Boje und ein akustisches Signal dabei?
- Vertraue ich meinem Tauchpartner genügend?
- Hat der Tauchgruppenführer ausreichend Erfahrung in diesem Gebiet?
- Ist auf die Bootscrew Verlass?

Wie taucht man bei einem Drifttauchgang vom unverankerten Boot ab?

Bevor man ins Wasser springt, muss der Bootsführer sein Okay geben. Der Bootsmotor muss in den Leerlauf geschaltet sein.

Man muss damit rechnen, dass ein Taucher von der Strömung seitlich gegen das Boot gedrückt wird und nicht gleich von der Einsprungstelle weg kommt. Deshalb aufpassen, damit du niemandem auf den Kopf springst.

Handelt es sich um ein langes Riff, an dem man eine weite Strecke zurücklegt, kann man mit aufgeblasenem Jackett reinspringen, sich an der Oberfläche sammeln und dann gemeinsam abtauchen. Es ist ratsam, zunächst gegen die Strömung abzutauchen. So lässt sich die Gruppe besser sammeln.

Muss man ein kleineres Riff „treffen“ oder zu einem bestimmten Punkt gelangen, wird mit leerem Jackett abgesprungen und sofort kopfüber gegen die Strömung abgetaucht. Dabei sollte man sich aber auch nach seinem Partner umsehen.

Gibt es beim Auftauchen etwas zu beachten?

Der Sicherheitsstopp erfolgt im Freiwasser. Dabei muss die Gruppe dicht zusammenbleiben oder sich gar an den Händen fassen.

Beim Aufstieg muss man auf Motorengeräusch achten und die Oberfläche beobachten.

Um vom Boot problemlos aufgenommen zu werden, müssen die Taucher von flachen Riffen oder Sandbänken möglichst Abstand halten.

Nähert sich das Tauchboot, wird es nicht aus den Augen gelassen. Erst wenn die Schiffsschraube still steht, nähern wir uns dem Boot.

Eine ausgeworfene Leine zum Festhalten ist nützlich.

Wird die Ausrüstung im Wasser abgelegt und auf das Boot gereicht, ist es wichtig, erst den Bleigurt abzulegen, dann das Gerät, zum Schluss die Flossen. Steigen die Taucher mit Ausrüstung auf das Boot, gilt wieder für alle Taucher im Wasser: Weg von der Leiter!

Vorbereitung

Was für Regeln gelten generell bei jeden Strömungstauchgang?

Besonders bei Strömungstauchgängen sollten wir nicht außerhalb der Nullzeit tauchen.

Bei starker Strömung sollte auf Nachttauchgänge verzichtet werden.

In Gebieten mit starken Strömungen sollte vorzugsweise mit einem ortskundigen Guide oder Tauchlehrer getaucht werden.

Jeder Taucher sollte eine Signalboje und ein akustisches Signal mitführen.

Die Tauchpartner müssen nah zusammen bleiben. Schwächere Tauchpartner nimmt man gegebenenfalls an die Hand.

Strömungstauchgänge werden sicherheitshalber nicht am späten Nachmittag unternommen. Erstens kann die Bootscrew die Taucher bei tiefstehender Sonne nur schwer sichten. Zweitens verbleibt notfalls kaum Zeit für eine Suche bei Tageslicht.

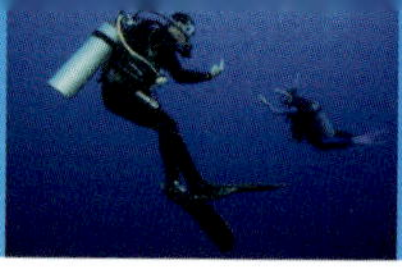

Was sollte man vor dem Tauchgang mit seinen Tauchpartnern besprechen?

Vor dem Tauchgang stellt man folgende Punkte klar:

- Wenn sich die Partner aus dem Augen verlieren, wird nach kurzer Suche sofort aufgetaucht.
- Wenn ein Taucher, aus welchem Grund auch immer, sich nicht wohl fühlt, wird der Tauchgang umgehend abgebrochen.
- Ein Tiefen- und Zeitlimit sollte festgelegt werden. Es ist auch einfacher für die Bootscrew, wenn sie zum Beispiel weiß, dass sie spätestens nach einer Stunde mit der Suche nach den Tauchern beginnen muss.
- Mit der Bootscrew sollte ein Zeichen für den Notfall ausgemacht werden, zum Beispiel den Motor mehrmals aufheulen lassen. Das bedeutet dann – mit Berücksichtigung des Sicherheitsstopps – sofort auftauchen.

Welche Vorkehrungen müssen auf dem Tauchboot bei Strömung getroffen werden?

Auch wenn ein Boot verankert ist, und die Taucher eigentlich zu ihrem festen Punkt zurückkehren sollten, muss die Bootscrew notfalls im Stande sein, Abgetriebene wieder aufzufischen. Ein kleines Beiboot eignet sich für diesen Zweck hervorragend. Steht kein Beiboot zur Verfügung, muss das Ankerseil mit einer Boje versehen sein. Das Boot wird an der Boje festgemacht. Somit ist es einsatzbereit auch ohne den Anker zu lichten. Den Anker lässt man einfach samt Seil an der Boje zurück. Während die Bootsmannschaft eine abgetriebene Tauchgruppe aufsammelt, kann eine andere Gruppe an der Boje auf die Rückkehr des Bootes warten.

Ein Strömungsseil muss am Ankerseil befestigt werden. Es sollte bis etwa 50 Meter hinter das Bootsheck reichen. Das Ende wird mit einer Boje versehen.

Zur größeren Sicherheit kann eine Reserveflasche mit Automaten auf eine Tiefe von fünf Metern gehängt werden.

Während Taucher im Wasser sind, darf die Bootscrew weder schlafen noch Skat spielen. Ein Mannschaftsmitglied muss ständig Ausschau halten.

Wie kann ich erkennen, ob Strömung herrscht?

Obwohl Seekarten, Gezeitentafeln und Tidenkalender gewisse theoretische Informationen über Strömungen liefern, kann der ortsunkundige Taucher meist damit nicht allzu viel anfangen. Deshalb ist es besser, Auskünfte bei Personen zu erfragen, die das Tauchgebiet kennen. Zum Beispiel bei Tauchbasen, anderen Tauchern, die gerade aus dem Wasser steigen, Fischern oder Bootsführern.

Von einem verankerten Boot aus lassen sich Richtung und Stärke einer Oberflächenströmung sehr leicht feststellen. Man braucht nur die Maske am Band zu nehmen und ins Wasser zu halten. Bei einem höheren Boot kann man ins Wasser spucken oder einen biologisch abbaubaren Gegenstand (ein Stück Brot, einen Zweig etc.) hineinwerfen oder einfach die Strömungsleine beobachten.

Bei klarer Sicht gibt auch das Ankerseil Aufschluss über den Strömungsverlauf auf tieferer Ebene.

Tiefere Strömungen kann man auch an einer veränderten Oberflächenstruktur des Wassers erkennen. Kurze steile Wellen weisen auf eine gegenläufige Strömung hin.

Gegebenenfalls kann auch ein erfahrener Taucher zunächst die Strömung auschecken. Dafür sollte eine extra Tauchflasche an Bord sein.

Wirkt sich Strömungstauchen auf die Dekozeiten aus?

Wer sich bei einem Strömungstauchgang anstrengt, atmet natürlich auch mehr. Die Aufnahme von Stickstoff ist also höher. Deshalb wäre ein verlängerter Sicherheitsstopp angebracht. Da dies aber gerade bei Strömung recht schwierig, oder manchmal gar ein rascher Aufstieg erforderlich ist, sollte man nicht zu dicht an der Grenze der Nullzeit tauchen.

Gibt es noch andere Faktoren, die in Hinblick auf die Dekozeiten zu beachten sind?

Ja. Oft unterschätzt wird der Flüssigkeitsmangel. Besonders im heißen Klima und bei großer Anstrengung muss vor und nach dem Tauchgang viel getrunken werden. Natürlich kein Alkohol. Da schwarzer Tee und Kaffee stark entwässern, sollte zu diesen Getränken zusätzlich Wasser, Saft oder Kräutertee getrunken werden.

Tauchen in Dünung und Brandung

Ist es überhaupt möglich, in einer starken Brandung ins Wasser zu kommen?

Ja. Das Wichtigste dabei ist, erst einmal die Wellen zu beobachten. Meistens folgt auf drei bis vier große Wellen eine Ruhephase. Die muss man dann ohne zu zögern ausnützen.

Wie steigt man bei Brandung am sichersten ins Wasser?

Das kommt auf die Beschaffenheit des Ufers an.

Bei einem Sandstrand – wo die Welle lang ausläuft, bevor sie sich am Strand bricht – ist es empfehlenswert, mit Flossen rückwärts ins Wasser zu gehen. Das Jackett ist leer. Die Maske sitzt auf dem Gesicht. Der Automat ist greifbar oder bereits im Mund. Am besten stützen sich die Partner gegenseitig. Ruhephase der Wellen abwarten und dann so weit wie möglich voranschreiten. In die erste große Welle eintauchen und sich dicht am Boden mit der Rückströmung ins tiefe Wasser ziehen lassen.

Auf einem Strand mit großen Steinen hat man mit Flossen keinen festen Stand. Hier gilt: Flossen in die Hand, Maske um den Hals (das ist sicherer als auf der Stirn oder in der Hand), Jackett aufblasen, Ruhephase abwarten und ohne zu zögern so weit wie möglich ins Wasser. Fällt man hin, versucht man sich am Grund abzustoßen Richtung offenes Meer. Die Welle hat

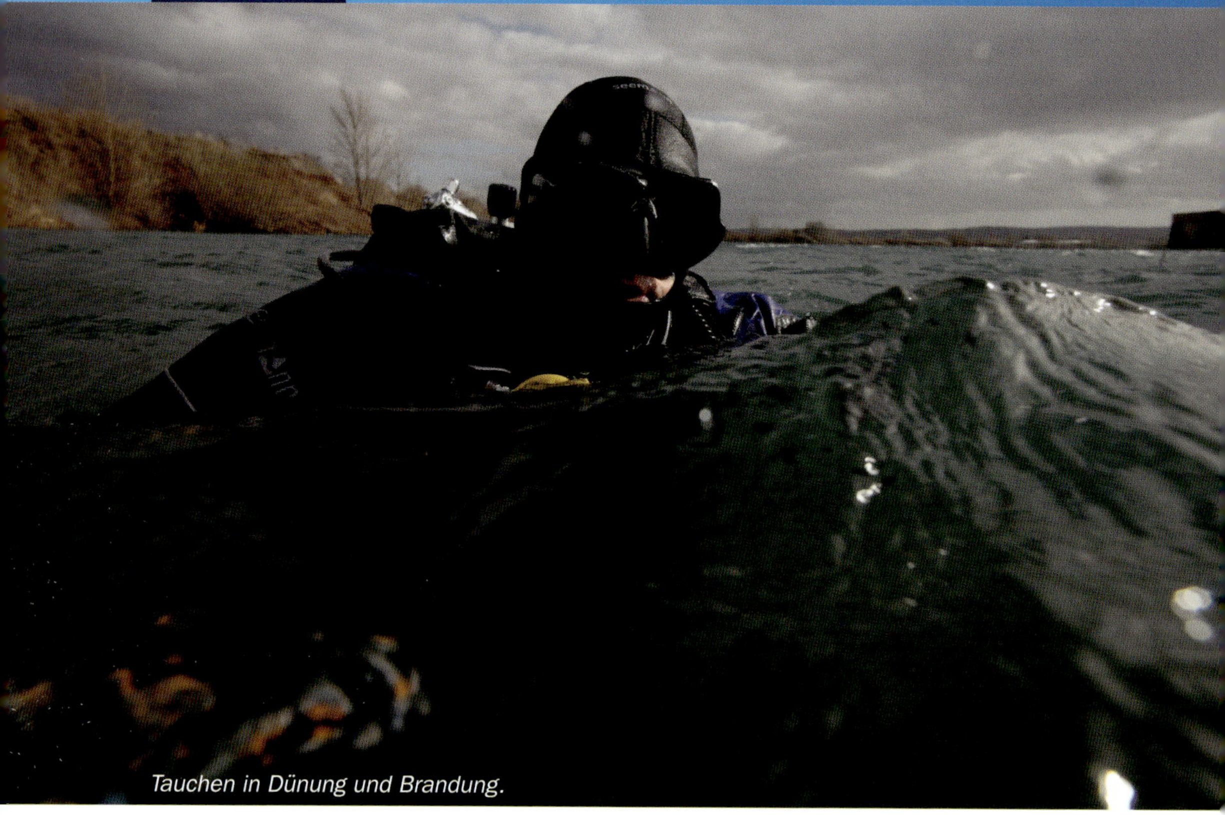

Tauchen in Dünung und Brandung.

nur dort die Kraft, einen Taucher umzuwerfen, wo sie auf das Ufer bricht. Weiter draußen dümpelt der Taucher mit aufgeblasenem Jackett auf der Wellenspitze. Hier kann er in aller Ruhe Flossen und Maske anlegen und – in Sichtkontakt mit seinem Partner – abtauchen.

Wie kommt man bei Brandung wieder aus dem Wasser?

Auftauchen und Jackett aufblasen. Die Maske bleibt auf dem Gesicht und der Automat im Mund. Dort, wo man gerade stehen kann, Flossen ausziehen. Wieder die Ruhephase abwarten und so schnell wie möglich an Land waten. Misslingt der Versuch, wieder ins tiefere Wasser abstoßen und nochmals versuchen.

Was ist Dünung und wie beeinflusst die Dünung den Tauchgang?

Dünung ist die Wellenbewegung im freien Wasser. Die Dünung spürt man nur im flacheren Bereich. Sie wiegt den Taucher hin und her. Das heißt, man wird nicht wie bei der Strömung weggetrieben, sondern schwebt zurück zum Ausgangspunkt.

Wie verhält man sich in der Dünung?

So entspannt wie möglich von der Bewegung tragen lassen. Will man vorankommen, tritt man nur leicht in die Flossen, wenn sich die Welle in Gegenrichtung zurückzieht. Bei „Rückenwind" geht es dann volle Kraft voraus.

Orientierung

Wie kann man sich unter Wasser orientieren?

Entweder mit dem Kompass oder nach natürlichen Merkmalen – oder um sicher zu gehen mit beiden.

Braucht man immer einen Kompass?

Nein. Taucht man zum Beispiel an Riffwänden oder um kleinere Riffe herum, ist ein Kompass überflüssig. Dort ist die Orientierung sehr einfach. Merke dir zunächst, auf welcher Tiefe der Anker liegt. Dann schwimmst du entweder erst Riff rechter Hand hin und linker Hand zurück oder umgekehrt.

Auch an Tauchplätzen mit einer vielfältigen Landschaftsstruktur kommt man ohne Kompass zurecht. Man prägt sich auf dem Hinweg markante Punkte ein. Ebenso können Sonnenstand, Wellenbewegung, Strömungsrichtung, Sandriffelung oder Bewegungen von Seegras oder Weichkorallen bei der Orientierung helfen.

Wann ist ein Kompass von Nutzen?

1. In flacheren Gebieten, wo über Grund getaucht wird, vor allem wenn es sich um ein gleichbleibendes Landschaftsbild handelt.
2. Bei schlechter Sicht.
3. Wenn das Boot oder der Ausgangspunkt an Land im Blauwasser angeschwommen werden muss.

Beeinträchtigt die Strömung die Orientierung?

Wenn bei schlechter Sicht mit seitlicher Strömung getaucht wird, ist eine Kompassorientierung äußerst schwierig, da die Abtrift geschätzt werden muss. Allerdings kann eine gerade verlaufende Strömung auch als Wegweiser dienen.

Abtreiben an der Oberfläche

Kann es trotz aller Vorsichtsmaßnahmen passieren, dass man abgetrieben wird?

Natürlich. Beim Tauchen hat man es mit Naturgewalt, Mensch und Technik zu tun. Alle drei Komponenten neigen zur Unberechenbarkeit. Deshalb ist es ratsam, sich auch mit den unliebsamen Zwischenfällen auseinanderzusetzen.

Sind wir an der Oberfläche der Strömung schutzlos ausgeliefert?

Nein, nicht immer. Starken Strömungen, die uns zwischen zwei Riffen oder Inseln hindurchziehen, können wir entkommen, indem wir nach dem Hindernis quer aus der Strömung schwimmen. Denn an den Kanalausgängen entstehen Wirbel, die sich zurück zur Engstelle ziehen.

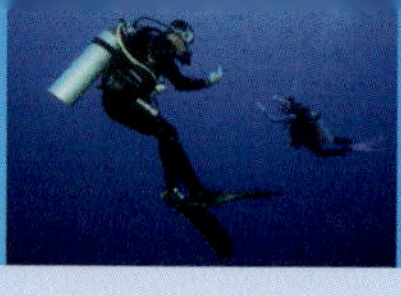

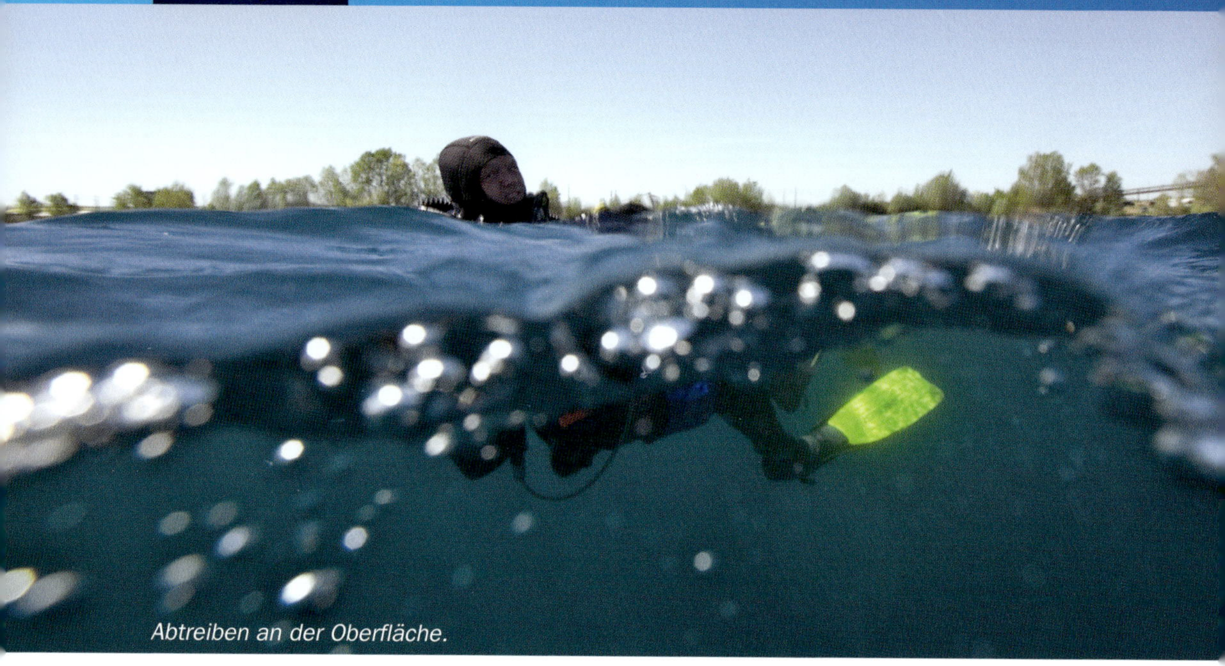

Abtreiben an der Oberfläche.

Was kann man tun, wenn man auftaucht und das Tauchboot verschwunden ist?
Das Wichtigste ist: Ruhe bewahren. Dicht beim Tauchpartner bleiben. Zunächst die Lage überdenken: Was kann passiert sein? Ist es wahrscheinlich, dass man unser/mein Verschwinden bald bemerkt? Wird uns/mich die Bootscrew in dieser Richtung vermuten?

Wenn Zweifel bestehen, dass man vom Boot bald gefunden wird, sollte man in Erwägung ziehen, sich selbst zu retten. Dann kommen andere Fragen auf. Wo ist das Land? Wie verläuft die Strömung, wie der Wind?

Wir wählen den Weg des geringsten Wiederstandes. Zum Beispiel lieber mit dem Wind zur Nachbarinsel, als gegen Wind und Strömung zur Heimatinsel.

Wir setzen uns kein Zeitlimit.

In welcher Haltung sollen wir schwimmen?
Am besten „setzen“ wir uns mit aufgeblasenem Jackett ins Wasser und paddeln rückwärts. Das heißt, wir liegen nicht flach auf dem Rücken, sondern winkeln die Hüfte an. Nicht die Knie beim Flosseln anziehen und nicht das Flossenblatt aus dem Wasser heben. Den Druck des Wassers muss man auf dem Spann des Fußes spüren. So können wir stundenlang vorwärtskommen, ohne zu ermüden, vorausgesetzt, wir schlagen ein gemächliches Tempo an.

Diese Sitzhaltung hat nicht nur den Vorteil, dass sie am bequemsten ist. Wir können uns so auch unterhalten, Lieder singen oder Witze erzählen. Denn nichts ist in dieser Situation wichtiger, als Ruhe bewahren und eine gute Stimmung aufrechtzuerhalten.

Ist es nicht besser, mit Schnorchel im Mund auf dem Bauch zu schwimmen?
Nur dann, wenn es unter Wasser etwas Interessantes zu sehen gibt. Oder für kurze

Zeit, um die Muskeln unterschiedlich zu belasten. Ansonsten ist die Sitzhaltung bequemer und schonender, besonders für den Rücken und die Fußgelenke. Zudem kann der Blick ins Blauwasser Angst erzeugen und du kannst deine Partner aus dem Auge verlieren.

Soll man im Notfall Flasche und Blei abwerfen?

Auf keinen Fall die Flasche, denn diese stabilisiert nicht nur die Schwimmlage, sie ist auch der einzige Gegenstand des Tauchers, der gegebenenfalls auf den Radarschirmen von Schiffen erkennbar ist.

Solange man nicht überbleit ist, stabilisiert auch der Bleigurt die Schwimmlage. Ganz ohne Blei und mit Neoprenanzug würden die Beine zu weit oben treiben. Also lieber nur einzelne Stücke abwerfen, nicht den ganzen Gurt.

Signalmittel

Welche Signalmittel sind empfehlenswert?

Jeder Taucher sollte zumindest eine Signalboje und ein akustisches Signal mit sich führen.

Bei den Bojen sind die „langen Würste" dem „Ball" vorzuziehen, da sie besser gesehen werden. Im Notfall kann auch mit einer farbigen Flosse gewunken werden.

Als akustisches Signal kann zwar eine einfache Trillerpfeife dienen. Wesentlich sicherer ist allerdings ein „Dive Alert". Dieses pressluftbetriebene Signalhorn, das am Inflatorschlauch befestigt wird, erzeugt einen schrillen, weithörbaren Ton. Die ebenso pressluftbetriebenen „Hammerheads", die auch unter Wasser hörbar sind, sind über Wasser bei weitem nicht so gut vernehmbar. Die ideale Ausstattung ist „Hammerhead" und „Dive Alert" übereinander geflanscht.

In der Dunkelheit dienen Lampen, chemische Leuchtstäbe oder Signalblitze dazu, auf sich aufmerksam zu machen. Auch das Blitzgerät des Fotoapparates kann im Notfall dazu verwendet werden.

Rauchfackeln, Handfackeln und Signalraketen werden weit gesehen und tragen zweifellos zur größeren Tauchsicherheit bei. Nur kann es Schwierigkeiten geben, wenn man diese Utensilien im Flugzeug befördern möchte oder bei der Einreise in manchen Ländern.

Gibt es noch etwas zu bedenken bei der Benutzung von Signalmitteln?

Es ist ratsam, der Bootscrew vor dem Tauchgang die Signalmittel vorzuführen. Dann weiß sie, auf was sie achten muss. Signalraketen sind kein Spielzeug, sondern können zur tödlichen Waffe werden! Sie sollten stets so aufbewahrt werden, dass sie nicht in die Hände Unbefugter geraten.

Das Abfeuern roter Lichtsignale ohne zwingenden Grund ist strafbar.

Das internationale Seerufzeichen SOS (3 x lang, 3 x kurz, 3 x lang) kann im Notfall akustisch gegeben oder mit der Lampe geblinkt werden.

Tauchen in Flüssen

Wann ist Flusstauchen am günstigsten?
Nach längeren Trockenperioden, da die Sicht dann am besten ist.

Ist Flusstauchen überall ohne weiteres erlaubt?
Nein. In Bundeswasserstraßen muss man bei der Wasserschutzpolizei oder beim Wasser- und Schifffahrtsamt eine Genehmigung einholen.

Welche Gefahren muss man generell beim Flusstauchen beachten?
Schiffsverkehr. Hindernisse wie Bäume, Brückenpfeiler, Wracks und ähnliches. Vor allem bei schlechter Sicht und hoher Strömungsgeschwindigkeit kann es schwierig werden, rechtzeitig auszuweichen.

Welche Vorsichtsmaßnahmen kann man treffen?
Bei ortskundigen Tauchern Informationen über das Gebiet einholen. Die Strecke vorher abgehen (bzw. abfahren) und sich dabei Hindernisse sowie geeignete Ausstiegsstellen einprägen. In befahrenen Flüssen eine Boje mitführen.

Wo ist im Fluss die Strömung am stärksten?
An den Außenseiten der Kurven ist das Wasser meist tiefer und die Strömung

Umweltschutz

Verträgt sich Strömungstauchen mit dem Umweltschutz?
Nein. Genauso wenig wie das Tauchen ohne Strömung, Autofahren oder Wäschewaschen. Überall, wo der „zivilisierte" Mensch hintritt, hinterlässt er seine Spuren. Aber nur wenn wir so ehrlich sind, uns einzugestehen, dass wir die Natur stören und zerstören, können wir uns bemühen, den Schaden so gering wie möglich zu halten. Bis zu einem gewissen Grade regeneriert sich die Natur. Nur überschreitet der Mensch meist die Grenzen.

Heißt also die Devise: unter Wasser absolut nichts berühren?
Das wäre der Idealzustand. Noch wichtiger ist es allerdings, auf seine Flossen acht zu geben.

Ist es möglich, stets so umweltfreundlich zu tauchen?
Oft leider nicht, besonders bei Strömung. Deshalb sollte jeder Taucher lernen, riffnah zu tauchen ohne großen Schaden anzurichten.

Wie geht das?
Zunächst muss man richtig tarieren kön-

nen. Um effektiv zu tarieren, darf man nicht überbleit sein. Auch sollte man frühzeitig üben, nicht nur stur geradeaus zu schauen, sondern öfters unter dem Bauch hinweg zu beobachten, wo die Flossen hintreten.

Sowie man einen Widerstand an den Flossen spürt: Beine stillhalten und – auch wenn es unelegant aussieht – mit Hilfe der Hände wegpaddeln.

Möchte man etwas am Riff beobachten, ist es oft besser, sich mit den Fingern leicht an einer abgestorbenen Koralle oder einem Stein abzustützen, als bei dem bewegungsreichen Versuch frei auf der Stelle zu tarieren größeren Schaden anzurichten.

Bei starker Strömung kann man sich zuweilen gezwungen sehen, sich festzuhalten, oder sich gar am Riff voranzuziehen. Dabei gilt: genau hinschauen, was man anfasst. Nur tote Korallen oder Steine anfassen. Es reicht – selbst bei starker Strömung –, sich lediglich mit den Fingerspitzen leicht einzuhaken, solange der Körper entspannt ist.

Die Flossen sollten bei diesen Hangelaktionen nach oben gestreckt werden.

Handschuhe sind ein Kälteschutz und haben in warmen Gewässern nichts zu suchen. Nur wer fühlt, kann schonend berühren. Ein paar Schrammen an den Fingerkuppen sollten als Lehrgeld gelten und als Mahnung, dass man nicht nur sich selbst, sondern auch der Umwelt weh getan hat.

Die Strömung lieben lernen

Was muss man sich als erstes bewusst machen?

Zu allererst sollte man sich fragen, warum man eigentlich tauchen möchte. Wenn man nicht gerade als Berufstaucher oder Tauchlehrer seine Brötchen damit verdient, gibt es nur eine Antwort: „Ich tauche, weil es mir Spaß macht.“

Gibt es nicht auch für den Hobbytaucher noch andere Beweggründe?

Gewiss. Manche Leute tauchen ihrem Lebensgefährten zu liebe, andere wollen ihre Ängste bewältigen oder suchen Anerkennung bei ihren Mitmenschen, wieder andere mögen das gesellschaftliche Zusammensein im Tauchclub. Gegen all diese Motivationen ist nichts einzuwenden. Aber niemand sollte sich zum Tauchen zwingen lassen. Jeder sollte es freiwillig tun. Und bei allem, was wir aus eigenem Antrieb tun, haben wir die Wahl, es zu lieben oder uns selbst zu quälen.

Natürlich kann es beim Tauchen – wie bei allen anderen Aktivitäten – zu unliebsamen Zwischenfällen kommen. Nur sollte wir diese nicht als Missgeschicke verfluchen, sondern als Herausforderung betrachten und von ihnen lernen.

Gerade bei starker Strömung kann man in Situationen geraten, in denen einem der Spaß vergeht.

Wenn jemandem der Spaß beim Strö-

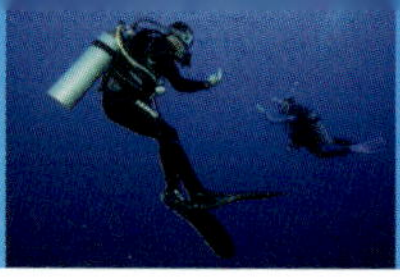

mungstauchen vergeht, liegt es daran, dass er Angst empfindet. Gerade diese Ängste müssen wir uns bewusst machen. Nur erkannte Ängste können wir abbauen.

Sind Ängste nicht auch Schutzmechanismen?

Natürlich. Ängste, die uns vor real existierenden Gefahren warnen, sind lebensnotwendig. Man kann sie aber abbauen, indem man die Gefahrenquelle beseitigt. Deshalb sollten wir vor jedem Strömungstauchgang die etwaigen Risiken überdenken und uns Lösungswege zurechtlegen.

Was für Ängste gibt es noch?

Es gibt unbewusste Ängste, die uns unter Wasser daran erinnern, dass wir Landlebewesen sind. Diese Ängste werden von dem Verstand oft falsch interpretiert. Zum Beispiel zwingt das Unterbewusstsein den Taucher, wenn er nicht anders programmiert ist, nach jedem Atemzug die Luft anzuhalten. Besonders bei Tauchanfängern führt das zu einer hektischen, unnatürlichen Atmung. Natürlich fühlt sich der Beginner dabei nicht wohl. Oft hört man dann die Aussage: „Ich hatte Angst keine Luft zu bekommen." Im Grunde hat dieser Taucher aber keine Angst vor Luftmangel, sondern das Unterbewusstsein fürchtet sich, unter Wasser zu atmen, da dies für einen Menschen unter normalen Bedingungen nicht möglich ist.

Außerdem werden viele Ängste durch eine rege Phantasie erzeugt. Die Tiefe und der Hai stehen da auf der Beliebtheitsskala an erster Stelle, danach kommt meist die reißende Strömung.

Wie kann man der Angst zu Leibe rücken?

Wir müssen uns zunächst einmal unsere Ängste eingestehen.

Angst äußert sich durch hektisches Atmen – oder in Paniksituationen durch Luftanhalten. Außerdem ist der Körper verspannt.

Danach ist es wichtig, die tatsächliche Ursache der Angst zu erkennen.

Ist die Angst berechtigt, zum Beispiel, weil die Ausrüstung defekt ist, der Tauchpartner nicht vertrauenswürdig oder die Witterungsbedingungen zu schlecht sind, sollten die Mängel beseitigt, beziehungsweise auf den Tauchgang verzichtet werden.

Fühlt sich ein Taucher einfach überfordert, kann bei aufkommender Angst die Hand eines erfahrenen Partners Wunder wirken. Allerdings ist es ratsam, vor dem nächsten Tauchgang die eigenen Schwächen zu überdenken. Durch Übungen in flacherem Gewässer oder bei geringerer Strömung kann man dann seine Leistungen und sein Selbstvertrauen verbessern.

Kann man seine Ängste nicht definieren, oder kleidet sie in fadenscheinige Ausreden wie Klaustrophobie – obwohl gerade unter Wasser genügend Platz zur Verfügung steht – oder Angst vor der Tiefe, selbst wenn das Riff auf drei Metern beginnt, handelt es sich meist um unterbewusste Ängste, zum Beispiel:

1. Angst unter Wasser zu atmen, schließlich sind wir keine Fische.
2. Angst vorm Fallen, weil der Schwebezustand für uns etwas Irreales darstellt.

3. Angst halb blind zu sein, wenn man die Maske abnimmt.
4. Angst, beim Strömungstauchen die Kontrolle an eine stärkere Macht abzugeben.

Wie baut man die unterbewussten Ängste in der Praxis ab?
Wir nutzen die Wechselwirkung zwischen Psyche und Körper und außerdem unseren Verstand.

Wie bereits erwähnt, atmen wir hektisch und verkrampfen unseren Körper, sobald wir Angst empfinden. Nun brauchen wir nur bewusst ruhig zu atmen und unseren Körper zu entspannen, und schon ist es unmöglich, sich zu ängstigen. Das gelingt oft nicht auf Anhieb, denn das Unterbewusstsein schaltet sich immer wieder mit seinen unvernünftigen Argumenten ein. Jetzt kommt der Verstand ins Spiel. Der Verstand weiß zum Beispiel, dass man unter Wasser nicht fallen kann. Lässt man sich einige Male ganz bewusst auf den Grund sinken – ohne verkrampft die Arme auszustrecken, um den Fall aufzuhalten – wird bald auch das Unterbewusstsein begreifen, dass die Landung im Wasser recht sanft ist.

Beim Strömungstauchen müssen wir zunächst die realen Gefahren abschätzen und Lösungswege ersinnen. Gibt unser Verstand grünes Licht und wir entscheiden uns für den Strömungstauchgang, gilt es, ganz bewusst die Herausforderung zu genießen. Wir sollten versuchen, die Bewegung des Wassers zu spüren, den Körper locker zu lassen und vor allem auf eine ruhige Atmung zu achten.

Atmung

Wie atmet man beim Tauchen richtig?
Am besten atmet man so wie an Land, denn das ist unser natürlicher Atemrhythmus. Normalerweise atmen wir ein, sobald wir einen Atemreiz spüren, lassen die Luft gleich wieder entweichen und verweilen einige Sekunden mit relativ leerer Lunge, bis zum nächsten Atemreiz.

Atmen wir beim Tauchen denn anders?
Ja. Zumindest tun das die meisten Taucher. Sobald ein Taucher seinen Kopf unter Wasser steckt, hält er zunächst instinktiv die Luft an. Dann schaltet sich der Verstand ein, der ja weiß, dass man durch den Lungenautomaten Luft bekommt. Der Taucher atmet aus, sofort wieder ein und hält erneut reflexartig die Luft an. So entsteht ein widernatürlicher Atemrhythmus. Würden wir so an Land atmen, wären wir bald erschöpft. Einige Anfänger atmen auch ähnlich, wie sie es gelernt haben: tief, fortwährend, bei Strömung allerdings selten langsam. Diese Atmung kann bei größerer Anstrengung schnell zu einer Panik führen.

Aber ganz offensichtlich kommen die meisten Taucher mit der instinktiven Atmung zurecht. Wo liegt der Vorteil der natürlichen Atemtechnik?

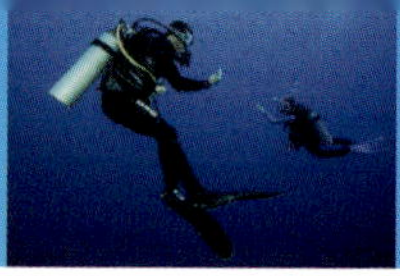

Nur im ausgeatmeten Zustand können wir uns wirklich entspannen. Am Land halten wir die Luft nur bei negativen Empfindungen an: Ärger, Wut, Schreck und Angst. Genau wie ein Mensch verkrampft und mit Wut im Bauch leben kann, kann ein Taucher mit vorwiegend angehaltenem Atem tauchen. Aber angenehmer lebt und taucht es sich entspannt.

Doch es gibt noch ein wichtiges Argument für die „natürliche Atemtechnik". Der Reflex, die Luft anzuhalten, birgt eine der größten Gefahren beim Tauchen. Ein Panikaufstieg mit angehaltener Luft kann zu einem Lungenriss führen. Mit der „natürlichen Atemtechnik" gewöhnt man sich diesen Reflex größtenteils ab.

Als günstigen Nebeneffekt spart man mit der „natürlichen Atemtechnik" auch noch zwei bis drei Kilo Blei.

Wo Licht ist, ist auch Schatten. Was sind die Schattenseiten der natürlichen Atemtechnik?

Das Prinzip erscheint so einfach: Einatmen – sofort ausatmen – stopp! In der Praxis wird man allerdings feststellen, dass viel Geduld und Konzentration nötig sind, um nicht in den gewohnten Rhythmus zurückzufallen. Erfahrene Taucher haben es da schwerer als blutige Anfänger, da ihre Verhaltensweise schon tief im Unterbewusstsein eingraviert sind. Doch ist das ähnlich wie beim Autofahren, wenn alle Handgriffe erst einmal sitzen, geht es automatisch, ohne nachzudenken.

Ist ein Taucher für die natürlichen Atemtechnik gerade gut austariert, kann es passieren, dass er ungewollt aufsteigt, sobald er beginnt, unkontrolliert zu atmen. Deshalb sollten die ersten Versuche im flacheren Wasser unternommen werden, wo ein zu rascher Aufstieg keinen Schaden anrichtet.

Ist es nicht generell sicherer, etwas mehr Blei mitzuführen?

Ein Taucher sollte so viel Blei mitführen, dass er mit leerer Flasche und leerem Jackett auf fünf Meter schweben kann. Jedes Kilo mehr erschwert das Tarieren und kostet unnütz Energie, sprich Luft. Jede körperliche Anstrengung führt unter Wasser zu psychischer Anspannung.

Ein überbleiter Taucher mit prall gefülltem Jackett schießt schneller an die Oberfläche, wenn er sich selbst nicht mehr unter Kontrolle hat, als jemand mit weniger Blei, der vergessen hat, auf seine Atmung zu achten. Außerdem erzeugt ein zu prall gefülltes Jackett mehr Strömungswiderstand.

Nicht jeder Taucher will oder kann die „natürliche Atemtechnik" erlernen. Kann man trotzdem bei Strömung oder in anderen schwierigen Situationen sicher tauchen?

Ja. Aber nur, wenn man ruhig und bewusst atmet. Die Atmung ist das Wichtigste in unserem Leben und somit auch beim Tauchen. An Land atmen wir immer so, dass wir überleben können. Wir brauchen uns nicht darauf zu konzentrieren. Da wir uns aber beim Tauchen nicht in unserem natürlichen Element befinden und veränderten physikalischen Bedingungen unterworfen sind, können wir uns durch eine falsche Atmung umbringen. Deshalb ist es dringend notwendig, der Atmung etwas mehr Aufmerksamkeit zu widmen, als es bis jetzt beim Tauchsport der Fall ist.

Wie achtet man in der Praxis auf seine Atmung?
Vor jedem Sprung ins Wasser führt man sich vor Augen, wie wichtig eine ruhige Atmung ist. Zu Beginn des Tauchgangs konzentriert man sich einige Minuten auf seine Atmung. Man wählt einen Rhythmus, der angenehm ist und behält ihn bei. Spürt man, dass die Atmung bei einer Anstrengung hektischer wird, verlangsamt man sein Tempo oder hält in der Bewegung inne, bis sich die Atmung wieder beruhigt hat.

In kritischen Situationen lautet die Devise: Stopp – Atmung beruhigen – denken – handeln.

Auf alle Fälle muss man vermeiden „aus der Puste zu kommen“, auch wenn das bedeutet, einen rasanten Tauchpartner zu verlieren oder von der Strömung abgetrieben zu werden.

Bewegung

Wenn man gegen eine Strömung schwimmt, muss man sich anstrengen, also braucht man mehr Luft!
Natürlich bewegt man sich etwas mehr gegen eine Strömung, als wenn man sich treiben lässt oder im Ruhestand einen Fisch beobachtet. Das heißt aber noch lange nicht, dass man sich anstrengen und unkontrolliert schnaufen muss.

Die Annahme, je mehr Muskelkraft wir einsetzen, desto weiter kommen wir, ist beim Tauchen ein weitverbreiteter Irrtum. Denn jede kraftvolle, schnelle Bewegung erzeugt im Wasser Widerstand. Mit lockerem, geschmeidigem Körpereinsatz hingegen gleiten wir förmlich durchs Wasser.

Wie übt man die lockere Bewegung in der Strömung?
Als Erstes sind wieder Bewusstheit und eine ruhige Atmung nötig. Wir dürfen uns nicht gegen die Strömung sträuben, sondern müssen versuchen, den Fluss des Wassers zu spüren und zu akzeptieren. Auch sollten wir keine Strecke festlegen, die unbedingt bewältigt werden muss. Unsere Aufmerksamkeit richtet sich bewusst auf unsere Atmung. Zunächst versuchen wir gar nicht, in der Strömung voran zu kommen. Auch wenn wir etwas zurückgetrieben werden, lassen wir das geschehen. Haben wir unsere Atmung unter Kontrolle, probieren wir, gerade so stark mit den Flossen zu schlagen, dass wir an einer Stelle bleiben. Sowie das gelingt, richten wir die Aufmerksamkeit auf unseren Körper und entspannen zunächst Arme und Schultern, danach die Beine. Wir probieren verschiedene Körperhaltungen, um den Einfluss des Wassers zu spü-

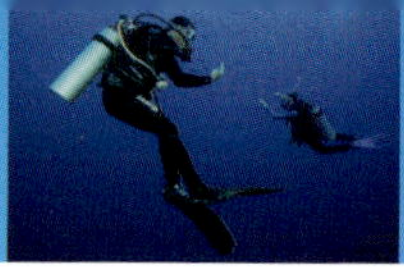

ren. Bald werden wir feststellen, dass wir im gleichen Zeitraum weniger Flossenschläge brauchen, um am gleichen Platz zu bleiben. Nun holen wir etwas weiter mit den Flossen aus, und schon kommen wir voran. Steigt unsere Atemfrequenz, machen wir wieder kleinere Bewegungen, bis wir uns erholt haben.

Ist es ratsam, Atmung und Bewegung zu koordinieren?

Bei vielen Sportarten wird großer Wert auf die richtige Atmung gelegt. Wer Gewichte stemmt, atmet stets bei Anstrengung aus, um eine Pressatmung zu verhindern. Beim Kampfsport wird das Ausatmen während des Schlages oft noch mit einem Schrei unterstützt, um mehr Energie frei zu setzen. Verwunderlich ist, dass beim Tauchen bisher noch niemand die Zusammenhänge von Atmung und Bewegung erkannt hat.

Ein Taucher, der instinktiv atmet, hat die meiste Zeit eine prall gefüllte Lunge. Strengt er sich zum Beispiel in einer Strömung zusätzlich an, verstärkt sich der Druck in seinem Brustkorb, was nicht sehr angenehm ist. Das reizt zum schnellerem Ausatmen. Doch gleich wird wieder – dem Reflex gehorchend – Luft eingesaugt. Das führt zu einem hohen Luftverbrauch und einem unbehaglichen Gefühl.

Schlägt man in der länger währenden Ausatemphase mit den Flossen und hält während des Einatmens in der Bewegung kurz inne, können sich die Beinmuskeln erholen. Halten wir zudem nach dem Einatmen die Luft nicht an, kommt es zu keinem unangenehmen Druckgefühl im Brustbereich. Man braucht nur geringfügig mehr Luft als bei einem ruhigen Tauchgang und fühlt sich wohl dabei.

Die Strömung austricksen

Haben wir die Macht, eine Strömung zu besiegen?

Unter Umständen kann eine Strömung so stark sein, dass es aussichtslos scheint, dagegen anzukommen. Doch auch wenn wir schwächer sind, haben wir der Strömung gegenüber einen großen Vorteil: unseren Verstand. Also ist es ratsam, der Strömung nicht den Kampf anzusagen, sondern sie mit Köpfchen auszutricksen.

Wie trickst man eine Strömung aus?

Da ein Tauchgebiet keinem gekachelten Pool gleicht, sondern Unebenheiten aufweist, sind auch fast überall Strömungsschatten zu finden. Wir überblicken das Gelände und nützen so viele Hindernisse wie möglich aus, um uns in ihrem Schatten zu erholen und unsere Atmung zu beruhigen. Nicht nur im Schatten, auch dort, wo die Strömung frontal auf das Hindernis trifft, ist es im Allgemeinen ruhiger. Seitlich am Hindernis ist die Strömung gewöhnlich am stärksten. Dort müssen wir etwas weitere Flossenschläge machen.

Dicht am Boden oder nahe an der Riffwand ist die Strömung am geringsten.

Auf Sandgrund, an unbewachsenen Felsen, Steinen oder abgestorbenen Korallen kann man sich festhalten und voranziehen. Dabei nicht festkrallen, nur locker einhaken, den Körper locker lassen und in gerader Linie zur Strömung ausrichten. Die Flossen zeigen dabei etwas nach oben, damit wir nicht zu viel Staub aufwirbeln oder Korallen abbrechen.

Unsere Körperhaltung wirkt wie ein Brems- oder Gaspedal. Senkrecht im Wasser stehend, Brust und Rücken der Strömung zugewandt bedeutet mit dem Strom: Vollgas. Schwimmen wir gegen den Strom, ist das wie Fahren mit angezogener Handbremse. Am wenigsten Widerstand haben wir in der waagerechten Lage. Deshalb ist richtiges Tarieren wichtig.

An unseren Luftblasen können wir den Verlauf der Strömung über uns erkennen, aber auch Wirbel und Abwärtsströmungen.

Abwärtsströmungen können wir mit dem Jackett austarieren. Dabei bleibt die Hand beim Luftablassknopf, um bei einer plötzlichen Aufwärtsströmung einen zu schnellen Aufstieg zu vermeiden. Bei Aufwärtsströmung heißt es, Flossen hoch und nach unten paddeln.

Anhang

Das Boyle-Mariottesche Gesetz

Bei gleichbleibender Temperatur ist das Produkt aus Druck mal Volumen für eine abgeschlossene Gasmenge konstant.

So lautet das Boyle-Mariottesche Gesetz, das wichtigste physikalische Gesetz für den Taucher.

An der Meeresoberfläche herrscht ein Umgebungsdruck von einem Bar. Das bedeutet, auf einem Quadratzentimeter lastet ein Kilogramm Luft. Im Wasser nimmt der Druck alle zehn Meter um ein Bar zu. Auf zehn Metern haben wir einen Umgebungsdruck von zwei Bar, auf 20 Metern drei Bar, auf 30 Metern vier Bar usw. Diese Rechnung ist einfach: Wassertiefe geteilt durch 10 plus 1. Wir müssen ja zum Wasserdruck ein Bar Luftdruck hinzufügen.

Angenommen wir hätten einen Luftballon, der mit zehn Litern Luft gefüllt wäre. Würden wir diesen unter Wasser drücken, hätte der Luftballon auf zehn Metern nur noch das halbe Volumen (fünf Liter), denn es wirkt doppelt soviel Umgebungsdruck auf ihn ein wie an der Oberfläche. Auf 20 Metern hätte der Luftballon nur noch ein Drittel des Volumens (3,3 Liter) bei dreifachem Umgebungsdruck. In einer Tiefe von 30 Metern ist unser Ballon gar auf ein Viertel geschrumpft (2,5 Liter), der Umgebungsdruck ist vier Mal so stark wie an der Oberfläche. Lassen wir unseren Ballon wieder aufsteigen, vergrößert sich das Volumen wieder im gleichen Verhältnis wie der Umgebungsdruck abnimmt.

Nun stellen wir uns einen Taucher mit einem Lungenvolumen von fünf Litern vor. Er sitzt auf zehn Metern Tiefe und atmet aus einer Pressluftflasche. Natürlich füllt er bei jedem Atemzug seine Lunge voll, er hat ja genügend Luft zur Verfügung. Taucht er nun aus irgendeinem Grund bis zur Oberfläche ohne auszuatmen, hätte er rein theoretisch zehn Liter Luft in der Lunge. Praktisch hält das die beste Lunge nicht aus. Es würde zu einem Lungenriss kommen. Dieses Beispiel zeigt, wie wichtig das Verständnis des Boyle-Mariotteschen Gesetzes für den Taucher ist.

Beim Freitauchen ohne Pressluft sieht die Sache anders aus. Der Schnorchler atmet an der Oberfläche ein und hält die Luft beim Abtauchen an. Die Luft in seiner Lunge wird durch den Wasserdruck zusammengedrückt, das Lungenvolumen verringert sich im Verhältnis des zunehmenden Wasserdrucks. Beim Auftauchen dehnt sich die Luft auf das ursprüngliche Volumen aus. Beim Schnorcheltauchen kann es also nicht zu einem Lungenüberdruckunfall kommen.

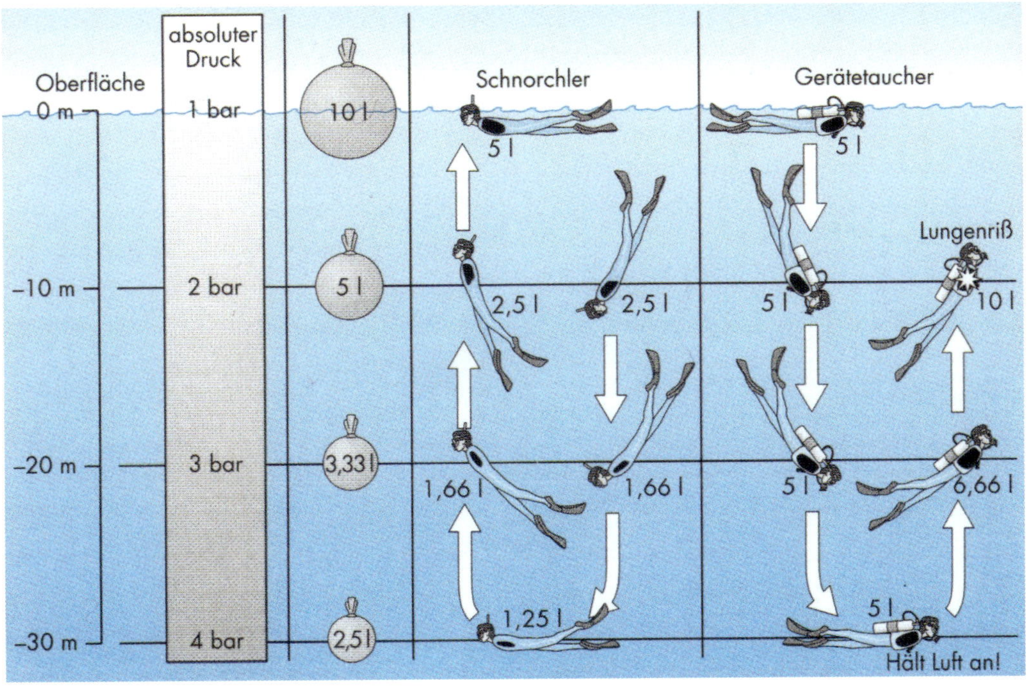

Das Boyle-Mariottesche Gesetz.

Betrachten wir die Abbildung des Boyle-Mariotteschen Gesetzes, können wir erkennen, dass der größte Druckunterschied in den ersten Metern liegt. Zwischen null und zehn Metern verdoppelt sich der Druck. Hingegen verdoppelt er sich erst wieder zwischen zehn und 30 Metern (von zwei auf vier Bar), dann zwischen 30 und 70 Metern (von vier auf acht Bar). Die kritischste Tiefe für alle Druckverletzungen (Barotraumen) liegt also in den ersten zehn Metern. Vielleicht ist dir schon aufgefallen, dass du gerade in den ersten Metern öfters den Druckausgleich machen musst als etwa zwischen zehn und 20 Metern.

Auch auf deinen Luftvorrat hat das Boyle-Mariottesche Gesetz Einfluss. Würdest du beispielsweise an der Oberfläche vier Liter Luft pro Atemzug verbrauchen, so bräuchtest du auf zehn Metern schon acht Liter bei jedem Atemzug, denn deine Lunge wird bei gleichbleibendem Volumen unter doppeltem Druck gefüllt.

Barotraumen

Baro heißt Druck, Trauma heißt Verletzung. Alle Verletzungen, die durch Druck entstehen, nennen wir Barotraumen. Unser Körper besteht größtenteils aus Flüssigkeit.

Flüssigkeit lässt sich nicht zusammendrücken. Deshalb könnte man theoretisch unendlich tief tauchen, ohne vom Wasserdruck zerquetscht zu werden, vorausgesetzt, wir hätten genug Luft, um in allen Hohlräumen unseres Körpers den entsprechenden Umgebungsdruck herzustellen. Barotraumen können überall dort auftreten, wo unser Körper mit Luft gefüllt ist.

Lungenüberdruckunfall

Das gefährlichste Barotrauma ist der Lungenriss. Diese Verletzung kann nur beim Gerätetauchen auftreten, nicht beim Schnorcheln. Zum Lungenriss kann es kommen, wenn ein Taucher auftaucht, ohne die beim Aufstieg expandierende Luft auszuatmen. In seltenen Fällen können auch Erkrankungen der Atemwege den Luftabfluss behindern.

Barotrauma des Trommelfells

Am deutlichsten wird uns der Wasserdruck in den Ohren bewusst. Schon auf weniger als ein Meter Tiefe spüren wir ein leichtes Druckgefühl am Trommelfell. Würden wir tiefer gehen, ohne etwas dagegen zu unternehmen, würde sich der Druck verstärken, würden wir Schmerzen bekommen und schließlich würde das Trommelfell der Spannung nicht mehr widerstehen können und platzen. Deshalb müssen wir den Druckausgleich durchführen. Beim Druckausgleich pressen wir Luft durch die Eustachische Röhre – die Verbindung zwischen Mund-Nasen-Rachenraum und Mittelohr – ins Mittelohr, sodass der innere Luftdruck dem äußeren Wasserdruck entspricht und das Trommelfell wieder in seiner natürlichen Position verweilt.

Eine Erkältung kann zum Verschluss der Eustachischen Röhre führen. Lässt sich beim Abtauchen kein Druckausgleich durchführen, muss auf das Tauchen verzichtet werden. Manchmal macht sich die Blockade erst beim Aufstieg bemerkbar. Der sich ausdehnende Druck kann nicht schnell genug entweichen. Taucht man dann zu schnell auf, kann es zu einem Trommelfellriss von innen nach außen kommen. Spürst du beim Auftauchen ein Druckgefühl im Ohr, hilft nur sehr langsames Auftauchen. In seltenen Fällen ist die Eustachische Röhre so stark zugeschwollen, dass die Luft überhaupt nicht mehr ausströmen kann.

Auf keinen Fall darf man beim Tauchen Ohrenstöpsel benutzen. In dem luftgefüllten Raum zwischen Stöpsel und Trommelfell würde beim Abstieg ein relativer Unterdruck entstehen. Ein Unterdruck-Barotrauma des Trommelfells wäre die Folge.

Barotrauma im Maskeninnenraum

Mit der Tauchermaske wird ein künstlicher, luftgefüllter Hohlraum außerhalb unseres Köpers geschaffen. Aber auch dieser unterliegt den Druckgesetzen. Steigt der Wasserdruck von außen an, entsteht ein Unterdruck im Maskeninnenraum. Die Sogwirkung kann Verletzungen der Bindehaut im Auge hervorrufen. In Extremfällen kann es durch ein Masken-Barotrauma auch zu Sehstörungen kommen. Tauchen wir ab, müssen wir gelegentlich durch die Nase ausatmen, um den Druckunterschied auszugleichen.

Barotraumen der Nebenhöhlen

In unserem Schädel befinden sich Knochen, die innen hohl sind und mit dem Mund-Nasen-Rachenraum in Verbindung stehen: Stirnhöhlen, Kieferhöhlen, Keilbein, Siebbeinzellen und Warzenfortsatzzellen. Normalerweise dringt in diese Nebenhöhlen beim Abtauchen der Luftdruck ein und entweicht beim Auftauchen wieder, ohne dass wir etwas davon spüren. Haben wir eine Erkältung ist es möglich, dass die Schleimhäute in den Nebenhöhlen angeschwollen sind. In diesem Fall kann der Luftdruck nur langsam oder gar nicht eindringen. Es entsteht, wenn wir abtauchen, ein schmerzhafter Unterdruck. Meist macht sich dieser stechende Schmerz schon auf den ersten Metern bemerkbar. Dann sollte unbedingt auf das Tauchen verzichtet werden. Zwar stellt sich oft der Druckausgleich ein, wenn man langsam genug absinkt. Aber es besteht die Gefahr, dass die expandierende Luft beim Hochsteigen nicht mehr entweichen kann, was dann zu einem äußerst schmerzhaften Nebenhöhlen-Barotrauma führt.

Barotrauma im Zahn

In seltenen Fällen weisen Zähne, die mit Füllungen versehen sind, kleinste Lufteinschlüsse und Risse auf. Dadurch tritt der Luftdruck nur langsam ein und aus. Es kommt zu Zahnschmerzen. Unter Umständen kann sich auch die Plombe lösen und herausfallen. Abhilfe kann nur der Zahnarzt schaffen, in dem er die schadhafte Füllung erneuert.

Dekompressionskrankheit

Beim Sporttauchen verwenden wir nicht, wie vom Laien manchmal angenommen, Sauerstoff, sondern Pressluft. Pressluft ist normale Atemluft, vom Kompressor in die Flasche gepresst.

Atemluft besteht aus 78 % Stickstoff (N), 21 % Sauerstoff (O), der Rest sind Kohlendioxid (CO_2) und Edelgase.

Nur vier Prozent des Sauerstoffs gehen im Körper eine chemische Verbindung ein und werden als Kohlendioxid wieder abgegeben. Der restliche Sauerstoff und der Stickstoff dienen unter normalen Umständen lediglich als Füllgase. Das ändert sich allerdings, sobald unser Körper Druck ausgesetzt ist, wie beim Tauchen. Der menschliche Körper besteht größtenteils aus Flüssigkeit. Stickstoff hat die Eigenschaft, sich in Flüssigkeit zu lösen, wenn diese unter Druck steht. Wie viel Stickstoff eine Flüssigkeit aufnimmt, hängt von zwei Faktoren ab: erstens von der Stärke des Drucks (Tauchtiefe) und zweitens von der Zeit, in der der Druck auf die Flüssigkeit einwirkt.

Hat unser Körper eine gewisse Menge

Stickstoff aufgenommen und wir entlasten den Druck zu schnell, indem wir zu rasch auftauchen, kann der Stickstoff Blasen bilden. Das ist der gleiche Effekt, wie wenn man eine Sprudelflasche öffnet. Die gelöste Kohlensäure perlt aus. Diese Stickstoffblasenbildung nennen wir Dekompressionskrankheit. Es gibt verschiedene Symptome der Dekompressionskrankheit:

Taucherflöhe:
Gasblasen unter der Haut und dem Unterhautfettgewebe; Rötung der Haut, starker Juckreiz.

Bends:
Gasblasen in den Gelenken, meist Schulter- oder Ellenbogengelenken; Gelenkschmerzen, Taubheitsgefühl, Kribbeln und Muskelschwäche.

Neurologische Manifestationen:
Gasblasen im Rückenmark oder Gehirn; Lähmungen und Schädigungen des Gehirns.

Chokes:
Gasblasen in der Blutbahn; Gas- und Fettembolien.

Nach Erste-Hilfe-Maßnahmen mit der Gabe von reinem Sauerstoff ist eine Behandlung in einer Dekompressionskammer unumgänglich.

Um Dekompressionsunfälle zu vermeiden, sollten wir möglichst in der Nullzeit tauchen. Nullzeit ist die Zeit, in der wir auftauchen können, ohne Auftauchpausen einzuhalten.

Tauchen wir länger als die Nullzeit, kommen wir in die sogenannten Dekozeiten. Das heißt, man darf nicht direkt auftauchen, sondern muss auf bestimmten Tiefen (neun Meter, sechs Meter, drei Meter) Dekostopps einhalten. Ein Dekotauchgang birgt immer die Gefahr, dass die Dekostopps nicht eingehalten werden können. Sei es, der Luftvorrat reicht nicht, dem Taucher wird unter Wasser übel, er gerät in Panik, oder Brandung und Strömung verhindern das Verweilen in der angegebenen Tiefe.

Die Nullzeiten für die entsprechenden Tauchtiefen sowie die Dekozeiten und -stopps lassen sich anhand einer Dekotabelle oder eines Tauchcomputers ermitteln.

Vielen Dank

In Erinnerung an Margret Lenz, einen der liebenswertesten Menschen, die ich gekannt habe. Ich möchte mich ganz herzlich bei Raimar Lenz bedanken, der mir einige Fotos, unter anderem auch von Margret, zur Verfügung gestellt hat.

Ebenso herzlich möchte ich mich bei Hagen Krumme bedanken, der den Großteil der Bilder geschossen hat.

Und natürlich möchte ich auch den vielen Tauchschülern und Tauchern danken, durch die ich meine Erfahrung entwickeln konnte und die mich zu diesem Buch inspiriert haben.